어떤 노무사들

노동인권 실현을 위한 노무사모임의 20년 이야기

어떤 노무사들

노노모 20주년 기념 출간위원회

매일노동뉴스

| 발간사 |

노노모 창립 20년을 맞이하며

2002년 28명의 노무사가 모여 "경제적 이익을 좇는 법 기술자가 아닌, 신념과 소신을 일관되게 지켜 가는 법률전문가"를 지향하며 창립했던 노동인권 실현을 위한 노무사모임(노노모)이 어느덧 20주년을 맞이했습니다.

10년이면 강산이 변한다고 하는데, 강산이 두 번 변하는 긴 시간 동안 노노모가 아직도 제 자리를 지키고 있고, 200명 넘는 회원들이 활동하고 있는 것은 여전히 세상이 노동자, 노동조합에 가혹하고 힘들다는 것을 보여주는 하나의 지표일 것입니다.

2022년 올해 모임 창립 20주년을 맞이해 노노모가 2011년부터 매일노동뉴스에 꾸준히 기고했던 540여 편의 '노노모의 노동에세이' 중 44편을 추리고, 20년 역사 중 기억할 만한 장면들을 모아 〈어떤 노무사들-노동인권 실현을 위한 노무사모임의 20년 이야기〉를 출판하게 됐습니다.

법·제도의 명확한 한계 속에서 끝없이 무언가를 바꾸고 이뤄 내려고 했던 노노모 회원들, 그 희로애락의 기록을 한 권의 책으로 묶어 내다 보니 감회가 새롭습니다.

노노모 20년의 역사는 가혹하고 힘든 노동자의 삶을 조금이라도 나은 방향으로 바꾸고, 노동자가 행복한 세상을 위해 끊임없이 노력했던 수많은 사람과 시간으로 채워져 있습니다.

이 글을 쓰고 있는 순간에도 많은 노동자가 인간의 존엄성을 되찾기 위해 어딘가에서 자신의 몸을 스스로 용접해서 가두거나, 곡기를 끊거나, 높은 곳에서 스스로를 고립시키고 있습니다. 자본은 그런 노동자들에게 몇백 번을 다시 태어나도 갚지 못할 천문학적인 손해배상 소송을 제기합니다. 아직도 수많은 노동자가 출근은 했지만, 퇴근은 하지 못하고 일터에서 목숨을 잃고 있습니다.

이 책은 그런 노동자들과 함께했던 지난 노노모의 역사, 회원들의 활동 중 일부를 추린 내용입니다. 이 책이 우리나라 노동 현실을 조금이라도 개선하고, 노동이 아름다운 세상을 위해 작은 기여를 할 수 있기를 희망합니다.

지난 20년간 노노모로 살 수 있었고, 앞으로도 살아갈 수 있는 이유는 노노모가 지향하는 가치를 존중해 주고 지지해 주는 노동자, 노동조합이 있기 때문입니다.

이 책의 지면을 빌려 감사의 말씀을 드립니다. 노노모는 지난 20년간 그랬던 것처럼 앞으로도 법 기술자가 아닌 신념과 소신을 지키는 법률전문가의 정체성을 지켜 나가겠습니다. 그리고 긴 시간 동안 가혹하고 냉엄한 현실에 맞서 투쟁하며 때로는 같이 웃고 때로는 같이 울며 노동인권을 위해 살아왔던 노노모 회원분들에게 존경과 감사의 헌사를 보냅니다.

2022년 10월
노동인권 실현을 위한 노무사모임
12대 회장 김재민

| 추천사 |

노노모 20년, 우리 시대 노동운동의 역사

　노동인권 실현을 위한 노무사모임 20주년과 〈어떤 노무사들-노동인권 실현을 위한 노무사모임의 20년 이야기〉 출판을 축하합니다.

　2002년 7월 노동자의 관점과 법리로 권리구제 활동, 법·제도 개선사업, 노동행정감시사업, 노동현안 및 노동정책에 관한 의견 제시 등을 위해 노동인권 실현을 위한 노무사모임이 창립됐으며 지난 20년간 그 역할을 충실히 수행했습니다.

　중앙노동위원회 위원장으로서 노노모 소속 회원 노무사들의 참여로 노동관계에서 판정 및 조정업무의 신속·공정한 수행을 위한 노동위원회 제도 또한 발전하고 있다고 자평하고 있습니다. 향후에도 노동자 권리구제 활동에 적극적으로 참여하시길 기대합니다.

　20주년을 기념해 출판된 〈어떤 노무사들〉에는 노동인권 실현을 위한 노무사모임의 20년 역사와 각종 현안에 대해 노동계가 바라보는 시각이 잘 담겨 있다고 생각됩니다. 이런 면에서 노동인권 실현을 위한 노무사모임의 역사뿐만 아니라 우리 시대 노동운동의 역사이기도 할 것입니다.

노동인권 실현이라는 이름에서 보듯 노노모 회원 노무사들의 지향점은 분명합니다. 책에는 노노모 회원 노무사들이 활동 과정에서 겪고 느낀 감정이 잘 새겨져 있습니다.

〈어떤 노무사들〉의 출판을 계기로 앞으로 노동인권 실현을 위한 노무사모임이 지속적으로 발전하기를 기원하며 다시 한번 20주년을 축하합니다.

2022년 10월
중앙노동위원회 위원장 박수근

| 제목 차례 |

발간사 ... 04
추천사 ... 06

1부 길 위의 노무사들

1. 노동자의 벗

#01 비정규직 좀먹는 사회 • 최혜인 ... 12
#02 나는 착한 사람이 싫다 • 이상미 ... 16
#03 활동가의 노동권 • 박성우 ... 20
#04 장래 희망, 노동자 • 김종현 ... 25
#05 코로나19와 노동의 위험들 • 김성호 ... 29
#06 말 안통하는 사람들, 말 없는 사람들 • 강경희 ... 34
#07 광주형 일자리 파행, 독일엔 있고 광주엔 없는 네 가지 • 권오훈 ... 39
#08 부동산에 가려진 노동 • 임득균 ... 44

2. 일터의 폭력과 차별

#09 평등을 나중으로 미루지 말자 • 여수진 ... 50
#10 키워 주겠다는 거짓말, 이건 가스라이팅입니다 • 김한울 ... 54
#11 끝나지 않는 이야기, 직장 내 성적 괴롭힘 • 박윤진 ... 59
#12 '갑질'을 대하는 우리들의 자세 • 김미영 ... 63
#13 신의 이름으로 당신을 해고합니다 • 최연재 ... 68

3. 길 위의 노무사들

#14 월담과 함께한 지난 3년의 이야기 • 엄진령 ... 74
#15 계약직 노동자 현장체험기 두 번째 • 권태용 ... 78
#16 길 위의 노무사들 • 장혜진 ... 81
#17 삼성은 노동조합 활동을 보장해야 합니다 • 이종란 ... 84
#18 끝내 승리할 것을 믿습니다 • 김혜선 ... 88
#19 청소년 노동인권교육에 대해 나누고 싶은 이야기 • 이수정 ... 92

4. 노동조합, 풍문으로 들었소

#20 노동조합, 풍문으로 들었소 · 권남표 ... 98
#21 알바 노동자들의 단결, 그리고 투쟁이 시작됐다 · 최승현 ... 102
#22 노조 만들었다고 폭행당하는 노동자 · 박현희 ... 106
#23 노예, 그리고 조직폭력배 · 김유경 ... 111
#24 꼬리가 길면 잡히는 법, 유성기업·노동부·검찰 그리고 현대차 · 김민호 ... 116
#25 함께 만드는 노조하기 좋은 세상 · 구동훈 ... 120

5. 싹 다 갈아엎어 주세요

#26 근로기준법을 모든 노동자에게 · 공성수 ... 126
#27 노동법이 '있었는데요, 없었습니다' · 신지심 ... 129
#28 싹 다 갈아엎어 주세요 · 최강연 ... 134
#29 노동자의 암묵적 동의, 빼앗긴 '거부할 권리' · 이진아 ... 139
#30 과연 우리나라는 '노동유연성'이 없나 · 황재인 ... 144
#31 건설현장 주 52시간제 시행은 건설적폐 청산 신호탄 · 김왕영 ... 148
#32 노동부만의 근로자성 판단기준이 따로 있는 걸까 · 이상운 ... 152
#33 임금체불 범죄, 처벌 강화할 때도 되지 않았나 · 이호준 ... 156

6. 위험해! 피해!

#34 브레이브맨이 보낸 희망 · 박혜영 ... 162
#35 위험해! 피해! · 유성규 ... 170
#36 노동자 사망 소식에 무뎌지지 말아야 · 안현경 ... 175
#37 오늘 산 물건을 내일 받을 수 없더라도 · 박소영 ... 179
#38 산재심사위원회를 다녀와서 · 권동희 ... 183
#39 업무상질병판정위원회 위원들에게 · 최진수 ... 187

7. 상담실에서

#40 전화벨이 울리면 · 정승균 ... 192
#41 네 이웃의 것을 탐내지 말라 · 조은혜 ... 196
#42 정당한 권리 찾기와 사업주의 보복 신고 · 조영훈 ... 200
#43 노동자가 '독하게 버텨야' 기본권 찾는 세상 · 김재광 ... 204
#44 밥벌이에 관하여 · 김세정 ... 208

2부 20장면으로 말하는 노노모 스무 살

장면 1   2002년   2002년 노동인권 실현을 위한 노무사모임. 그 역사의 시작 … 214
장면 2   2002년   노동자의 벗 … 217
장면 3   2004년   노노모 회원들의 집단지성을 모아 공동대리사건을 진행하다 … 222
장면 4   2004년   노동자 국회의원 단병호 의원과 법·제도 개선에 나서다 … 226
장면 5   2006~2007년 국가인권위원회 인권단체협력사업을 통한 청소년 노동인권교육 … 230
장면 6   2007년   반도체 산업의 추악한 민낯을 밝혀내다 … 239
장면 7   2008년   민주노총과 함께 노동위원회 법·제도 개선 사업에 앞장서다 … 243
장면 8   2009년   비정규직법 개악을 막아 냈던 80일간의 국회 앞 1인 시위 … 246
장면 9   2010년   세월에 시달려 낡고 해진 노노모 깃발 … 249
장면 10 2010년   대량 징계에 맞선 2009년 철도파업 노노모 공동대리인단 … 252
장면 11 2011년   매일노동뉴스 '노노모의 노동에세이' 그 장대한 시작 … 257
장면 12 2011년   복수노조 제도 시행에 맞춰 발간된 〈노동조합을 위한 복수노조 제도해설〉 … 260
장면 13 2012년   노조파괴의 대명사 창조컨설팅을 법의 심판대에 세우다 … 263
장면 14 2012년   노노모 질병판정위원회에 결합하다… 266
장면 15 2014년   회원특강 with 중노위 역전 7선 … 271
장면 16 2016년   노동부 성희롱 조사절차 미비에 대해 국가인권위의 시정권고를 받아 내다 … 276
장면 17 2016년   거제·통영·고성과 함께한 노노모, 우리가 지키고 싶었던 것 … 279
장면 18 2017년   '직장갑질119'와 함께 한 연대기 … 285
장면 19 2019년   문재인 정권의 노동개악에 맞서 싸우다 … 289
장면 20 2014년~   노노모 분과와 소모임 … 293

부록

연혁 … 300
노동인권 실현을 위한 노무사모임에 함께하는 사무소 … 303

1부
길 위의 노무사들

1. 노동자의 벗

#01

비정규직 좀먹는 사회

최혜인 공인노무사 | 민주노총 법률원

　사계절 중 덥고 끈적한 여름나기가 제일 힘들다. 더워서 에어컨을 쐬면 감기에 걸리고, 감기에 걸리지 않으려고 냉방을 자제하면 덥다. 여름마다 이러지도 저러지도 못하다 보면, 여름이 지나가 버리는 게 유일한 위안이다. 시행착오 끝에 올해는 여름을 잘 지내기 위해 수영장에 등록했다. 초급반은 물에서 걷기, 물에 머리 넣기처럼 귀여운 커리큘럼으로 시작한다. 수영강사는 아이 다루듯 물에 머리 넣는 방법을 친절하게 알려 준다. 한번은 수업에 가지 못했는데, 바로 다음 수업에서 내가 물에 머리 넣는 자세만 보고도 지난 수업에 빠졌느냐고 물어볼 정도로 섬세하다. 수업시간이 짧게 느껴질 만큼 한 명 한 명 자세를 교정해 주고, 한 번이라도 더 연습시키려고 정해진 시간을 넘겨 수업을 끝낸다.
　수영강사를 칭찬하기 위한 글이 아니다. 언제부턴가 일하는 사람을

* 2022. 8. 2. 기고

보면 그 사람의 고용형태나 근로조건이 궁금했고, 이번에도 수영강사의 고용형태가 궁금했다. 자기 일에 열정을 다하는 모습을 보면 어느 정도 안정되고 지속할 수 있는 일자리라 생각했다. 한편으로는 수영강사를 비롯해 댄스·노래·체조·바리스타 같은 스포츠·문화·예술강사가 지방자치단체 또는 지방공단과 위탁계약을 체결하는 사례를 봤던 터라, 프리랜서일까 하는 생각도 했다.

체육시설을 운영하는 시설관리공단 홈페이지에서 수영강사 모집공고를 찾아볼 수 있었다. 내가 등록한 수영장은 수영강사와 수업 위탁계약을 맺는다. 수업 시간표에 따라 하루 2~3시간, 주 5일 근무하고 시간당 2만 원을 받는 조건이었다. 수영 수업의 질을 생각하면 초라한 숫자였다. 의아한 마음에 다른 채용공고를 뒤적이다 이상한 점을 발견했다. 같은 시설관리공단에서 운영하는 옆 동네 수영장은 수영강사와 시간제 근로계약을 체결하고 있었다. 수영장이 위치한 동네만 다를 뿐 시설관리공단에서 수영장을 운영하는 방식에는 차이가 없을 텐데 누구는 근로자가 아니고 누구는 근로자다. 옆 동네 수영강사는 주휴수당·연차휴가·퇴직금을 받고 4대 보험에도 가입하지만, 위탁계약을 체결한 우리 수영강사는 시간당 급여 외에 아무것도 없다.

물론 옆 동네 수영장과 비교해 위탁계약이라는 형식과 달리 실질은 근로자라고 주장할 수 있다. 그렇지만 자연히 근로자가 되는 것과 싸워서 근로자가 되는 것은 다르다. 힘들고 지치는 일이다. 채용공고를 본 뒤 수영강사의 정성 어린 수업에 더 감사했다. 시설관리공단은 시민들에게 좋은 서비스를 제공하는 데 성공했지만 '적은 비용' 논리에 갇혀 누군가의 것을 빼앗고 있지 않은지 돌아봐야 했다. 이 지역 시민으로서 수영강사의 열정과 정성에 빛지는 기분이 들어 미안했다. 그렇게 나는 비정규직 수영강사의 시간과 노력을 좀먹는 시민이 됐다.

우리는 비정규직을 좀먹으며 산다. 얼마 전 파업한 대우조선해양 사내하청 노동자들은 2016년 조선업 위기를 극복하기 위해 임금을 삭감했고, 고용불안에 시달렸다. 조선업 위기는 극복했을지언정 하청노동자 임금은 여전히 삭감된 채 오르지 않았다. 비정규직을 헌신시켜 위기를 극복했지만 끝이 아니었다. 다가올 위기에 대비한다며 다단계 하도급 구조를 더욱 고착화했고, 그 속에서 비정규직은 차별받고 위험에 내몰렸다. 비정규직은 경제위기의 방패였다. 비정규직을 방패 삼아 이룬 위기 극복을 과연 극복이라 할 수 있을까.

사용자가 노동조합을 탄압할 때도 비정규직은 제일 먼저 희생된다. 대전 ○○신협의 한 관리자는 기간제 노동자인 조합원에게 노동조합을 탈퇴하면 정규직을 시켜 준다는 식으로 회유했다. 그 관리자는 비정규직들 먼저 노동조합을 탈퇴하면 노동조합 세력이 약해지고 와해될 테니, 그때 정규직으로 만들어 줄 계획이었던 것 같다. 비슷한 회유를 당한 비정규직 조합원이 여럿이다. 솔깃한 제안을 부여잡은 사람도 있고, 여전히 흔들거리는 마음을 붙잡고 있는 사람도 있다. 비정규직은 노동조합을 할 때도 제일 먼저 시험대에 오른다.

무고한 시민으로 사는 게 쉽지 않다. 살면서 한 행동마다 점수를 매겨 일정 점수를 넘으면 천국에 간다는 설정의 미국 드라마 〈굿 플레이스〉에 이런 장면이 나온다. 꽃 한 송이를 사 친구에게 선물했을 뿐인데,

그 꽃 한 송이를 만들기 위해 대규모 화훼농가에서 외국인 노동자의 노동을 착취했고, 큰 꽃을 만들려고 유전자 변형 식물(GMO) 씨앗을 사용하며, 도시로 이동할 때 이산화탄소를 배출했기 때문에, 꽃 한 송이를 산 행위는 엄청난 마이너스가 됐다. 나쁜 짓을 하지 않는 소극적 무고로는 선량한 시민이 될 수 없다.

내가 누리는 편리함, 나를 비켜 간 불운은 헌신당한 누군가의 것이다. 800만 비정규직 사회는, 800만 비정규직을 희생해 성장하는 우리의 몫이다. 비정규직을 좀먹는 사회에서 연대 정신은 죄책감에서 비롯해야 한다.

#02

나는 착한 사람이 싫다

이상미 공인노무사 | 노무법인 비젼

나에게는 정말 아끼는 후배가 한 명 있다. 이 후배는 대학생 시절에 학생회실에서 같이 밤을 새우며 대동제를 준비하기도 했고, 내가 결혼해서 아이들을 키우는 동안에는 친이모보다 더 친근하게 내 아이들을 챙기곤 했다. 그 후배는 정말로 성실하고 착한 후배다. 그런데 나는 최근 후배의 그 '성실함'과 '착함'이 싫어졌다.

버티컬블라인드를 만드는 작은 사업장에서 경리·인사업무를 했던 후배는 일요일 외에는 별도의 휴가를 쓰지 못했다. "우리 회사는 연차가 없어." 왜 휴가를 쓰지 않느냐는 질문에 그 후배의 대답이었다. 그럴 때 노무사인 나는 이렇게 말한다. "너희 회사 상시근로자 수가 5명 넘잖아. 연차가 없기로 서로 계약했어도 근로기준법에 의해 연차를 청구할 권리가 있다니까."

그럼 그 후배는 "우리 회사 사정도 모르면서 그런 얘기 하지 마"라고

* 2014. 9. 16. 기고

내 말을 막아 버린다. 압권은 최근 퇴사를 했는데 9년간 일한 퇴직금을 청구하지 않겠다는 것이다. 이유는 자기가 그 사업장에서 가장 월급을 많이 받았기 때문이란다. 요샛말로 '헐!'이다. 일을 많이 했으니 많이 받는 게 당연한데, 그게 퇴직금을 안 받을 이유가 되느냐는 말이다.

'성실해서' 휴일도 없이 일하고, 자기 임금이 가장 많다고 '착하게' 퇴직금을 포기하는 '쿨'한 후배 앞에서 나는 졸지에 현실도 모르고 법만 들이대는 원칙주의자 노무사가 돼 버린 느낌이다. 그러나 '성실하고 착한' 이들도 알아야 한다. 법대로 100%를 요구해도 결코 욕심쟁이가 아니라는 것을.

헌법 제32조는 인간의 존엄성을 보장하도록 근로조건의 기준을 법률로 정하도록 했고, 이에 따라 제정된 근로기준법은 근로조건의 '최저기준'을 정했다. 1953년 입법된 이후 그 '최저기준'은 모성보호와 근로시간 단축을 제외하고는 내용상 조금씩 후퇴하고 있다. 노동자를 부당하게 해고한 사용자에 대한 형사처벌 조항도 삭제해 버렸고, 심지어 경영자가 경영을 잘못해서 닥친 위기를 이유로 성실하게 일한 노동자의 생존권을 박탈하는 정리해고가 합법이 되는 지경까지 이르렀다. 이게 지금의 현실이다.

그런데 똑같은 근로기준법을 두고 사용자는 지금도 여전히 "우리나라는 노동법 규제가 많아 기업하기 어렵다"며 앓는 소리를 하는 반면 우리의 착한 근로자들은 법이 정한 그 최저기준마저 스스로 양보하고 있으니 얼마나 비참한 현실인식인가.

이 땅의 노동자여, 최소한 법에서 정한 것만큼이라도 당당히 요구해서 꼭 지켜지도록 만들자. 일주일을 개근하면 하루의 유급휴일을 받고, 4시간 이상 일하면 30분 이상의 휴게시간을 근로시간 도중에 받자. 1년에 80% 이상 출근하면 자기가 쓰고 싶은 시기에 15개의 연차유급휴가를 쓰고, 사용자 귀책사유로 휴업하는 경우에는 무급으로 쉬는 것이 아니라 평균임금의 70%를 휴업수당으로 청구하자. 퇴직 후 14일 이내에 반드시 퇴직금을 받자. 제발.

그래야 겨우 "기본은 됐다"고 말할 수 있다. 그래야 이 땅에서 기업을 하려고 하는 사람들이 임금을 떼어먹는 것이 범죄라는 것을 인식하고, 함부로 해고하는 것이 잘못이라는 것을 인식할 것 아니겠는가.

기업소득이 경제협력개발기구(OECD) 국가 중 가장 빠른 속도로 증가하는데도 가계소득이 급격히 감소하는 대한민국을 살고 있는 노동자여, 이제는 더 이상 착해지지 말자. 내가 누리는 이 권리가 선배 노동자가 피로써 지켜 낸 노동자의 권리이듯이, 지금 내가 포기하는 권리가 단순히 내 돈 몇 푼이 아니라 후손의 권리를 갉아먹는 것이기에.

에필로그

얼마 전 수임한 사건으로 사업주에게 전화를 걸었다. 전화를 받은 사업주는 "그 노동자가 얼마나 못된 사람인지, 얼마나 자기만 생각하는 사람인지, 얼마나 따지기 좋아하는 사람인지 아냐?"며 열변을 토하기 시작했다. 내가 노동자 대리인이라는 것을 알면서도 그 노동자 험담에 거리낌이 없었다. 그런데 내용을 가만히 들어 보니 주휴수당이나 연차에 대해 아무 말도 하지 않는 다른 '착한' 노동자와 달리 이 노동자가 어느 날 "주휴·연차 계산이 잘못된 것 같다"며 계산한 내용을 들이민 것이 이 노동자가 '못되고, 자기만 알고, 따지기 좋아하는 사람'이 된 배경이었다.

그 노동자는 자신이 청구하고자 하는 수당의 요건도 잘 알고 있었고, 사실관계도 명확해서 대리인이 필요할 것 같지 않다고 했는데도 굳이 노무사를 선임하겠다고 했다. 사업주와 통화 후 나는 수수료를 감수하면서도 노무사를 선임하겠다던 그 노동자의 마음이 이해됐다. 을이 옳은 소리를 할 때 응원을 받을 수 없는 우리 사회에서 노무사라는 권위를 이용하는 것이 을이 스스로 욕먹으며 싸우는 것보다 어쩌면 효율적일 수도 있겠다 싶었기 때문이다. '나는 착한 사람이 싫다'는 제목의 글을 쓴 지 오래됐지만, 우리 사회는 아직도 당연한 것을 요구하는데 '못된' 사람이 될 각오가 필요한가 보다. 아직도.

#03

활동가의 노동권

박성우 공인노무사 | 민주노총 서울본부 노동법률지원센터

　세상은 변하는 듯 변하지 않고, 나아지는 듯해서 둘러보면 제자리다. 그럼에도 불구하고 세상은 한순간도 쉬지 않고 변해 간다. 의심의 여지도 없던 어제의 당위가 오늘은 극복해야 할 과제가 되기도 한다.
　'활동가도 노동자냐.' 며칠 뒤면 벌써 21세기의 스물두 번째 해를 맞이하는데, 아직도 이런 질문을 받게 될 줄이야. 생각해 보면 새삼스럽지도 않다. 격렬하게 드러내진 못했으나 활동가사회 어디에나 존재했던 오랜 논쟁 주제였지만, 결론은 그냥저냥 각자의 몫으로 남겨졌을 뿐 제대로 정리된 의제가 아니었다.
　오랜 활동 기간을 거쳐 지금은 각종 노동·사회단체의 대표나 관리자 지위에 있는 지인들이 꽤 있다. 같은 활동가인데 상근자들에게 사장 취급을 받는 것이 힘들다는 토로를 가끔 듣는다. 내가 보기엔 문제의 시작이 여기에 있다. 내 답변은 늘 같다. "당신이 사장 맞으니까 제발 사장이

* 2021. 12. 28. 기고

라는 의식을 가지라고!"

나도 사장이다. 노동법률지원센터라는 기관의 센터장이자 별도 등록한 노무법인의 대표이사이기도 하니 법적으로도 영락없는 사장이다. 그래서 나는 우리 센터에 법률지원을 요청하는 수많은 노동자들보다 내 노동자들이 훨씬 더 소중하다. 종종 기본적인 예의조차 갖추지 못한 노동자들의 격한 상담을 하루에도 수십 건씩 받아내고 있는 내 노동자들이 늘 안쓰럽다.

민주노총의 다른 지역본부 법률센터, 노동상담소들과는 달리 우리는 인건비 일체를 스스로 벌어야 해서, 일상적인 임금체불 우려에다가 그게 다 내 무능함인 것 같아 항상 구성원들에게 죄송한 마음으로 산다. 그래서 나는 사장이다. 활동가나 상근자라 부르건 노동자나 직원이라 부르건 구성원들의 고용과 노동조건에 대한 책임을 대표가 져야 한다. 그것이 같은 활동가라도 조직 내에서 대표라는 역할분담을 맡은 자의 책임이다. 쓰고 보니 너무 당연한 얘기다. 그렇지만 소위 '주인 없는 기업'의 노사갈등 해결이 더 어려운 원인은 대개 책임지는 사람이 없기 때문이라는 점을 강조하고 싶었다.

얼마 전 사회단체·협동조합·비영리단체 대표들을 대상으로 노동법 교육을 했다. 노동자 교육만 하다가 사용자 교육을 하니 개인적으로는 신선했다. 사실 노동자보다 사용자가 필수적으로 노동법 교육을 받아야 한다. 근로기준법만 보더라도 대다수 조문의 주어는 사용자다.

사용자가 해야 할 것과 하지 말아야 할 것을 정하고 있는 법이니 어떤 의미에서는 사용자를 위한 법이다. 현행 노동법이 올바른 노동권과 노사관계를 제대로 담고 있느냐는 판단은 일단 차치하고, 최소한의 사회적 합의라는 점은 인정하자. 근로계약서도 안 쓰면서 근로계약서 미작성 사업장 고발을 하는, 최저임금도 안 주면서 최저임금 인상운동을 하는 노동단체가 있다면 말이 되겠는가.

활동가도 노동자냐는 질문 속에는 오히려 활동가 '선민의식'이 자리 잡고 있다고 본다. 그것이 노동단체에서 나온 발언이라면 그 조직의 정체성이자 근원이 되는 노동관이 근본부터 틀렸음을 지적하지 않을 수 없다. 노동·사회단체라도 그 조직에서 받는 보수로 생계를 유지하는 사람이 있다면 당연히 고용관계가 있는 것이고 그렇다면 필연적으로 노사관계도 있는 것이다. 정치·경제·사회적 지향이 같더라도 고용관계와 노사관계에서 노와 사의 입장과 이해는 다를 수밖에 없다. 여기서부터 출발해야 한다.

상호 신뢰와 배려에 기초한 '좋은 것이 좋은 것'은 없다. 아무리 작은 조직이라도 고용관계에서는 노동법에 기초한 기본적인 제도를 갖추고 시스템으로 굴러가는 것이 좋은 것이다. 우리는 다 가족 같고 동등한 관계라는 말은 어떤 조직이건 감히 대표나 관리자가 할 수 있는 발언이 아니다. 그런 말이 신입 구성원 입에서 나와야 진짜 동등한 관계의 조직이라 할 수 있지 않겠나.

예를 들어 노동조합에 채용된 노동자에게 그 노동조합 조합원 평균 수준의 임금도 못 주면서 무슨 가족이고 동지이겠는가. 한편, 이윤 창출을 위한 기업체도 아니고 재정여력이야 당연히 없을 테니 그렇다면 각종 상황과 조건을 다 투명하게 공개하고 상근자들의 노동조건과 인사노무제도를 노사 간 협의 속에서 함께 결정하면 된다.

나는 20여 년 전 활동비라는 이름의 10만 원을 월급으로 받으면서 상근활동을 시작했고 민주노총 사무총국 성원이던 시절에는 민주노총 사무총국 노동조합의 조합원이고 싶었던, 이제는 법적으로 사장이 된 노동자이자 활동가다. 힘들고 어려운 여건이지만 우리 노동·사회단체들이 사람을 소진시키는 것이 아니라 성장시키는 조직이 됐으면 좋겠다. 그러기 위해서는 활동가들의 삶과 일상을 위한 정상적인 직장이기도 해야 한다.

구성원들의 희생과 헌신으로 굴러가는 조직은 단언컨대 미래가 없다. 역경 속 투사 같은 활동가는 대중들에게 경외감을 줄 수 있을지는 몰라도 함께하고 싶은 사람이기는 어렵다. 활동가의 모습이 바뀌는 것부터가 어쩌면 노동·사회운동이 대중성을 얻는 시작이지 않을까. 평생을 진보의 가치 실현을 위해 살아왔더라도 지금 세상의 변화를 수용하지 못한다면 그는 지금 보수다.

각고의 노력과 성과도 다 주체들의 이름으로 돌리고, 보이지 않는 곳에서 세상을 바꿔 가는 일을 직업으로 살아가고 있는 활동가들의 새해 행복과 건투를 빈다. 행복하자. 아프지 말고. 행복하자.

 에필로그

이 글을 쓸 즈음 노동법 강의 차 어느 노조 수련회에 갔다가, 마침 다른 일정이 생긴 그 노조 상근자 K와 먼저 같이 올라오게 됐다. K는 노동운동을 하려고

노조 채용직 상근자가 됐다고 했다. 월급은 최저임금이었고, 주말에는 온갖 행사 참여로 휴일도 거의 없이 일하고 있었다. 계약직이었는데 정규직 전환 여부도 불투명했다.

기고 순서가 닥쳐 뭘 써야 하나 고민하던 차에, K 덕분에 이 글을 쓰는 계기가 됐다. 늘 마음 한편에 자리했던 오랜 문제의식이다 보니 한달음에 글이 써지는 경험도 참 오랜만에 했다. 게재 후 여러 사람에게 공감의 인사를 받기도 했고 반감을 표하는 얘기도 들었다.

자신이 지향하는 가치를 자기가 속한 공간과 질서에서부터 구현할 수 있어야 진짜 신념일 것이다. 진정한 진보와 개혁은 말로 떠드는 정치·경제·사회 영역 이전에 생활의 영역, 나아가 습관의 영역부터여야 한다고 생각한다.

K는 결국 정규직이 되지 못하고 계약기간 만료로 노조를 떠났다고 들었다. 지금은 어디에서 뭘 하는지도 모르지만, 그날 옆자리에서 눈빛 반짝이며 얘기하던 예술가로서의 삶 속에서 아프지 말고 행복하기를 바란다.

#04

장래 희망, 노동자

김종현 공인노무사 | 노무법인 화원 대표

공인노무사가 되기 전 귀농해 농사를 지을 때 일이다. 동네교회 도움을 받아 청소년 무료공부방을 운영했다. 농촌은 해가 지면 청소년들이 갈 곳이 없으니 공부도 하고 친구들과 어울릴 수 있는 공간을 만들어 주자는 취지였다.

청소년들과 어울려 지내다 보니 진로 이야기를 자주 나누곤 했는데, 안타까움을 느낄 때가 많았다. 수도권 대학에 많은 학생을 진학시키는 것이 학교의 주된 관심사인 현실에서, 진로교육은 형식적으로 이뤄지고 있었으며 노동교육과 전혀 연계돼 있지 않았다.

한 교실에 30명의 학생이 있다면 적어도 20명 이상은 장래에 노동

---

* 2018. 7. 10. 기고
   이 글은 필자가 '김종현노무사사무소'에 있을 때 작성했다.

자로 살아가게 된다. 학교에서 학생들에게 노동·노동자 개념을 교육하지 않고, 심지어 왜곡된 인식이 사회적으로 학습되는 상황에서 제대로 된 진로교육은 이뤄질 수 없다. 진로교육은 노동인권교육과 함께 해야 한다.

공부방을 운영하던 때로부터 수년의 시간이 흘러 부분적으로나마 학교에서 노동인권교육이 이뤄지고 있다. 많은 분이 척박한 환경을 극복하고자 노력한 결과다. 아직은 노동인권교육이 특성화고에 집중돼 있고, 외부 강사의 단기적 강연 중심으로 이뤄지고 있으며, 청소년들의 진로 모색과 결합되지 못하고 기초법률교육에 머물러 있는 한계가 존재한다. 그나마 농촌지역과 지방 중소도시는 이러한 흐름에서조차 소외돼 있다.

학교에서 전면적으로 노동인권교육을 해야 한다. 정규교과과정에 노동인권교육을 편성해야 하고, 진로교육과 결합하는 방향으로 장기적 관점에서 교육이 이뤄져야 한다. 학교에서는 교사와 학생들이 노동인권교육의 주체가 되도록 하고, 장기적으로 외부 강사는 그 과정을 안내하고 도와주는 역할로 전환하는 것이 바람직하다고 본다.

최근 한 특성화고 교사와 대화를 했는데 현장실습을 앞두고 교사들이 노무사에게 노동교육을 받았지만 교사들이 가진 고민이 반영되지 않고 일회성 교육에 그쳐 아쉬웠다는 이야기를 들었다. 무엇보다 교사를 노동인권교육 주체로 세워 내기 위한 깊은 고민과 논의가 필요하다고 생각한다.

물론 노동인권교육이 학교 안에서만 이뤄지는 것은 아니다. 지방자치 분권 흐름이 강화되면서 교육 분야에서도 지역 민관거버넌스 시도가 이어지고 있다. 필자가 살고 있는 충주에서는 시민들이 '충주교육네트워크'를 결성해 교육청과 협약을 맺고 마을교사 양성, 청소년 노동인권교육 강사 양성 같은 일을 시작했다. 교육네트워크 한 분과로 '충주청소년 노동인권네트워크'가 결성돼 지역공동체 안에서 노동교육과 상담 등 다양한 진로를 모색하고 있다. 학교 안과 밖에서 노동인권교육 주체를 양성하고, 교육에서 소외되는 곳이 없도록 네트워크를 넓혀 가는 활동이 중요해 보인다.

청소년들이 '장래희망은 노동자'라고 이야기할 수 있는 사회를 만들기 위해서는 교육을 바꾸는 것만으로 되지 않는다. 학교 밖으로 나가는 순간 비정규직으로 내몰리는 세상에서 청소년들이 미래를 희망적으로 그려 갈 수 없다. 근본적으로 노동자들의 노동조건과 사회적 지위 향상이 필요하다. 청소년들은 이러한 현실을 바꿔 낼 수 있는 현재의 주인이다.

지난해 노무사가 되고 나서 서울의 한 특성화고에서 노동인권교육을 하게 됐다. 긴장한 탓에 만족스러운 교육을 하지는 못했지만 관심을 가지고 들어준 학생들이 고마웠다. 그리고 7년 전 함께 미래에 대한 고민을 나누던 '두레공부방' 아이들이 떠올랐다.

사회 진출을 앞둔 아이들에게 도움이 되는 이야기를 해 주지 못한 것이 항상 아쉬웠다. 이제는 간호조무사로, 취업준비생으로, 두 아이의 엄마로 열심히 살아가고 있는 녀석들과 함께 청소년들이 당당하게 "장래희망은 노동자"라고 이야기할 수 있는 사회를 만들고 싶다.

에필로그

이 글은 노무사가 되고 나서 1년 정도 지난 후에 썼는데, 지금 읽어 보니 단편적인 고민을 늘어놓은 것 같아 부끄럽다.

글을 기고한 후 2020년에 충북에서는 '충청북도 청소년 노동인권 보호 및 증진 조례'와 '충청북도교육청 노동인권교육 진흥 조례'가 제정됐다. 이 과정에서 일부 보수단체들이 "특정 노동의식을 강요하거나 특정 인권을 강요할 수 있는 조례 제정에 반대한다"는 시위를 하기도 했다. '특정 노동의식'과 '특정 인권'이 무엇인지는 모르겠지만 말이다. 국가교육과정에 노동인권교육을 반영하기 위한 논의와 시도도 2021년부터 본격적으로 이뤄지고 있다.

옳은 방향으로 가고 있는 것 같긴 한데, 그래서 무엇이 바뀌었는가 생각해 보면 마음이 허전하다. 조례 제정 후에도 아직 노동인권교육은 본격적으로 이뤄지고 있다고 보기 힘들고, 여전히 현장실습 중에 학생이 사망하는 사회, 비정규직을 양산하는 사회라 그렇다. 갈수록 넘어야 할 산이 많게만 느껴진다. 그래도 다시 두레공부방 아이들을 만난다면 '여러 사람의 노력으로 이만큼 왔다'고 희망을 말해 주고 싶다.

코로나19와 노동의 위험들

김성호 공인노무사 | 해담노동법률사무소

모두에게 충격을 주고 있는 신종 코로나바이러스 감염증(코로나19, COVID19)은 우리 일상을 큰 폭으로 바꾸고 있다. 모임과 만남은 중단됐고 사람들과 식사를 하거나 악수를 하는 것도 조심하게 된다. 초유의 4월 개학은 수업 운영은 물론 입시·돌봄·노동과 같은 영역에까지 영향을 미치고 있다.

가게들은 한산해졌지만 약국 앞엔 매일 마스크를 구매하기 위한 사람들의 줄로 가득하다. 북적이는 지하철에서 만난 사람들은 서로가 불안한 존재가 됐고, 확진자 수와 동선을 알리는 안내 문자의 경보음은 하루에도 몇 번씩 울리면서 점점 반경을 조여 오는 공포로 느껴지기도 한다. 세상이, 삶이 바뀌고 있다.

* 2020. 3. 24. 기고
  이 글은 필자가 '성동근로자복지센터'에 있을 때 작성했다.

세상이, 삶이 바뀌는 것은 노동이 바뀌는 것이기도 하다. '사회적(물리적) 거리 두기'를 위해 출퇴근 시간을 조절해야 하고, 업무공간과 일의 방식을 변경해야 하기 때문이다. '잠시 멈춤'을 위해 일의 양과 노동시간을 조절해야 하며 연기된 개학으로 인해 돌봄 시간을 비롯한 일터와 삶터에서 시간을 조율해야 한다.

그런데 이상하게도 노동은 아직 코로나19 이전과 크게 달라지지 않은 듯하다. 정부의 '사회적(물리적) 거리 두기'와 '잠시 멈춤'은 사업장 문턱을 넘지 못하고 있다. 밀집 공간에서 불안한 마음을 쓸어내리며 전화응대를 하던 콜센터 상담사들은 '사회적 거리 두기'를 할 수 없었고, 결국 여기저기 콜센터에서 집단감염이 발생했다. 서울 구로구의 A손해보험 콜센터에서는 100명이 넘는 확진자가 나왔으며 대구에서도 60명의 콜센터 상담사가 확진판정을 받았다.

정부는 부랴부랴 상담 시 마스크 착용, 칸막이 설치, 상담사 간 간격 확대, 재택근무 같은 대책을 내놓았지만 이런 대책들이 하루 이틀 사이에 실행될 리 만무하다. 콜센터119와 같은 커뮤니티에는 마스크 착용 외에 별다른 변화가 없다며 여전히 불안해했고, 마스크 착용으로 인해 호흡과 대화가 어려워 노동강도가 심해지고 있다는 호소가 있었다. 영세한 규모의 콜센터 상황은 어떤지 파악조차 힘든 지경이다.

다른 이들의 사회적 거리를 메우기 위해, 그리고 생계를 위해 '잠시 멈춤'을 할 수 없었던 택배 노동자는 결국 과로로 생을 마감했다. 사람이 많은 동네 마트에 가기 꺼리는 사람이 늘면서 온라인 택배물량이 폭증한 것을 원인으로 보고 있다. 생을 마감한 택배 노동자는 평소에도 가족들에게 '밥도 못 먹고 화장실도 가기 어렵다'라고 했다고 한다. 망인 외에도 지금 택배 노동자들은 늘어난 물량에, 새로 도입되는 새벽 배송까지 겹치며 과로에 시달리고 있지만 대부분 특수고용직이라 노동법 보호를 받지 못하고 있다.

사회적으로 불가피하다는 휴업은 노동자들에게 무급휴직과 강제 연차휴가 사용을 강요하며 피해가 전가됐다. 직장갑질119에는 매출이 급감한 웨딩홀에서 부서 전원을 모아 놓고 일방적으로 무급휴가 사용 동의서를 받았다는 등 무려 360건 넘는 무급휴가·연차 사용 강요 상담이 쇄도했다. 무급휴가나 연차 사용 강요를 거부하는 노동자에게 회사는 사직을 종용한다고 했다.

재택근무·순환근무를 채택했다던 대기업 관리자들은 사무실에서의 일을 멈추었지만, 그들이 관리하던 공장은 멈추지 않았고, 생산직 노동자들은 불안한 작업을 이어 가야만 했다. 휴업수당 보전을 포함해 노동자와 기업을 지원한다던 정부 대책들은 손님이 줄어든, 4대 보험조차 가입되지 않았던 식당 아르바이트 청소년에게 미치지 못했다. 재난은 사회적 약자에게 더 가혹했고, 재난의 무게는 아래로 아래로 흘러내렸다.

하지만 코로나19로 인한 노동의 위험은 여기서 그칠 것 같지 않다. 국제노동기구(ILO)는 코로나19로 인해 전 세계적으로 2천500만 명이 실업자가 될 것이라고 예측했다. 2008년 세계 금융위기 때보다 심할 것이라고 한다. 우리나라도 항공업에서는 이미 '코로나19 실업'이 시작됐고, 병원·학원·식당 업종에서도 유사한 상담사례들이 접수되고 있다.

재택근무 활성화 같은 유연근무제는 노동자의 시간과 임금을 더 불안하게 하고 메커니컬 터크(Mechanical Turk) 같은 저임금을 양산하는 플랫폼 노동을 확산할 가능성이 높다. 여기에 4차 산업혁명 흐름까지 더해지면 전통적인 노동관계는 대부분 일터에서 사실상 해체될 수도 있다고 한다. 코로나19라는 바이러스보다 그로 인한 사회의 변화와 불평등, 빈곤의 심화가 더 큰 위기가 될 수도 있다.

이 위기에 대한 해법은 기존 대책의 개선 정도로는 부족하다. 아니 부족한 게 아니라 결코 막아 낼 수 없다. 우선 노동자의 건강과 안전 문제를 더 이상 이윤이 기준인 사용자에게 맡겨서는 안 된다.

노동자가 직접 참여해 결정할 수 있도록, 대규모 실업에 대비해 (우리가 실업급여라 알고 있는) 구직급여를 실업급여로 전환해 노동자의 생계를 보호할 수 있도록 해야 한다. 전통적인 산업에서 밀려나는 노동자들도 과학문명의 이익을 고루 누릴 수 있도록 (예를 들어 기본소득 같은) 지금까지와는 다른 상상과 논의가 필요한 시기다.

이런 와중에 52시간(연장근로 12시간 포함) 상한제 예외 확대와 대형마트 휴업 제외 등 일부 탐욕적인 경영계 주장에 휘둘리면 안 된다. 이는 장시간·밀집 노동이 코로나19를 확산하고 있는 현 상황에 아무런 학습도 맥락도 없는 민원일 따름이다.

최근 5년여마다 닥친 세계적 감염사태가 있었지만 지금 상황은 경제체제와 과학문명, 생태, 인류 삶의 방식이 중첩돼 발생하고 있는 본질적 위기상황이라는 진단이 호소력을 얻고 있다.

이는 어쩌면 우리의 생산방식과 노동에도 본질적인 변화를 요구하는 목소리일 수도 있다. 아직 그 누구도 답은 모른다. 살아남기 위해 머리를 맞대야 할 시간이 온 것뿐이다.

 에필로그

  글을 쓰고 2년 반이 지났다. 세상은 많이 바뀌었다. 디지털화가 급진전됐고, 배달과 비대면이 이제 어색하지 않다. 구독서비스를 통해 집에서 영화를 보는 사람이 많아졌고, 기후 위기에 대한 관심이 높아졌다.

  그런데 세상은 여전하다. 오늘도 노동자는 조그만 철판 상자 안에서, 높은 철탑 위에서 내 목소리를 들어 달라고 농성을 하고, 필수노동자로 칭송받던 간호, 돌봄, 배달, 아파트 경비, 환경미화 노동자들은 여전히 격무에 시달리고 막말과 인격침해를 겪고 있다. 여전히 숲과 바다는 훼손되고 이산화탄소를 내뿜는 산업구조를 개선하는 모습은 잘 보이질 않는다.

  어찌 보면 코로나19를 회피할 수 있는 방안들은 많이 개발됐지만 코로나19의 원인을 해결하는 노력과는 거리가 먼 것 같다. 지난 2년 반 동안은 급한 불을 끄느라 그랬다고 치자. 아직 그 누구도 답을 모른다고 했지만 사실 우리 인류는 그 답을 알고 있다. 답을 실행할 용기가 필요할 뿐이다.

#06

말 안 통하는 사람들, 말 없는 사람들

강경희 공인노무사

"거참 말 안 통하네."

평화로운 어느 월요일 아침, 카페의 고요한 정적을 깨는 소리와 함께 예기치 못한 실랑이가 벌어졌다. 실랑이의 주인공은 바로 나. 청소노동자에게 일방적으로 윽박지르는 사람을 차마 두고 볼 수 없어 그를 막아 세우고 몇 마디 대화를 나눴다. 그러자 곧 '말 안 통하는 사람'이라는 대꾸가 돌아왔다.

왜 그는 나와 말이 통하지 않는다고 느꼈을까? 우리는 같은 언어(한국어)로 대화했지만 실상 서로 다른 언어를 사용하고 있었기 때문이다. 비트겐슈타인의 유명한 테제처럼, 나의 한계는 내 언어의 한계이고, 내 언어의 한계는 내 세계의 한계다. 서로 다른 세계에 사는 사람들이 쓰는

* 2022. 9. 20. 기고
  이 글은 필자가 휴직 중에 작성했다. 현재 서울대학교 사회학과 대학원에서 노동을 공부하고 있다.

언어가 같을 수 없고, 다른 언어를 쓰는 사람들은 같은 땅에 발 딛고 서 있다 한들 실제로는 다른 세계에 살고 있는 것이다. 그러니 말이 통할 리 없다.

청소노동자가 깨끗이 청소된 공간으로만 존재하는 세계가 있다. 그 세계에 사는 사람들은 오늘도 말끔히 비워진 쓰레기통을 편히 이용하지만 분주히 쓰레기를 치웠을 노동자의 모습은 상상 속에서도 존재하지 않는다. 그러니 눈앞에 나타난 청소노동자의 존재가 핀잔을 주지 않고는 못 견딜 만큼 거슬리고 불쾌하다.

그래서 왜 사람들이 다니는 시간에 청소를 하느냐고 마땅한 항의를 한다. 그런데 알지도 못하는 사람이 끼어들어, 되레 자신에게 '청소노동이 왜 눈에 보이지 않아야 하는지'를 묻는다. 비켜 보라고 이야기해도 근로계약상 정해진 시간에 나와 정해진 업무를 수행하는 노동자가 무엇을 잘못했느냐며 꿈적 않고 서 있다. 도무지 말이 통하지 않는 상대임이 틀림없다.

'말 안 통하는 사람'이라고 상대를 규정하고 나면 모든 일이 쉬워진다. 그의 말을 더 이상 주의 깊게 들을 이유도, 그의 말에 비추어 나의 언행을 점검할 필요도 없다. 말이 통하지 않는 사람의 말은 의미화되지 못하는 '소음'에 불과하기 때문이다.

주류적 양식에서 벗어난, 낯설고 불편한 언어를 사용하는 이들일수록 말이 통하지 않는 사람이라는 딱지가 붙기 쉽다. 그들이 사용하는 언어는 투박하고, 이성적이지 못하며 때로는 선동적이라는 비난을 받는다. 사회에는 우리의 말과 행동을 특정한 방식으로 인식하고 판단하게 하는 의미화의 질서가 작동하기 때문이다.

　결코 투명하지 않은 의미화의 경제를 통과할 때, 지배 논리와 불화하는 이들의 언어는 비합리적이고 분별없는 것으로 번역된다. 노동기본권 보장과 노조 탄압 중단을 요구하며 집단 단식과 오체투지를 이어 가는 노동자들은 회사의 명예를 훼손한 징계 대상자가 된다.

　결정권이 없는 하청업체 대신 원청에 협상을 요구하기 위해 가로·세로·높이 1미터의 쇠창살에 자신을 가둔 노동자는 불법 파업의 주동자가 된다. 15년째 제자리인 운송료 인상을 요구하며 파업한 이들에게 청구된 거액의 손해배상액은 불법을 단행했으니 응당 치러야 할 몫이 된다. 이를 면책하는 것은 "떼쓰기식 사태를 장려하는" 것이 된다.

　"말이 통하는" 자들이 공유하는 전제를 재검토하지 않는 한, 테두리 바깥에 위치한 존재들의 언어는 언제까지나 통약불가능[1]한 채로 남겨질 것이다. 그러니 물어야 한다. 말 안 통하는 사람들, 법 무서운 줄 모르는 사람들이라고 소리 높여 말하는 이들에게. 그 말과 법의 울타리는 누구를 향해, 누구에 의해, 누구를 위해 쳤는지. 잘못 그어진 경계가 누구를 울타리 바깥으로, 누구의 말과 행동을 비합리와 비합법의 영역으로 밀어내고 있는지.

　오늘도 '말 안 통하는' 이들의 외침으로 소란하다. 그리고 이들 옆에는 여전히 '말이 없는' 수많은 이들이 존재한다. 말을 하고 있는 사람들

---

[1] 공간의 절대성을 가정한 뉴턴의 이론과 휘어지는 시공간을 설명한 아인슈타인의 상대성 이론은 시공간의 개념에 관해 전혀 다른 인식에 기초한다. 이를 두고 토머스 쿤은 〈과학혁명의 구조〉에서 두 패러다임 간에 '통약불가능성'이 있다고 주장했다. 두 패러다임은 '같은' 세상을 설명하지만 통약불가능한 두 패러다임은 '서로 다른' 세상을 만든다.

은 말이 안 통한다는 말이라도 듣는다. 그렇다면 말이 통하지 않는다는 그 말조차 들어보지 못한, 말 없는 사람들의 이야기는 어디에서 들어야 하나? 왜 그들은 여전히 말이 없나? 혹은 이미 말하고 있는데 우리가 듣지 못하고 있는 것은 아닌가?

쉽게 말하고 들을 수 있다는 순진한 생각에서 벗어나자. 말하고 듣기의 어려움에 대해 더 많이 생각하자. 말 없는 이들의 말하기는 어떤 조건 위에서 가능해질 수 있을까? 그들의 말하기를 어떻게 들리게 할까? 이 질문들을 따라가는 여정 위에서 우리는 살맛 나는 진짜 소란을 만나게 될 것이다.

에필로그

한바탕 실랑이를 벌인 이후에도 종종 그 카페에 들른다. 부러 같은 시간에 가 보았지만 그 이후로는 그를 다시 만나지 못했다. 다행인가? 그곳의 노동자가 눈총받을 일이 줄어들었다는 안도감은 쉽사리 들지 않는다. 청소노동자의 모습을 그가 청소하는 '더러운 것들'과 겹쳐 읽는 의미화의 질서는 그 견고함을 자랑하며 그 노동이 수행되는 곳이라면 어디에서나 작동하고 있기 때문이다.

청소노동과 노동자를 '더러운 것'으로 읽어 들이는 바로 그 재현을 비판할 때, 비판의 의도는 의미화의 질서가 오염됐으니 이를 무균실에 넣어 표백하자는 주장을 하려는 데 있지 않다. 투명한 읽기란 애당초 불가능하다. 모든 실재는 굴절돼 읽히고 오염된 채로 재현된다. 따라서 우리에게 필요한 것은 허상의 투명함을 신성시하는 것이 아닌, '모든 재현은 오염돼 있다'는 사실을 인지하고 각각의 재현들이 어떤 오염의 산물인지를 질문하는 일이다.

그럼으로써 우리는 파생되는 다음의 의문들을 계속 던질 수 있다. '말이 안 통한다는' 지적은 어떠한 재현에 기초하고 있는가? 재현의 대상으로서만 위치지어진 이들이 어떻게 침묵당했는가? 그들의 목소리를 어떻게 들리게 할 수 있을 것인가?

이 의문문들을 끈질기게 붙들고 있는 것. 그것은 불리한 재현들이 지배하는 위험천만한 공론장에 뛰어든 이들을 위한 응원이고, 이들과 함께 기어코 말 안 통하는 사람들이 되겠다는 선언의 일부이며, 아직 말하지 못한 이들의 말하기를 가능하게 할 지반을 다지는 실천의 한 걸음이라고, 그렇게 믿는다.

광주형 일자리 파행,
독일엔 있고 광주엔 없는 네 가지

권오훈 공인노무사 | 전 서울교통공사노조 위원장

    광주시와 현대자동차의 투자협상, 소위 광주형 일자리 잠정합의에 현대자동차 노조가 반발한 것을 두고 언론에서는 비난의 화살이 쏟아졌다. 그리고 어김없이 독일 노조와 한국 노조 비교가 등장한다.

    참고로 현대자동차-광주시 투자협상 모델은 독일 폭스바겐 노사정 합의를 모델로 한 것이다. 한 사설은 독일 노조는 스마트하고 민주노총은 이기적이고 심지어 멍청하다는 원색적 비난도 주저하지 않았다. 왜 노조는 반대한 것일까 독일에는 있고 한국에는 없는 것 네 가지를 짚어 본다.

    첫째, 독일에는 있고 한국에 없는 것은 제도화된 신뢰 시스템이다. 두 모델의 핵심은 "현재 고통을 분담하고 미래의 번영을 함께 누리자"이다.

* 2018. 12. 18. 기고

가장 큰 차이는 노조가 정부와 경영진을 신뢰할 수 있냐는 것이다. 독일은 완벽하지는 않지만 노동이사제 같은 경영감시제도를 가지고 있다. 독일에서 2천 명 이상 기업은 회사법에 따라 감독이사회의 절반을 노동자대표로 선출한다.

감독이사회는 경영에 대해 열람·감시할 권리를 가진다. 심지어 사장 등 주요 임원의 채용·임금수준을 결정할 권한도 갖는다. 감독이사회는 산하에 인사·재정·기술 등 각종 분과를 두고 경영 전반에 개입하고 결정할 권한을 갖는다.

한국의 경우 경영진과 정치권은 제도와 시스템을 만들지 않고 상생·협력과 관련해서는 제발 믿어 달라는 구호만 외치고 있다. 광주시가 제시한 노사합의로 도입하는 경영참여안은 미국 자동차산업노조에서 도입했다가 사멸해 버린 실패한 제도다. 핵심은 노조에 실질적 공동 거버넌스 권한을 주고 이를 법률·조례 등의 법과 제도로 확립하는 것이다. 정부는 신뢰를 보여줬는지 묻고 싶다.

둘째, 독일에는 있고 한국에는 없는 것은 헌법 수호 의지다. 잘 알려져 있다시피 독일은 매우 촘촘한 법 체계와 엄정한 법 집행으로 법을 어기면 지위고하를 막론하고 처벌한다. 이번 광주-현대차 투자협상에서 가장 크게 문제가 된 것이 단체협상을 5년간 막는 조항인데 이는 위헌 소지가 있다.

단체교섭권은 헌법 33조에서 명시한 권리이며 노동조합 및 노동관계조정법(노조법)은 단체협약 기간을 2년으로 제한해 단체교섭권의 형해화를 방지하고 있다. 헌법상 권리는 법률에 의하지 않고는 제한할 수 없으며 투자협정서로 헌법상 권리를 제한하는 것은 명백한 위헌이다. 불과 2년 전 헌법 수호 책임을 다하지 못한 대통령이 감옥에 있다는 사실도 기억해 보자.

셋째, 독일에는 있고 한국에는 없는 것은 지도자들이 노조를 존중하는 태도다. 신뢰는 존중에서부터 나오기 때문이다. 독일의 총리와 대통령은 거의 매년 독일노총과 금속·탄광노조의 주요 행사에 참석해 연설하고, 노동자들의 노고와 헌신에 감사를 표하고, 정부 정책을 설명하고 직접 이해를 구하기도 한다. 물론 인기는 없다. 초기 메르켈 총리는 대의원들의 야유로 수차례 연설이 중단되는 사태를 겪었지만 참석하기를 멈추지 않았다.

한국은 어떤가. 대통령이 노동절·노동자대회 등 노동조합 행사에 공식적으로 참석해서 연설하는 것은 고사하고, 지난달 노동자대회에서 박원순 서울시장이 연설한 것을 두고 일부 여당 국회의원은 대권 욕심으로 당과 엇박자를 낸다고 비판했다. 언론은 현직 시장의 공무원 신분을 들먹이며 부적절한 처신이라고 몰아세웠다.

넷째, 독일에는 있고 한국에는 없는 것은 바로 차별금지법이다. 독일은 2006년 8월 18일 발효된 일반평등대우법(AGG·das Allgemeine Gleichbehandlungsgesetz)과 차별금지법을 통해 차별을 금지하고 있다. 독일은 산별교섭과 강력한 차별금지법을 통해 동일노동 동일임금 원칙을 지키려고 어려움 속에서도 노력하고 있다.

광주형 일자리의 핵심 가치가 바로 대기업과 하청기업, 정규직과 비정규직의 차별을 없애는 것이다. 독일은 차별금지법과 산별교섭을 통해 이 문제를 해결했다. 평등해야 할 국민의 기본권이 침해받는 상황이라면 강력한 차별금지법으로 바로잡아야 할 문제다. 노동조합의 기업별 교섭을 넘어서려는 노력도 중요하지만 차별금지 문제는 국회와 정부의 역할이 더 중요하다.

최근 스웨덴 주재 한국 대사 발언 논란에서 보듯 독일노조는 합리적·이타적이고 한국 노조는 비이성적·이기적이기 때문에 노조만 변하면 된다고 생각하는 사람이 꽤 많은 것 같다. 그러나 독일에는 있고 한국에 없는 것은 신뢰를 위한 법과 제도, 헌법을 지키려는 정부, 노동 존중, 그리고 차별금지법이다. 이것은 광주의 문제라기보다는 국회와 청와대의 문제다. 물론 노조도 일부 책임이 없는 건 아니다.

그러나 대기업 노동자이기 전에 국민이다. 헌법상 권리를 주장하는 국민을 이기적이라고 혐오 대상으로 몰아세우는 것은 사회 분열만 초래할 뿐이다. 광주형 일자리의 모델이었던 폭스바겐 합의 당시 집권여당이던 사민당이 이후 선거에서 패배하고 무려 20년 동안 독일 기독민주당을 비롯한 보수당에 정권을 넘겨주고 있음을 잊지 않기를 간절하게 바란다.

에필로그

독일에는 있고 한국에서 없는 네 가지 중 노동이사제도는 국무회의를 통과해 공공기관부터 시행됐다. 문재인 정부의 공약 사항이 윤석열 정부에서 와서야 실현되고 있는 것이다. 역사는 더디지만 조금씩 전진한다. 다행스러운 일이다. 그러나 여전히 한국에서 차별금지법은 요원한 일이고 노조 혐오는 더 광범위하고 심각해졌다. 물론 독일의 노동체제도 많은 문제를 가지고 있다. 귄터 발라프는 버려진 노동에서 독일의 유연해진 노동시장의 버려진 노동을 고발한다. 2억 원 넘는 벤츠를 만드는 노동자가 정부가 주는 임금 보조금인 하르츠보조금을 받는 현실, 프리랜서를 빙자한 노동 착취, 노동력을 착취하기 위한 기발한 아이디들의 끝에는 결국 이주민 노동 착취가 독일 경제를 지탱하고 있다. 2022년 조선소 하청 노조의 파업에 경찰 특공대를 대기시켜 놓는 한국에서 여전히 독일의 노동 존중, 노조 존중의 정치는 참고할 만하다. 필자도 현대자동차와 기아가 벤츠 같은 자동차 기업으로 성장하기를 원한다. 현대차에서 노동자 이사가 차별금지법에 근거해 하청노동자들의 차별을 감시하는 세상이 하루속히 오기를 기대해 본다.

부동산에 가려진 노동

임득균 공인노무사 | 강북구 노동자종합지원센터

코로나19가 창궐한 2020년 이후 감염병보다 더 관심을 끈 주제는 부동산 가격의 급격한 상승이었다. 2022년 3월 대통령선거, 6월 지방선거에서도 부동산에 대한 정책과 관심이 뜨거웠다. 모두가 부동산에 집중했다.

모두의 관심이 부동산에 몰리면서, 아파트 단지에서 일하는 노동자들을 '관리비', '부동산 가격의 걸림돌'로만 생각하는 입주민들이 생기기도 했다.

2021년 서울의 한 아파트에서는 '옆 단지에 비해 부동산 가격 상승폭이 낮다'는 이유로 용역회사 변경 과정에서 80여 명의 60대 이상 경비노동자와 계약을 해지하고, 40대 경비노동자들을 30여 명만 고용하는 경비형태 변경 및 경비원 감원에 대한 투표를 진행했다.

투표 결과 51 대 49로 경비노동자 감원안은 부결됐으나, 부동산 가

* 2022. 5. 24. 기고

격이 급등하기 전 실시된 2019년 감원 투표에 비해 찬성 비율이 매우 높아졌다. 2022년 다시 입주민 설문조사를 거쳤고 결국 입주자대표회의는 87명의 경비노동자를 37명의 보안직원으로 교체하기로 결정했다.

또 다른 아파트에서는 2021년 7월 아파트 입주자대표회의 회장이 바뀐 뒤 관리소장과 갈등이 있다는 이유로 관리비를 집행하지 않았다. 이 때문에 해당 단지에서 근무하는 경비노동자·청소노동자·관리사무소 직원 등 노동자 70여 명의 급여가 6개월 이상 체불됐다. 노동청 진정을 통해 현재 모든 급여가 지급됐으나, 진정을 이유로 용역회사 변경 과정에서 대다수 경비노동자와 청소노동자의 고용이 거절될 가능성이 있다.

2013년 공동주택 현황에 따르면 관리회사가 주택관리를 위탁받아 아파트를 관리하는 비율은 전체의 70%다. '2019년 서울시 경비노동자 실태조사보고서'에 따르면 경비·청소 용역회사에 소속된 간접고용 비율은 90%가 넘을 것으로 추정된다. 법원은 용역회사 변경 과정에서 고용승계 의무가 없다고 판단하기 때문에 입주자대표회의로 인한 고용불안 문제가 계속 발생한다. 일부 입주민들은 이런 고용불안을 이용해 '아파트 내 권력싸움의 도구'로 혹은 '아파트 이미지 변화를 위한 도구'로 사용한다.

최근 대법원은 '고용승계' 기대가 있는 경우 특별한 사정이 있다면 고용승계 의무를 진다고 판단하기도 했다. 그러나 ① 새로운 용역회사와 도급인이 작성한 도급용역계약서상 고용승계 의무조항이 있거나, ② 수차례 용역회사 변경에도 고용이 승계됐고 새로운 용역회사가 이미 이전에도 용역계약을 맺고 업무를 수행해 고용승계 관행이 있었다는 점을 알고 있는 등의 특별한 사정이 있는 경우에 고용승계를 인정해 현실적으로 적용하기 어렵다. 특히 아파트 경비노동자들의 경우 '고용승계에 대한 특약'이 없다면 '고용승계 기대'를 인정받기는 쉽지 않다.

이런 특별한 사정이 없더라도 용역회사 변경 시 고용 승계를 의무로 하는 '사업이전에서의 근로자 보호 등에 관한 법률'이 2021년 5월 국회에 발의됐다. 해당 법안이 통과되면 용역회사 변경으로 인한 감원, 고용불안 문제는 해결될 수 있지만 발의된 지 1년이 넘은 현재 환경노동위원회도 통과하지 못하고 있다.

부동산에만 집중해 경비노동자들을 '돈'으로 생각하는 입주민들이 있지만, 이 에세이를 읽는 분들처럼 경비노동자들을 '공동체의 일원'으로 생각하며 함께 사는 아파트를 만들고 싶어 하는 입주민들도 있다. 경비노동자의 고용불안을 줄이는 방법은 무엇일까.

입주자대표회의가 용역회사 변경 과정에서 "경비노동자를 전원 고용승계한다"는 특약을 명시하는 경우 경비노동자들의 고용이 승계된다는 노동위원회의 판정들이 있다.

경비노동자들을 볼 때 '관리비', '부동산'의 관점으로 보지 않고 '공동체의 일원'임을 인지하는 입주민들이 적극적으로 '고용승계 특약'을 요구한다면 경비노동자들의 고용불안 문제가 조금은 해소될 것이다.

에필로그

에세이에 작성한 두 아파트 사례는 저자가 근무하는 강북구노동자종합지원센터 관할 강북구 아파트와 바로 근처 자치단체인 노원구 사례다. 고용불안 문제, 임금체불 문제를 해결하기 위해 두 아파트 경비노동자들을 만나는 과정에서 에세이를 작성하게 됐다.

2018년부터 경비노동자 모임 사업에 결합해 4년째 함께하고 있는데, 점점 경비노동자들에 대한 온정이 사라져 가고 있다고 생각되기도 한다. 코로나19가 발생하기 전에는 경비노동자들의 감원 이슈가 발생할 때마다 여론이 집중됐고 감원에 반대하는 입주민들이 적극적으로 나서 해결해 준 사례들이 많았다. 최근에는 부동산 가격 만능주의, 코로나19, 고물가 등의 사정으로 인해 경비노동자를 비용으로 인식하고 감원을 하는 입주민들이 늘어나기도 했고, 감원에 반대하더라도 쉽게 나설 수 없는 환경이 만들어진 듯하다.

에세이의 결론처럼 경비노동자를 아파트 공동체의 일원으로 여기는 입주민들이 많아지길, 또 그분들이 적극적으로 입주자대표회의에 참여하길 바란다.

2. 일터의 폭력과 차별

#09

평등을 나중으로 미루지 말자

여수진 공인노무사 | 민주노총 서울본부 노동법률지원센터

우리나라에서 차별이 가장 많이 일어나는 곳은 어디일까? 2020년 6월 국가인권위원회가 발표한 '2020 차별에 대한 국민인식조사'에 의하면 지난 1년간 차별을 당한 경험이 있는 사람 71%가 '직장'을 차별장소라고 대답했다. 2위인 '온라인'(29.4%)보다 두 배 넘게 높은 수치다.

법에서 말하는 근로의 본질이 사용자에 대한 종속노동인 것을 떠올려 보면 일터가 차별에 가장 취약한 장소라는 것에 쉽게 고개를 끄덕일 수 있다. 대부분 사람이 잠자는 것보다 많은 시간을 보내는 곳이지만 근로계약의 이행이 지속적인 지휘·명령과 위계 체계를 통해 이뤄지기에 차별과 인격침해가 어느 관계보다 빈번하고 자연스럽게 일어난다.

이 때문에 노동관계법에는 차별금지를 명시하는 개별법이 가장 많이 존재한다. 근로기준법을 비롯해 고용상 연령차별금지 및 고령자고용촉진에 관한 법률(고령자고용법), 남녀고용평등과 일·가정 양립 지원에 관

* 2020. 8. 18. 기고

한 법률(남녀고용평등법), 기간제 및 단시간근로자 보호 등에 관한 법률(기간제법)과 파견근로자 보호 등에 관한 법률(파견법) 등에서 개별 조항으로 성별·연령·국적·사회적 신분·고용형태 등에 의한 차별을 금지한다.

그러나 지금의 법으로는 일터에서 일어나는 모든 차별을 담아낼 수 없다. 기존에는 차별이라고 인식하지 못했던 것이 드러나고 발견되는 과정을 거치는 것이 차별의 속성이다. 우리는 얼마 전까지만 해도 살구색을 '살색'이라고 불렀고, 장애인의 반대말이 '정상인'인 사회에 살았다. 성적 지향이나 성 정체성, 병력, 가족형태 등 드러내지 못하는 것 자체로 모멸과 차별을 견디는 경우도 많다. 개별법으로는 위와 같은 현실의 복잡한 차별 사유와 양태를 일일이 규율하는 것에 한계가 있다.

근로기준법을 비롯한 노동관계법에서 지나치게 근로조건을 중심으로 차별을 판단하는 것도 문제다. 차별의 결과가 임금과 승진 등 경제적인 불이익과 직접 연결되지 않는 경우는 매우 엄격하게 판단된다. 그러나 차별은 단순히 다르게 대우하는 것을 넘어, 어떤 집단에 부정적인 속성을 부여하고 이를 이유로 사회에서 분리하고 배제하고 위협하는 인격침해 행위다. 지금도 누군가는 일할 자리를 얻기 위해 편견 없이 자신으로 존재할 권리를 빼앗기고 있다.

한편, 자본은 차별과 혐오를 자신의 목적을 채우는 데 활용한다. 돌봄노동을 사회화한다면서 비정규직의 불안정 일자리를 대거 양산해 낸 데에는 '가사노동은 여성의 몫이고 남자보다 좀 덜 벌어도 된다'는 성별 고정관념이 연관돼 있다. 방송국에서 같은 아나운서 자리에 남자는 정규직, 여자는 계약직으로 채용하는 관행에는 '여자 아나운서는 젊고 예뻐야 한다'는 성차별 관념이 작동한다. 우리 법은 장애인이라는 이유로 최저임금을 받을 권리를, 이주노동자라는 이유로 사업장 이동의 자유를 박탈한다.

인권은 누군가 가지면 다른 이의 몫이 줄어드는 '파이'가 아니기에 불평등의 결과는 모두에게 돌아온다. 사람들이 누군가를 구별하고 배제할 때, 자본은 이를 그 누군가에게 불안정한 자리를 주고 노동의 값을 후려치는 이유로 삼는다. 그러는 사이 정규직은 빨간색, 비정규직은 파란색으로 사원증 목걸이까지 구분 짓는 사회가 되고 노동자들은 모두의 평등을 요구하기보다 빨간 목줄을 얻을 자격을 얻기 위한 공정함에 목매달게 된다.

21대 국회에서 포괄적 차별금지법이 7년 만에 발의되고 국가인권위원회에서는 평등 및 차별금지에 관한 법률을 제안하며 국회에 제정을 촉구했다. 최근의 이슈를 보면 우리나라는 20대 여성의 평범한 옷차림이 국회에서 허락되지 않고 청소년에게 얼굴을 검게 분장하는 것이 왜 인종차별인지 제대로 알려 줄 능력이 없는 곳으로 보인다. 차별금지법은 평등에 관한 헌법의 이념을 확인하는 기본법으로, 차별 감수성이 심각하게 낮은 우리 사회에 무엇이 차별인지 논의할 기준을 제시하게 될 것이다.

장혜영 정의당 의원이 발의한 법안은 피부색, 용모 등 신체조건, 성적 지향, 고용형태, 병력 등 23가지 차별 사유를 제시하고 2가지 이상의 사유가 함께 작용하는 '복합차별'도 금지 대상으로 했다. 고용, 재화·용역, 교육기관의 교육과 훈련, 행정서비스로 네 가지 차별 영역을 제시하는데 이 중 고용에 관한 내용이 가장 구체적이고 많은 부분을 차지한다. 근로자와 사용자 범위가 근로기준법보다 넓고 분리·구별·제한·배제·거부를 불리한 대우와 동등하게 직접적인 차별행위로 규정했다. 차별행위자에게 입증책임과 자료제출 의무를 부과하는 한편 징벌적 손해배상과 인권위의 차별시정 명령 등 구제방법을 제시하고 있다.

 법이 만들어진다고 해서 차별이 일거에 줄지는 않을 것이다. 차별금지법 제정연대는 "무엇이 차별인지, 금지돼야 할 차별행위는 어떤 것인지, 차별을 없애 가기 위해 어떤 조치가 필요할지 등과 같은 질문에 사회가 함께 답을 찾는 길을 여는 법"이라고 포괄적 차별금지법을 설명한다.

 직장 내 괴롭힘 금지법을 통해 많은 사람이 일터에서 인격권 침해에 맞설 언어를 가지게 됐고 침해돼서는 안 될 권리가 있다는 것을 깨달았다. 차별금지법도 일터에서 먼지처럼 존재하는 차별의 사각지대를 더욱 드러내고 더 많은 존재가 스스로 말할 기회를 주는 계기가 될 것이다. 우리 사회가 더 이상 평등을 나중으로 미루지 않기를 바란다.

#10

키워 주겠다는 거짓말,
이건 가스라이팅입니다

김한울 공인노무사 | 노동인권 실현을 위한 노무사모임

첫 사회생활을 했던 곳의 대표는 '시간또라이'였다. 오전에 서면을 작성해서 검토받으러 가면 종이를 찢어 바닥에 던지며 "너 진짜 초딩이야?", "기본도 없어?"라고 소리를 지르며 화를 냈다. 그리고 한 시간 뒤 따로 점심을 먹자며 불러 "내가 널 아끼는 거 알지? 다 너 잘 키우려고 그래"라고 이야기했다. 혼란스러웠다. 소리를 지르고 화를 내는 그를 보면 진짜 미친놈인가 싶다가도 나를 키워 주겠다는 그의 말을 들으면 그렇게 나쁜 사람은 아니라고 생각했다. 사실 생각이 정리되지 않았고, 하루에도 몇 번씩 태도를 바꾸는 그가 너무 어렵고 무서웠다.

* 2021. 10. 26. 기고
   이 글은 필자가 '민주노총 서울본부 노동법률지원센터'에 있을 때 작성했다.

하루는 그는 나를 불러 내 태도에 대해 이야기하면서 붕어빵을 예로 들었다.

"붕어빵 알지? 추운 겨울에 길가에 붕어빵 가게가 있는 거야. 붕어빵이 엄청 맛있어 보여서 샀어. 그래서 붕어빵을 반으로 갈라 먹었더니, 팥이 없는 거야. 그럼 기분이 어떨 것 같아?"

"네? 글쎄요."

"글쎄요? 그치. 내가 딱 그래. 널 보면."

"네?"

"자네는 눈치를 안 보는 게 문제가 아니라 왜 봐야 하는지 모르는 것 자체가 문제야. 봐, 지금도 무슨 말인지 못 알아먹잖아."

할 말이 없었다. 그가 서면을 찢어 집어던지며 소리를 지를 때도 울지 않았다. 그 앞에서 우는 게 너무 자존심이 상했다. 그런데 그의 붕어빵 발언은 나를 무너지게 했다. 농담처럼 웃으며 이야기하는 그를, 아무 말도 못 하고 그걸 듣고 있어야만 하는 이 상황을 견디기 어려웠다. 내 삶이 한순간에 그냥 붕어빵이 될 수 있구나 싶었다.

그의 평가가 어이없고 화가 났지만, 사실 이러한 분노도 시간이 지나서야 깨달은 감정이고, 그 당시에는 그냥 무너지는 기분이었다. '뭐지. 내가 그렇게 이상한가? 그래도 이 조직에 섞여 보려고 나름 최선을 다했는데, 그래도 내가 그렇게 이상한가?' 하는 생각만 가득 찼다. 동시에 그가 날 키워 주겠다는 말은 거짓이구나 하는 확신이 들었다. 어차피 팥이 있든 없든 붕어빵 아닌가. 그가 날 키워 주겠다는 것은 그래 봤자 팥이 들어 있는 붕어빵으로 만들어 주겠다는 거구나 하는 생각과 난 붕어빵이 되고 싶지 않다는 생각이 들었다.

직장 내 괴롭힘 피해 상담을 하면서 내 또래 여성을 만난 적이 있다. 그가 녹음한 파일을 듣는데, 붕어빵 대표가 떠올랐다. 그를 괴롭히는 상사가 그에게 "칼이 있는데, 칼이 너무 무뎌도 문제지만 너무 잘 들어도 문제다. 넌 너무 잘 드는 칼이다"라고 하는 녹음이었다.

잘 드는 칼 이야기를 듣는데, 팥 없는 붕어빵이 떠오르면서 웃음이 났다. 아니 대체 왜 이렇게 말도 안 되는 비유를 들어가며 사람을 괴롭히는지…. 동시에 그가 상사의 말도 안 되는 이야기를 '아, 예…'만 반복하면서 듣고 있는 걸 보면서 화가 났다. 그 역시 이 회사가 첫 직장이었고, 그가 어떤 마음으로 녹음을 하며, 대답을 했을지 상상이 됐기 때문이다.

계속해서 "넌 미숙해. 나만 믿고 따라와", "(아주 작은 반발이라도 있는 경우) 넌 진짜 문제야. 시키는 대로만 하면 되는데 왜 그러니? 내가 널 잘 키워 줄게"라는 말을 반복적으로 들으면 누구나 자기에게 문제가 있다는 생각을 하게 된다.

특히 일을 처음 시작한 사람에게 일을 알려 주는 사람의 말은 마치 커리어 전체에 영향을 미칠 것처럼 절대적으로 느껴지기 마련이다. 이런 말에 지속적으로 노출되면, 스스로를 팥 있는 붕어빵, 적당히 드는 칼이 되고 싶은 것처럼 여기게 되는 것이다. 나 역시 그랬다. 내가 정말 사회성이 부족하고, 눈치가 없어서 사회생활을 못하는 것일까 봐 두려웠다. 이곳이 아닌 다른 그 어떤 곳에서도 사회생활을 하지 못할 것 같아서 무서웠다. 나중에 '가스라이팅'이라는 단어를 접하게 됐을 때, 그 대표가 떠올랐다. '아, 그때 그게 가스라이팅이었구나' 싶었다.

일을 처음 시작하면 서툴고 잘못하는 게 당연하다. 그리고 일을 잘하고 싶고, 인정받고 싶은 마음도 너무 당연하다. 이를 이용하는 게 바로 '키워 줄게(그러니 넌 아무 말도 하지 말고 그냥 시키는 대로 해. 내 말이 무조건 맞아)'라는 식의 가스라이팅형 괴롭힘이고, 이는 주로 사회 초년생들에게 많이 발생한다. 일이 아니라 누군가의 성격·인격, 모든 것을 자기의 입맛대로 바꾸려고 들고 통제하려는 행위는 당연히 업무상 적정범위를 넘어서는 괴롭힘이다. 이러한 가스라이팅형 괴롭힘은 피해자가 스스로 피해 사실을 인지하기 어려울 수 있기 때문에 '반!드!시!' 가까운 지인에게 본인의 상황을 털어놓고 객관적인 이야기를 들어보는 것을 추천한다. (덤으로 위로도 받고 감정적인 지지도 받으면 좋고!) 그 누구도 누군가에게 쓰이는 칼로만, 누군가에게 먹히는 붕어빵으로만 존재하고 싶지는 않다는 것을 명심하자.

에필로그

직장생활이 아무리 힘들어도 계속 버티는 사람들이 있다. 나 역시 붕어빵 대표의 계속되는 괴롭힘에도, 내 주변의 모두가 그만두라고 말했을 때도 버텼다. 내가 그렇게까지 모자란 사람이 아니라는 것을 그에게 인정받고 싶었다. 이걸 포기해 버리면 그의 말이 맞다고 스스로 인정하는 것 같았다. 안간힘을 쓰면서 버티고 있는데 외할머니가 돌아가셨다. 더 이상 버틸 힘이 없었다. 그렇게 나는 그를 떠날 수 있었다.

1년쯤 지나서 그를 우연히 길에서 마주쳤다. 그가 먼저 아는 척하지 않았더라면 난 그를 알아보지 못했을 것이다. 그냥, 지극히, 평범한, 아저씨였다. 내가 왜 그토록 그에게 인정을 받으려고 애썼는지 웃겼다. 그렇게 그는 내게 이야기 소재가 됐다.

로빈 스턴의 〈그것은 사랑이 아니다〉에 나와 있는 문구로 글을 마무리하고 싶다.

"그런 수치심과 싸우고 있다면, 스스로를 깊이 동정할 필요가 있다. 그리고 한 번의 실수, 아니 여러 번의 실수조차 창피한 일이 아니라는 것을 받아들여야 한다. 수치심이 주는 아픔은 비참함을 벗어나기 위해 지불해야 하는 최소한의 대가다. 시간은 많은 상처를 회복시켜 준다."

끝나지 않는 이야기, 직장 내 성적 괴롭힘

박윤진 공인노무사 | 행복한 일 연구소

직장 내 성희롱 상담에서 중요한 것 중 하나는 내담자가 진정 원하는 것이 무엇인지 찾아가는 과정에서의 라포(마음의 유대) 형성이다. 사건 개요만 파악하면 해법이 어느 정도 보이는 노동 사건과는 달리 성희롱 사건은 상담부터 신고·처리 절차·사건 해결, 그 이후까지 그야말로 첩첩산중이다. 직장 내 성적 괴롭힘은 사건 종결서라는 것을 도대체 쓸 수 없는, 끝나지 않은 이야기다. 제대로 라포 형성이 되지 않는다면 상담자도 내담자도 견디기 힘든 시간들이다.

성희롱 문제제기 후 벌어지는 일들

출판계에서 일하는 A는 안정된 직장의 정직원이 되기 위해 17개월이라는 비상식적인 수습기간을 감내했다. 성추행까지도 참을 수밖에 없었

* 2014. 10. 21. 기고
  이 글은 필자가 '여성노동법률지원센터 고용평등상담실장'으로 상근하던 당시에 작성했다.

다. 정직원이 된 뒤에도 피해 사실을 꺼내지 않았다. 조직에서 살아남아야 했기에. 그러나 새로운 피해자가 발생하는 것을 보며 A는 용기를 냈고 문제를 제기했다. 그러나 대표 등은 A를 '회사의 가치를 떨어뜨린 내부고발자'로 몰았고, 가해자가 비운 사무실을 청소하라고 지시했을 뿐만 아니라 컴퓨터 모니터도 감시했다. A는 결국 퇴사했다.

2년의 재직기간 동안 총 7번의 근로계약을 체결했다는 B 역시 정규직 전환 약속을 믿었고, 때문에 중소기업 CEO들의 음담패설과 성추행도 견뎠다. 성추행 사실을 상부에 보고했지만 집단 따돌림까지 경험했기에 더욱 그러했다. 그러나 정규직 전환을 이틀 남긴 시점, 계약해지 통보를 받았고 끝내 자살로 삶을 마감했다.

C는 르노삼성자동차 연구소에서 일하며 1년 가까이 직장 상사에게 일방적인 애정표현과 개인적인 만남 제안 등 지속적인 성희롱에 시달렸다. 견디다 못해 회사에 이 사실을 알렸으나 회사는 사직을 종용했다. 피해자가 무고한 사람을 신고한 것이라는 소문을 퍼뜨리고, 집단적으로 따돌리기 시작했다. C를 도운 동료까지 징계하고, 승진심사 기회를 박탈하고, 회사 기밀문서 반출 절도죄로 형사고소까지 했다.

직장 내 성희롱과 불이익 조치

성희롱 사건으로만 끝나지 않았다. 사건을 신고해 처리한다고 해서 모두 해결되는 것이 아니었다. 남녀고용평등법 제14조 제2항은 "사업주는 직장 내 성희롱과 관련해 피해를 입은 근로자 또는 성희롱 피해 발생을 주장하는 근로자에게 해고나 그 밖의 불리한 조치를 해서는 아니

된다"고 규정하고 있다. 하지만 현실에서는 성희롱이 조금이라도 가시화되거나 사건화되면 이른바 '불이익조치'가 본격화한다.

피해자에 대한 일방적 해고 또는 징계조치, 사건의 은폐나 피해자 유발론의 조직적 유포, 묵인과 방조, 미흡한 가해자 징계조치, 회사 생활이 어려워질 거라는 협박, 명예훼손 고소 또는 손해배상 청구 등의 협박, 형사고소, 집단 따돌림, 사직 종용 및 압박, 인사상 불이익, 승진 누락, 강제 전출, 업무상 불이익 등 성희롱 사건의 신고와 함께 또는 사건 처리가 진행되는 과정에서 벌어지는 일들은 그 자체가 또 하나의 괴롭힘이자 2차 가해다.

이러한 불이익조치는 실제 성희롱 피해자로 하여금 피해사실에 대해 대응하지 않겠다고 마음먹게 하는 배경이 된다. 불이익조치 유형은 매우 다양하고 교묘하고 기가 차다. 불이익조치의 상담사례들을 꿰어 보면 결국 피해자의 '퇴사'로 향하고 있다. 왜일까. 직장 내 성희롱 피해자를 조직에서 퇴출시킨다는 것은 문제제기자(피해자)를 조직에서 도려낸다는 것을 의미한다. 성희롱 피해자의 문제제기는 조직의 문화와 관습에 균열을 내는 내부고발 행위로, 기업의 통제 권한과 지위를 위협한다고 생각하는 것이다.

강자들은 '조직을 관리하고 조직을 책임진다'는 명분으로, 인권침해를 인정하면 자신과 조직 모두가 무너진다는 논리를 편다. 특히 문제제기자(피해자)에게 동조하는 이들에 대한 불이익조치는 공포 모델을 제시해 구성원에게 두려움을 내재화시켜 저항을 잠재우고자 하는 것과 같다. 직장 내 성희롱 문제제기 이후 연속적으로 작동하는 불이익조치는 평등하게 노동할 권리를 찾으려는 피해자들의 노력을 좌절시킴은 물론 "자, 봤지? 앞으로는 알아서 조용히 덮어"라며 내부를 향한 강력한 경고까지 겸한다. "가만히 있으라." 이 사회 곳곳에서 볼 수 있는 익숙한 말이 이곳에도 있다.

남녀고용평등법 제14조 제2항 위반 시 3년 이하 징역 또는 2천만 원 이하 벌금형에 처해진다. 그러나 강력한 제재효과를 가졌던 적은 지난 13년간 단 한 번도 없었다. 불이익조치의 유형화와 법적 해석 확장뿐만 아니라 성희롱 사건 처리절차 시스템이 제대로 구축되고 관리될 수 있도록 해야 한다. 이는 사업주에게 피해자 보호의무와 재발방지 의무를 법적으로 부여한다는 의미이기도 하다. 적어도 후속피해에 대한 두려움 없이 직장 내 성적 괴롭힘 피해를 구제받을 수 있도록 피해 발생 시 사용자의 의무를 단계적으로 촘촘히 규율할 필요가 있다. 물론 위반 시 법적 제재가 시정지시 따위에 머물고 만다면 아무런 의미가 없는 것은 마찬가지겠지만 말이다.

에필로그

이 글을 작성한 뒤 약 4년이 지나 성희롱 피해자에 대한 불이익처우는 벌칙 규정이 강화되어 남녀고용평등법 제14조 제6항에 유형별로 열거됐다. 다시 약 4년이 지나 성희롱 피해근로자에 대한 적절한 조치 의무 규정이나 피해근로자 등에 대한 불리한 처우 금지 규정 위반 시 노동위원회에 그 시정을 신청할 수 있게 됐다. 더디지만 바뀌고, 노력하는 한 변화는 있다. 보이지 않은 인내심으로 함께 연대하는 우리가 있기 때문이다.

'갑질'을 대하는 우리들의 자세

김미영 공인노무사 | 전국민주일반노동조합 서울본부

"앗! 화물연대 스티커다! 어, 화물연대 조끼를 입었네!"

막가는 재벌 3세와 열혈 형사의 한판 싸움으로 알고 보러 간 영화 〈베테랑〉. 그런데 거기서 낯설지 않은 장면이 보였다.

'아, 이 영화가 사실을 모티브로 한 거였구나.' 노동조합에 가입했다는 이유로 임금도 받지 못한 채 해고를 당한 노동자. 해고를 당한 노동자는 이를 항의하기 위해 원청으로 향하고, 그 앞에서 1인 시위를 하던 그 노동자는 재벌 3세의 방에 가서 무지막지하게 매를 맞는다. 노동자는 '맷값'이라며 돈을 던지는 재벌 3세에 의해 인간적 모멸까지 당한다.

영화에 등장하는 이 장면은 2010년 세간을 떠들썩하게 했던 SK그룹 회장의 사촌동생이 벌인 '맷값 폭행사건'이었다. 이 사건은 어이없는 현

---

* 2015. 8. 18. 기고
  이 글은 필자가 '노원노동복지센터'에 있을 때 작성했다.

실이었으며, 그야말로 '슈퍼갑'이 부린 횡포였다. 영화를 본 많은 사람들이 "속 시원하다"고 한다. 분노할 수밖에 없는 어이없는 사건들은 현실이고, 열혈 형사 서도철의 모습은 오히려 비현실적인데도 사람들이 속 시원하다고 느끼는 건 대리만족일까.

2014년 이렇게 속 시원한 동영상을 접하게 됐다. 대리운전 상담실에 걸려온 전화. 뭐가 그리 불만이었는지 고객이라는 남성은 진상을 부리기 시작했다. 도저히 더 들어줄 수 없었던 전화 상담원은 그 진상 고객이 욕하는 만큼 똑같이 욕을 퍼부었다. 욕을 퍼붓고, 신고하겠다고 하면 상담원이 기죽을 거라 생각했을 그 남성 고객은 당황해 어쩔 줄 몰라 하며 버벅거렸다.

지난해 인터넷에 떠돌던 이 동영상의 전화통화 내용을 듣고 어찌나 속이 시원하던지 실컷 웃었던 기억이 있다. 진상을 부리는 고객은 현실이요, 응대하는 상담원은 비현실적으로 느껴졌던 전화통화 내용. 과연 '을' 입장에 있는 전화상담원들이 얼마나 이렇게 대응할 수 있을까.

수많은 불특정 다수의 '갑질'을 응대해야 하는 전화 상담원들. 상담원이라면 당연히 웃으며 고객에게 전화응대를 해야 한다는 강박적 사회 분위기 속에 노출돼 자신의 슬픔과 분노·화 같은 감정을 숨겨야만 하는 소위 감정노동자들이다. 노원노동복지센터에서 감정노동자 심리치유프로그램을 진행한 적이 있다. 하루에 50통 이상 공격성 전화를 받아야만 하는 전화상담원 한 분은 스트레스가 너무 심하다며 몹시 힘들어했다. 대리운전 상담원 동영상 얘기를 하며, 이런 동영상을 접했을 때 속 시원했느냐고 물었다. 실제 상담원들이 그렇게 할 수 없으니 대리만족이라도 느끼지 않을까 하는 생각에서다.

그러나 그 노동자는 동영상 통화내용을 들으면서 웃을 수가 없었다고 한다. 본인과 같은 전화상담원들은 패기 있게 고객을 응대했던 전화상담원의 통쾌한 목소리가 들리는 것이 아니라, 고객이 내뱉는 그 쓰레기 같은 말들이 마치 자신에게 하는 말처럼 들린다고, 그래서 그걸 듣는 게 오히려 힘들었다고 한다. 그랬다. 항상 을이 돼 불특정 다수의 갑질을 감수해야만 하는 감정노동자들의 상처는 그렇게 깊었다.

얼마 전 한 늙은 노동자 한 분이 산업재해 상담을 왔다. 고령의 노동자였고 간단한 사고성 재해였기에 간략히 산재 서면을 작성해 주기로 했다. 잠시 기다리라 말씀드리고 사고경위서를 작성하고 있는데, 갑자기 이 고령의 노동자가 어디론가 전화를 걸었다. 그리곤 갑자기 시작되는 고령 노동자의 갑질. 이 노동자는 큰 목소리로 "내가 이사를 갔는데 왜 거기다 우편물을 갖다 놨냐. 이사 가기 전 집에 가 보니, 등기우편을 우체국으로 와서 찾아가라는 게 붙어 있던데 왜 거기다 그걸 붙여 놨냐. 이사를 갔으면 찾아서 가져다줘야 하는 거 아니냐. 나 우체국 명예회원인데 일 처리 이런 식으로 할 거냐. 그 등기우편 찾으러 우체국으로 갈 수 없으니 이사 간 집으로 배달해라"며 말도 안 되는 요구를 하고 있었다.

본인의 문제로 우리와 상담할 때와는 태도가 180도 달라져서는 우체국 전화상담원에게 고압적 태도로 일관하며 갑질을 하고 계셨다. 갑자기 짜증이 났다. '이분 도대체 뭐 하는 거지? 산재 경위서 쓰는 거 도와주지 말까 보다'라고 생각했다가 '그러시면 안 된다고 한마디 해야 하나'라는 생각도 했다. 도움을 줄 만한 곳이라고 어렵게 찾아와서 한소리 듣고 돌아가게 하고 싶지 않아 참았다.

우리는 처한 상황에 따라 언제든 갑이 될 수 있다. 영화 〈베테랑〉에서처럼 슈퍼갑질을 하지 않는다 하더라도 늘 우리가 접하는 전화상담원들에게, 인터넷이나 가전제품 설치기사들에게, 마트 판매노동자들에게, 혹은 아파트 경비노동자들에게 소비자의 당연한 권리라 여기며 스스로도 의식하지 못한 채 갑질을 할 수 있다.

최근 하루에도 몇 번씩 무료로 바꿔 주겠다며 전화기를 교체하라는 전화가 자주 온다. 한창 바쁠 때 전화가 오면 갑자기 짜증이 나기도 한다. 그러나 이런 전화를 하루에도 수십 통씩 걸어야 하는 그 노동자들을 생각하며 최대한 다정한 목소리로 "괜찮다. 바꾸지 않겠다"고 말한다. '나라도 갑질은 하지 말아야지' 하며.

에필로그

2015년 이 글을 쓸 때는 노원노동복지센터에서 활동했다. 시간이 많이 흐른 지금은 전국민주일반노동조합 서울본부에서 활동을 하고 있다. 우리 노동조합의 한 분회에서 고객응대 업무를 수행하던 조합원이 고객에 의해 심각한 폭언을 들었다. 적절한 조치를 취해 달라는 조합원의 요청을 받고도 회사 측은 아무런 조치도 취하지 않았다. 산업안전보건법이 개정돼 '고객의 폭언 등으로 인한 건강장해 예방조치'를 해야 할 의무를 사업주가 갖고 있음에도 말이다. 결국 노동청에 진정까지 제기하고 나서야 회사 측은 움직이기 시작했다.

입주민의 갑질로 인해 아파트 경비노동자가 목숨을 잃는 등 온갖 사회적 갑질 문제가 대두되고, 직장갑질119 활동이 이와 같은 문제를 드러내면서 '직장 내 괴롭힘 금지'가 근로기준법 내용으로 포함됐고, 산업안전보건법이 개정됐다. 법 개정으로 모든 게 해결될 수는 없다. 그럼에도 직장 내에서는 '내 행동이 직장 내 괴롭힘일 수도 있다'는 인식이 생기고 있고 일정 정도 조심하는 분위기가 조성되고 있는 듯하다. 하지만 직장 밖에서는 과연 어떨까.

서울노동권익센터가 서울시 노동센터들과 함께 "당신의 노동에 감사합니다"는 공동캠페인을 했었다. 그 캠페인에 나오는 "우리는 서로의 노동에 기대어 있습니다"는 말이 참 좋다. 나의 노동은 당신은 노동과 맞닿아 있다. 당신의 노동으로 나의 일상생활이 가능하다. 그것을 인식하는 순간 우리는 서로의 권리를 인정하고 존중하게 되지 않을까.

#13

신의 이름으로 당신을 해고합니다

최연재 공인노무사 | 민주노총 법률원

　노무사들이 모여 각자 겪었던 황당무계한 사건 얘기를 하다 보면 심심치 않게 종교단체 사건 이야기가 나온다. 근로감독관이 임금체불 사건과 관련해 이름을 물으니 "저는 속세를 버려 이름이 없습니다"라고 한 불교단체 사용자 스님의 이야기, 장시간 노동에 시달리다 연장수당을 달라고 했더니 "믿음이 부족하니 기도 시간을 늘려라"고 한 기독교 단체 사용자 이야기 등 일반적인 회사에서는 상상하기 어려운 일들이 비일비재하다.

　실제 상담을 하다 보면 이해하기 어려운 일들이 종교단체에서는 쉽게 행해지는 상황을 접한다. 한 노동자는 부당한 지시를 거부했더니 사용자가 "당신 안에 하느님이 보이지 않는다"며 자기 앞에서 기도해 보라고 강요당했고, 어떤 노동자는 종교단체 내에서 종파가 다르다는 이유로 승진에서 배제되기도 했다.

* 2022. 9. 13. 기고

이는 비단 작은 종교시설 이야기만은 아니다. 한국 불교 최대 종단인 조계종은 25년 근무한 행정노동자를 지난 2월 해고했다. 그 이유는 해당 노동자가 인터넷 방송에 출연해 조계종 행정총괄자 스님의 부당한 단체 운영을 비판했다는 것이었다. 비판 과정에서 욕설이나 사생활 관련 얘기는 없었다. 단체 운영에 대해 단 1회, 10분도 안 되게 발언했음에도 조계종은 곧바로 징계 해고를 통보했다. 더욱 황당한 일은 노동위원회 구제신청 심문회의에서 벌어졌는데, 조계종은 노동자의 모든 주장에 "조계종은 불교단체"라는 논리로 반박했다. 조계종 스님을 비판하는 것은 반종교 행위로 종교단체의 특수성에 따라 정당한 징계 사유고, 종교단체에서 그런 행위는 용납될 수 없으므로 해고는 정당한 양정이라는 논리였다. 한참을 고민해서 준비했던 근로기준법상 징계 사유와 양정의 정당성에 대한 각 판례·법리와 복잡한 사실관계는 불교단체라는 반박으로 귀결됐다.

그러나 어떤 종교도 근로기준법을 형해화할 수 없다. 그 어떤 종교단체든 노동자를 사용할 때는 근로기준법을 준수해야 한다. 다만 일부 징계 사유와 관련해 법원이 인정하는 종교사업체의 특수성도 있다. 종교사업체에서 신앙과 관련된 업무를 수행하는 노동자가 신앙 자체를 잃으면 징계 사유가 될 수 있다.

예를 들어 포교 관련 업무를 담당하는 종무원이 방송에 나와서 찬송가를 부르며 기독교 포교 활동을 했다면 징계 사유가 될 수 있을 것이다. 그러나 종교단체의 특수성을 무분별하게 적용한다면 해고와 징계로부터 노동자를 보호하는 근로기준법 취지를 형해화하게 된다. 그러므로 종교단체의 특수성은 엄격하게 제한적인 상황에서 적용된다.

결국 노동자의 단체 운영 비판은 신앙을 잃은 것으로 볼 수 없으므로 위 사건은 종교단체의 특수성으로 접근해야 하는 해고가 아니다. 초심 노동위원회 또한 위 사건에 대해 노동자 스스로 종교적 성향을 부정한 적 없으므로 신앙을 잃은 것으로 볼 수 없고, 종교단체의 특수성은 완화된 해고 법리를 적용하는 논거로 작용할 수는 없다고 명확히 판정했다.

그러나 충격적인 사건은 여기서 끝이 아니었다. 초심 노동위원회에서 부당해고 판정을 받았지만 조계종이 재심을 신청하며 재심 심문회의 날짜를 기다리고 있었는데, 조계종 사찰 앞에서 피켓을 들고 1인 시위를 하던 노동자에게 스님들이 인분을 붓고 집단폭행한 것이다. 처음 사실을 접하고 너무 놀라 할 말을 잃을 정도로 믿기지 않았다. 노동자는 부당하게 해고당한 것으로 모자라 피켓을 들고 서 있었던 것뿐이었는데 인분을 맞고 집단폭행을 당해 입원을 해야 했다. 그러면서 조계종은 노동위원회 답변서로 또다시 불교단체의 특수성을 강조했다.

단체 운영을 비판하는 행위는 신앙심을 잃어버린 반종교행위고, 25년간 불심으로 노동한 불자를 비판 몇 마디 했다는 것을 이유로 하루아침에 해고하고 인분을 붓고 집단폭행하는 것은 부처의 가르침이던가. 불심으로 바라봤을 때 진정 신앙심을 잃은 행동을 하고 있는 것이 우리 노동자일까.

9월 2일 조계종의 새로운 행정총괄자로 당선된 스님은 "알고 보면 모두가 소통의 대상이며, 부처님의 가르침을 사회에 풀어내고자 하는 소중한 공동체"라고 말했다. 그러나 여전히 노동자의 부당해고에는 일언반구조차 없다. 소통의 대상인 '모두'에 노동자와 노동조합은 없고 '부처의 가르침을 풀어내고자 하는 사회'에도 노동자·노동조합은 없는 것일까.

다음 심문회의에서는 부당한 해고를 불교의 이름으로 정당화하려는 모습이 아닌, 진정 사부대중과 함께하고자 하는 조계종의 모습을 기대해 본다. 나아가 종교의 이름으로 부당한 것을 정당화하려는 행위를 부끄러워할 줄 아는 사회가 되기를 바란다.

에필로그

위 조계종 사건의 재심 노동위원회는 3주라는 긴 화해 기간을 권고했다. 새롭게 당선된 조계종 행정총괄자의 인수인계를 고려해 넉넉히 처리할 시간을 주겠다는 취지였다. 조계종 측의 사정을 고려하면 넉넉히 화해 기간을 부여한 재심 노동위원회의 판단은 충분히 이해된다. 다만 아쉬운 점은 심문회의 중에 조계종이 여전히 노동자의 반종교행위를 용납할 수 없다는 입장만을 고수했다는 것이다. 기대했던 폭행 사건에 대한 사과 또한 없었다. 재심 노동위원회의 판단을 받아야 하는 입장에서 사건에 접근을 달리해 보거나 폭행에 대한 사과를 하기에는 부담스러웠던 것일까.

재심 노동위원회 위원들은 화해 기간을 부여하며 불교의 자비와 관용을 보여 달라고 부탁했다. 현 행정총괄자 스님은 위 사건의 초심 노동위원회 심문회의가 열린 주말, 부처님 오신 날을 맞이해 "거룩한 부처님의 가르침을 따라 세상 곳곳에 자비의 꽃을 피워야 한다"고 말씀하셨다. 스님의 말씀처럼, 이번 화해 기간에는 조계종의 자비와 관용의 모습을 볼 수 있길 간절히 바란다.

3. 길 위의 노무사들

#14

월담과 함께한 지난 3년의 이야기

엄진령 공인노무사 | 전국불안정노동철폐연대

2013년 처음 선전전을 나가던 날은 두려움과 흥분이 가득했다. 공단 노동자들을 만나서 우리의 이야기를 처음 전하는 것이었기에 혹 아파트형 공장 안에서 선전물을 돌리다 쫓겨나지는 않을까, 잘 받아 주기는 할까, 이런저런 걱정으로 마음이 복잡했다. 복잡했던 마음 탓일까. 제대로 살펴보지 못하고 들고 나간 우리의 첫 선전물은 인쇄 오류로 '조쩔쉽' 같은 알 수 없는 외계어가 군데군데 등장해서 읽는 이들을 몹시 당황하게 했고, 다음 달 선전물을 들고 찾았을 때 그들은 '이상한 글자'를 언급하며 우리에게 농담을 던졌다.

'반월시화공단 노동자 권리찾기 모임 월담' 활동은 그렇게 엉뚱한 해프닝과 함께 시작됐다. 1년쯤 지나 선전전을 나가는 곳에서는 조금씩 낯익은 얼굴들이 생겨나고 월담이 조금은 노동자들에게 알려지지 않았을

* 2016. 9. 6. 기고

까 싶었던 그때, 마치 새로운 곳인 것처럼 노동자들이 싹 바뀌었다. 해가 바뀌자 노동자들도 바뀌었고, 그들은 다시 '이거 뭐예요?' 하며 우리의 선전물을 낯설게 받아들었다. 지난 1년이 무색하게, 모든 것은 처음부터 다시 시작됐다. 다시 1년이 흐르자 이번에는 선전물을 돌리던 공단 식당의 절반이 텅텅 비었다. 그 많던 노동자들은 다 어디로 갔을까. 업체들이 문을 닫자 노동자들도 사라졌다. "노동조합 가입은 어떻게 하느냐"고 관심 있게 물었던 노동자의 얼굴도 보이지 않고, 늘 자전거를 타고 수고한다며 선전물을 나란히 받아 가던 두 명의 중년 노동자도 보이지 않는다.

대자본의 하청업체·부품업체들이 밀집해 있는, 그래서 작은 사업장이 절대 다수인 공단. 노동조합이 거의 없고, 비정규직·파견노동자들이 절반 이상을 차지하고, 이주노동자들도 많은 이곳. 불안정한 노동 현실은 그렇게 우리 눈앞에 다가왔다. 작은 시작을 만드는 것 자체가 쉽지 않아 보였고, 밑 빠진 독에 물 붓기 같았다.

여러 실태조사 자료들을 통해 고용형태나 임금수준, 노동시간, 생활실태, 인권침해 실태 등 다양한 노동자들의 현실을 보지만 실제로 활동을 통해 노동자들을 만난다는 것은 참 다른 일이다. 통계로 평면화된 것 가운데 하나하나를 개별로 쏙 뽑아내 입체적으로 재구성해 본다면 이런 느낌일까. 개별 노동자의 삶과 노동을 마주한다는 것이 내게는 그랬다.

어떤 노동자는 노동시간을 특정하지 않은 계약서를 갖고 있기도 했고, 어떤 노동자는 직업소개인지 파견인지도 알 수 없는 형태로 일한 사업장에서 산업재해를 당해 청력이 훼손됐고, 또 어떤 노동자는 파견회사가 자기도 모르는 사이에 변경됐는데 퇴직금을 받을 수 있느냐고 물었다. 너무 힘들어서 회사를 그만두고 싶은데 사장이 온갖 협박을 해 와서 어떻게 그만둘 수 있는지를 묻는 노동자도 있었고, 체불임금이 1천만 원을 넘어가는데 그만두면 못 받을까 봐 걱정하면서 본인 사업장 근처에 와서 퇴직금은 꼭 줘야 한다는 선전전을 해 달라는 노동자도 있었다.

미조직 노동자의 삶과 노동에 답을 주기에 아직 우리의 활동이나 법률은 미미하기 그지없다. 법적으로 답이 있을 때도 있지만, 없을 때가 더 많다. 공단의 작업장은 노동관계라는 체계적 형식도 없이 주먹구구식으로 굴러가는데, 그런 가운데에서도 노동자 임금을 빼먹고 노동력을 착취하는 방법은 다종다기하게 존재해서, 싸워서 해결해야 하는 일들을 수없이 보지만 그냥 참을 수밖에 없다고 생각하는 노동자들이 더 많다.

그래서 손에 쥘 수 없는 물이 손가락 사이로 새어 나가는 것을 보면서도 끊임없이 반복해야 하는 일이다. 그리고 밑 빠진 독에 어느새 조금씩 물이 채워져 이제 월담은 노동자들의 모임을 구성하려 시도하고, 조금 더 나아가 함께 싸우자는 이야기를 노동자들에게 건넨다. 그리고 이것은 월담만의 이야기가 아니다.

월담보다 먼저 전국 곳곳에서 공단 조직화를 위해 활동을 전개하는 이들이 서울 남부에서, 인천에서, 경남 웅상공단에서, 부산 녹산공단에서 활동해 왔고 안산지역에서도 지역 조직화를 위해 활동이 있어 왔다. 아직은 모두가 소진되는 활동을 반복하고 있지만, 그 꾸준한 시간이 언젠가는 공단지역에서 대규모 조직화를 이끌 날이 올 것이다. 공단을 사실상 지배하고 있는 대자본에 맞선 투쟁을 조직할 수 있는 그런 날이.

에필로그

2021년 10월 16일, '반월시화공단노동자 권리찾기 모임 월담'은 지난 8년간의 활동을 딛고 '월담노조'를 세웠다. 노동법 교육으로 노동자들을 만났던 담벼락 교실, 공단의 인권실태를 드러냈던 인권침해 실태조사, 임금은 회사가 주는 것이 아니라 노동자의 정당한 권리임을 말했던 임금교실, 최저임금 현실화를 위해 투쟁한 '안산만원행동'과 최저임금 위반 감시단 활동, 안전하게 일할 권리를 위한 화학물질 조례 제정운동, 현장실습생 권리 찾기, 직장 내 괴롭힘 대응 등 많은 활동들이 켜켜이 쌓였다.

8년이라는 시간만큼 노동자들의 이동도 많았다. 노동 상담을 매개로 소식을 주고받던 노동자들은 다른 공단으로 일자리를 찾아 떠났고, 현장실습 실태조사에 찾아왔던 학생들은 이제 취업을 했을 터다. 코로나19로 인한 위기 가운데 또 많은 노동자가 떠났고, 그사이 비정규직이 좀 더 늘어났다. 노동자들이 수없이 들고 나는 공간, 그러나 정착하지 못하고 부유하는 곳. 공단의 모습은 오늘도 여전하다.

월담노조의 설립은 그렇게 흘러가는 공단 노동자들에게 드리는 약속이다. 지난 8년처럼 변함없이 권리를 위해 함께 싸우겠다는 약속, 노동자의 권리를 외면하는 기업과 공단과 정부에 맞서 싸워 나가겠다는 약속이다. 그 약속을 다짐 삼아 더 용기 내서 앞으로 나아갈 것이다.

#15

계약직 노동자 현장체험기 두 번째

권태용 공인노무사 | 영해 노동인권 연구소

2016년 '계약직 노동자 현장체험'이라는 제목으로 칼럼을 썼다. 1년 반 만에 두 번째 계약직 노동자 현장체험기를 쓰려 한다. 노동자로서, 비정규직으로서 한 경험을 정리하고 싶은 마음에서다. 입사할 때부터 민주노총에서 근무했던 경력을 넣을지 말지 자기검열을 할 정도로 우여곡절이 있었지만, 공공기관에 계약직 노동자인 업무보조원으로 입사한 뒤에는 별다른 사건 없이 업무에 적응하느라 바쁜 나날을 보내고 있다.

불합리함은 어디에나 있다. 어느 날 급여명세서를 받았는데 국경일과 공휴일에 휴일로 쉰 날에 임금이 공제돼서 미지급되고 있다는 사실을 확인했다. 국경일·공휴일에 공공기관이 쉬기 때문에 공공기관에서 일하는 계약직 노동자들도 어쩔 수 없이 쉬는 건데 임금을 공제하는 것은 말이 되지 않는다는 결론에 다다랐다. 그런데 이 문제를 제기하려니 같은 팀 공무원들과 어색해지지 않을까, 재계약 때 계약이 해지되는 것 아닐까 하는 막연한 불안감이 동시에 머릿속을 스쳐 지나갔다. 그러던 중 과

* 2018. 5. 29. 기고

거 민주노총 노동상담소에서 상담실장으로 근무할 때 노동자들에게 항상 "자신의 권리는 자신이 쟁취했을 때 가능하다. 왜 자신의 권리를 찾지 못하냐"고 타박했던 내 모습이 떠올랐다. 그래서 결론을 내렸다. 노동자들에게 항상 자신의 권리를 지키라고 했던 내가 스스로의 권리를 쟁취하지 못한다면 자신은 못 하면서 남만 타박하는 우스운 꼴이 되겠다 싶었다.

재계약이 안 되는 문제나 같은 팀 공무원들과의 어색한 관계보다 더 중요한 것은 바로 지금 내 자신의 존엄성을 회복하는 것이다. 내 권리를 지켜 나가자고 결심했다. 그 뒤 업무보조원 근로계약서와 계약직 노동자 운영규정(취업규칙이라고 생각하면 된다)을 검토했다. 근로계약서에는 국경일과 공휴일이 무급휴일로 규정돼 있었지만 계약직 노동자 운영규정에는 유급휴일로 돼 있었다. 법적 근거도 찾았으니 이제 국경일과 공휴일에 공제된 임금을 지급해 달라고 요구할 일만 남았다.

다음 날 같은 팀에서 계약직 노동자 임금 지급을 담당하는 공무원에게 이 부분을 이야기했다. 담당 공무원은 자신이 검토하는 데 한계가 있으니 본청에 확인해 보겠다고 했다. 물론 예상했던 대로 우리 팀뿐만 아니라 다른 팀 공무원들에게까지 이 내용이 전달됐다. 분위기는 이전과 다르게 싸늘해졌다.

며칠 뒤 자문 변호사 자문을 거친 본청에서 "계약직 노동자 운영규정에 따라 국경일 및 공휴일에 계약직 노동자들이 쉬더라도 임금을 지급하라"는 내용의 답변을 받았다. 이 답변에 따라 미지급된 유급휴일수당을 소급해서 받았다. 그 이후에도 국경일과 공휴일에는 무조건 유급휴일수당을 지급받았다. 같은 팀 동료 공무원과의 관계가 이전보다 어색해졌다. 경계하는 눈빛도 느껴졌다. 그렇지만 많은 고민 끝에 내린 결단이었고, 임금을 받아서 경제적으로 여유가 생겼으니 그만이다. 무엇보다 자존감을 회복한 것이 경제적 여유보다 몇 배나 더 좋았다. 노동자가 노동현장에서 자신의 권리를 스스로 쟁취하려면 얼마나 많은 고민과 결단을 해야 하는지 다시 한번 공감하게 됐다.

에필로그

이 글은 '비인두암'으로 병원 치료를 받고 공인노무사 휴업을 하며 고향에서 요양하던 중 작성했다. 요양 중 지역 공공기관 업무보조원으로 노동을 했고, 그 과정에서 겪은 에피소드를 썼다.

시리즈로 나온 글인데 1편과 3편도 매일노동뉴스에 칼럼으로 게재돼 있다. 공인노무사 자격증을 따기 전에도 약 5년간 건설현장 토목기사로 노동을 한 경험은 있지만, 자격증을 딴 이후에는 처음으로 노동자로 생활해 본 경험이라 색다른 느낌이었다. 공인노무사로 노동자들을 대할 때 느낌과 직접 노동을 하는 노동자로서 생활해 보는 느낌은 매우 다름을 느꼈다. 노동현장에서 노동조합이 없는 상태에서 개인적으로 자신의 소신을 밝힌다는 것은 매우 힘들고, 때로는 고용을 포기당할 수 있다는 생각도 들었다.

이 글을 작성한 후 몸담았던 공공기관에 전국적인 산불진화대원 노동조합이 생겼다는 이야기와 이 노동조합이 일부 공무원들 및 비조합원 동료들 간의 갈등은 있지만 근로조건 향상을 위해 매진하고 있다는 이야기도 들린다. 노동조합을 유지하고 노동자들의 권익을 위해 노력하고 있는 그들의 건투를 빈다.

#16

길 위의 노무사들

장혜진 공인노무사 | 민주노총 공공운수노조 조합원

노무사가 돼 맨 처음 노동자를 만났을 때 나는 그들이 모두 '전태일'인 줄 알았다. 선한 눈빛의 그들은 한결같이 "내가 그때 노동법을 알았더라면…" 하며 한숨 섞인 목소리로 다가왔다.

그로부터 10년이 지난 오늘, 그들에게 성공보수를 받지 못해 분통 터진 일도 있었지만 난 여전히 그들과 함께 있다. 노동사건만 전담하는 내게 혹자는 특별한 사명감이 있지 않고서는 할 수 없는 일이라고 치켜세우기도 한다.

난 특별한 사명감으로 일하는 것은 아닌 것 같다. 다만 해고된 노동자들, 구속된 노동자들에 에워싸여 있으니 그들은 어느덧 나의 일부가 됐다. 나의 일부이기에 남의 일도, 남을 위한 것도 아닌 나 자신의 문제가 됐을 뿐이다.

* 2011. 3. 17. 기고
　이 글은 필자가 '민주노총 공공운수노조 경기지역지부'에 있을 때 작성했다.

나처럼 노동사건만 전담하는 노무사는 전국에 130명가량 된다. 현재 활동하고 있는 노무사를 1천 명 정도로 추정하니 대략 10% 정도 된다고 보면 될 것 같다. 노동사건만 전담하는 노무사는 약 8년 전 단체를 결성했다. '노동인권 실현을 위한 노무사모임(노노모)'이다. 이 글을 읽고 있는 독자들이 노무사를 만날 때 사람은 좋아 보이나 행색이 좀 초라해 보이면 필경 노노모 회원일 것이다.

노노모 소속 노무사들은 대체로 가난하다. 돈 없는 노동자를 상대하고, 그들을 지원하니 큰돈을 벌지 못한다. 노동자와 별반 처지가 다르지 않고, 그들과 함께 싸우다 구속이 되기도 한다. 노동법이 야금야금 개악되고 사용자에 대한 형사처벌 조항이 삭제되면서 노동법이 노동자를 보호하지 못하게 된다. 지당하게도 노동자를 지원하는 노무사의 사회적 역할도 축소된다. 법적 대응을 해도 피해가 원상회복되지 못하고, 범법행위를 한 자를 단죄하지 못하게 되니, 힘이 빠지고 무기력한 날들도 있다. 더 나아가 법적 대응이 되레 사용자의 범법행위를 적법행위로 둔갑시키는 현실이 통탄스럽기도 하다.

그렇지만 노동자를 위한 법을 만드는 것은 오로지 노동자의 힘이기에 우리는 노동자를 지원한다. 현장과 가장 가까운 곳에 있기에 노동현장에서 법이 작동되는 현상을 주목하고 분석하고 폭로한다. 투쟁하는 노동자를 지지하고, 진상규명 활동을 하고 진실을 알리기 위한 각종 활동을 한다. 노동자를 보호하기 위해 지력을 다해 법을 해석하고, 몸을 던져 악법을 저지한다. 노동자와 함께 싸우고 견디고 힘을 모으다 함께 아파한다.

내가 맨 처음 노동조합에 취업할 때는 경쟁상대가 없었다. 지원자가 없었기 때문이다. 그렇지만 지금은 노동사건을 지원하는 노무사로 활동하기 위해 노무사 시험을 준비하는 일군이 탄생했고, 노무사가 돼서도 일할 수 있는 공간이 없어 대기하고 있는 취업재수생도 있다.

노동법이 개악되고 있지만, 비정규직이 양산되고 있지만, 구조조정에 실업에 날로 노동자의 삶은 강퍅해지고 있지만 이 땅을 밑동부터 갈아엎을 힘은 오로지 노동자에게 있음을 믿고 힘을 보태고자 노력하는 전문가그룹이 있다. 그들이 지금 이 시간에도 불을 밝히고 법전을 안고 씨름하고 있다. 천막을 지키고 있고 피켓을 들고 1인 시위를 하고 있다. 투쟁하는 노동자와 함께 오늘도 길 위에 그들이 있다.

 에필로그

시간이 새삼 소중하게 느껴진다.
글을 쓰고 10년이 지났다.
맨 처음 에세이를 쓸 때는 오지 않을 것 같았던 노노모 에세이 10년.
그때는 없었던 후배 노무사들을 10년 세월이 만들었고,
10년 세월 풍파를 함께 헤쳐 온 동료들과 선배노무사들이 지금도 있으니, 10년 세월은 소중하다.
우리가 사는 세상이 조금이라도 더 나아지게 하려고 애쓰고 있는 그들과 이들이 함께 미래의 노노모 후배들에게는 좀 더 즐거운 세상을 만들어 줄 것이라고 믿는다.

# 17

삼성은 노동조합 활동을 보장해야 합니다

이종란 공인노무사 | 반도체노동자의 건강과 인권지킴이 반올림

"내 딸이 삼성 반도체공장에서 화학물질을 다루는 일을 하다가 백혈병에 걸려 죽었어요. 2인 1조로 내 딸과 같이 일한 이숙영씨도 백혈병에 걸려 죽었습니다. 둘 다 똑같이 백혈병으로 죽었는데 삼성은 무조건 산재가 아니라고 하고 약속한 치료비도 주지 않았습니다. 만약 삼성에 노동조합이 있었더라면 내 딸이 그렇게 억울하게 죽지는 않았을 겁니다."

삼성전자 반도체공장에서 일하다 백혈병으로 숨진 고 황유미(23)씨의 아버지 황상기씨는 지난 7년간 누구를 만나든지 "노조가 있었더라면…"이라고 이야기합니다. 만나는 사람이 활동가든 기자든 작가든 혹은 최근에 열린 삼성전자와의 교섭 자리든 한결같습니다.

저는 황상기 아버님의 이 말이 백번 옳다고 생각합니다. 물론 노조가 만능도 아니고 노조가 있는 사업장도 산재 문제가 완전히 해소되지 않

* 2014. 6. 3. 기고

고 있다는 사실을 몰라서가 아닙니다. 그럼에도 아버님의 말씀이 백번 옳다는 생각이 드는 건 76년이나 무노조 정책을 펴며 노동기본권을 박탈한 삼성의 노동문제가 너무 심각하기 때문입니다.

반올림에 제보를 한 삼성의 직업병 피해 노동자들은 이야기합니다. "안전교육 한 번 제대로 받아본 적이 없다. 사용하는 화학물질 이름이 뭔지도 회사에서는 가르쳐 주지 않았다. 조별 경쟁을 붙여 성과에 반영하니 동료들마저 경쟁 상대로 몰고, 회사에 찍소리 못하게 만들었다. 인터록이라는 안전장치는 풀어 놓고 사용하는 경우가 다반사였다. 사고는 비일비재했다. 생산성 위주로 돌아가는 시스템이지 노동자 건강은 안중에 없다."

만약 황상기 아버님의 말씀처럼 삼성에 노조가 있었더라면 생산성만 강조되는 현장 시스템에 제동을 걸고 노동자의 안전과 건강을 위한 장치들이 마련돼 직업병 발병률을 줄일 수 있었을 겁니다. 그래서 반올림이 삼성전자에 보낸 12가지 교섭요구안(사과와 보상, 재발방지 대책 마련을 위한 요구안) 중 재발방지 대책의 하나로 "안전보건에 대한 노동자의 실질적인 참여권 보장을 위해 삼성전자는 노조의 설립과 활동을 방해하지 않는다"는 항목을 뒀습니다.

그런데 지난달 28일 열린 직업병 대책 마련을 위한 삼성전자와 반올림 측의 2차 교섭에서는 회사 측이 구체적인 답변을 마련하지 않았습니다. 우선 합의사항으로 "앞으로 삼성전자와 반올림 양 당사자가 성실하게 교섭한다. 집회나 시위 과정에서 벌어진 일에 대해 피해 가족들과 활동가들에게 삼성전자가 행한 고소·고발은 취하한다. 3차 교섭을 6월 내로 재개한다"는 내용이 전부였습니다. 약속대로 3차 교섭부터 삼성은 반올림이 제시한 구체적인 요구안에 대해 답변을 준비해 임해야 할 것입니다.

그런데 벌써 일부 언론들은 삼성 눈치 보기를 하며 직업병 문제와 노조 문제가 연결되는 것이 문제의 본질을 흐리게 하는 생뚱맞은 이슈라는 식으로 보도를 합니다(2014년 5월 29일자 이데일리 기자수첩 '삼성 직업병 사태 꼬이게 하는 노조 이슈' 참고). 그러나 실제 직업병 발생률을 줄이고 안전하고 건강하게 일하기 위해 노조활동을 보장하는 것은 매우 중요하고 기본적인 문제입니다. 올해 4월 9일 안전보건공단 연구원이 내놓은 '노사협력과 산업재해에 관한 연구'에서도 "노조가 있는 사업장의 산재 발생률이 노조가 없는 사업장보다 눈에 띄게 낮다"고 결론 내리고 있습니다. 따라서 앞으로 삼성전자와 반올림 측의 직업병 대책 마련을 위한 교섭이 진정성 있게 진행되려면 삼성이 노조 인정 문제를 비껴가려 해서는 안 될 것입니다.

현재 삼성 에버랜드와 삼성전자서비스, 삼성SDI 등 삼성 노동자들이 76년 무노조 역사를 끝내고 민주노조를 만들어 노조 인정과 노동조건 개선 등을 외치며 싸우고 있습니다. 그러나 삼성은 부당해고를 하고, 서비스센터를 폐업하고, 일감을 주지 않아 생활고에 허덕이게 하는 방식으로 노조를 탄압하고 극한으로 몰아세우고 있습니다. 금속노조 삼성전자서비스지회는 노조가 생긴 지 1년도 안 돼 노조탄압으로 두 명이 죽고 노조 지도부 세 명이 억울하게 구속됐습니다.

직업병 피해자 가족들을 포함해 반올림은 삼성의 노조탄압 문제는 직업병 문제와 결코 떨어진 문제가 아니라고 생각하고 있습니다. 삼성이 직업병 문제에 대해 단순히 무마용으로 협상하겠다고 나선 것이 아니라면, 피해자들에게 제대로 보상하고 진정성 있는 자세로 재발방지 대책에 합의해야 합니다. 시대착오적인 노조탄압은 당장 중단해야 합니다.

에필로그

이 글을 쓴 2014년 6월, 반올림은 삼성전자와 직업병 대책 마련을 위한 교섭 중이었으나 그 뒤 많은 변화가 있었다. 삼성은 교섭을 파행시키고 조정위원회의 조정마저 거부했다.

반올림은 2015년 10월부터 삼성 서초사옥 앞에서 노숙농성에 돌입해 3년 만인 2018년 7월 중재 합의로 1천23일간의 농성을 종료했다. 이렇게 오랜 투쟁의 결실로 만든 합의에 따라 직업병 피해자들은 2018년 11월 삼성전자 대표이사의 공식 사과를 받았고 주요 암 및 희귀질환, 유산과 자녀 질환이 보상 대상에 포함됐다. 재발방지 대책으로 삼성전자가 500억 원의 산업안전보건 기금을 출연해 안전보건공단에 기탁하고 전자산업을 비롯한 산재 노동자의 안전과 건강을 보호하고 산업재해를 예방하는 데 사용하도록 했다.

한편 2016년 촛불 항쟁과 삼성 민주노조들의 끈질긴 저항으로 삼성은 공식적으로 무노조 경영을 폐기한다는 선언을 했다. 그렇지만 삼성의 반노조 정서와 경영 관행이 쉽게 바뀌지 않는 만큼 오늘도 민주노조는 투쟁 중이다. 민주노조의 활약으로 노동자들의 건강권이 제대로 지켜지길 바란다. 다시는 황유미씨와 같은 억울한 죽음이 없기를 바란다.

#18

끝내 승리할 것을 믿습니다

김혜선 공인노무사 | 민주노총 제주본부 법률지원센터

대학 새내기 시절 선배들의 손을 잡고 처음 구로공단에 갔다. 그때까지 서울에 살면서 구로공단역(지금은 구로디지털단지역으로 바뀌었다)에서 내려 본 적도 없었던 나는 꽤 많이 긴장했던 것 같다. 내가 간 사업장은 구로공단에 위치한 금속사업장이었는데 두 사업장이 임금·단체협상 공동투쟁을 하고 있었다. 그리고 그 사업장 중 한 사업장은 2015년 현재까지도 투쟁 중이다. 바로 하이텍알씨디코리아분회 이야기다.

금속노조 서울지부 남부지역지회 하이텍알씨디코리아분회는 1988년 노동조합을 세우고 90년 전노협 출범을 함께한 구로지역에 하나 남은 전노협 사업장이다. 하이텍알씨디코리아는 모형 비행기 리모컨을 생산하는 사업장으로 대부분 여성노동자로 이뤄져 있다. 회사는 96년 필리핀에 해외공장을 설립하면서 국내 생산직 노동자들에 대한 정리해고

---

* 2015. 12. 15. 기고
이 글은 필자가 '민주노총 제주지역본부 법률원 준비위원회'를 구성해 활동하던 때 작성했다.

를 추진해 왔다. 97년 이후 신규채용을 전혀 하지 않았고 98년부터 매년 흑자를 낼 정도로 성장했음에도 회사는 노동자들을 정리해고했다. 이 과정에서 68명이던 조합원은 46명으로 줄었다. 노조탄압이 계속되면서 정리해고 투쟁을 시작한 2002년 조합원 13명이던 분회는 현재 7명의 노동자가 남아 투쟁을 이어 가고 있다.

월드컵 열기로 온 나라가 들떠 있었던 2002년 분회는 단식투쟁과 천막농성을 시작했고 회사는 돈이 수억 원이 들더라도 반드시 노동조합을 없애겠다고 하면서 조합원 감시용 CCTV 설치, 직장폐쇄, 용역 고용, 무기한 휴업, 부당해고 등 상상할 수 있는 모든 방법을 동원해 노조를 탄압했다. 당시에는 지금보다 더 생소했던 '노무사'가 회사의 노조탄압을 조언해 주고 있었다(아이러니하게도 내가 '노무사'라는 직업을 처음 알게 된 계기다).

분회와 조합원들은 수차례 단식농성을 비롯해 2005년 CCTV 등 감시장비로 노동조합 활동을 탄압하는 회사에 맞서 집단 정신질환 산재신청과 근로복지공단 농성, 2008년 한강시민공원 송전탑 고공농성과 청주시 오창 본사 앞 농성을 진행했다.

내가 대학 3학년 때 시작된 하이텍 투쟁은 대학을 졸업하고 노무사로 합격한 후에도 계속됐고, 졸업 후 이 핑계 저 핑계로 투쟁에 함께하지 않은 채 간간이 들려오는 투쟁 소식을 접하다가 2011년 드디어 임금·단체협약이 체결되고 조합원들이 원직복직하게 됐다는 기쁜 소식을 듣게 됐다.

투쟁 10년 만의 일이다. 함께하지 못했다는 죄책감은 없어지지 않았지만 다행이라 생각했다. 분회 조합원들이 일상의 행복을 느끼시길 바랐다. 하지만 그 바람은 여지없이 무너졌다. 2014년 회사는 아예 조합원들이 근무하는 구로공장 부지를 매각한 뒤 생산공장을 이전하겠다고 일방적으로 통보했다. 실제 2015년 9월 회사는 구로공장 부지를 매각했다. 분회 조합원들에게는 새로운 회사로 출근할 것을 지시했다.

2007년 새로운 회사를 만들어 비조합원들을 전적시키고 1년 후 전적시킨 비조합원 전원을 정리해고했던 전력이 있는 회사의 지시를 순순히 받아들일 수 없었던 분회는 다시금 공장 내 천막농성에 돌입했다. 회사는 분회에 3억5천만 원짜리 아파트형 공장을 매입해 두었으니 2015년 12월 10일자로 구로공장에서 나가고 아파트형 공장으로 출근할 것을 통보했다. (2007년도와 어찌 그리 방법이 똑같은지…) 물론 분회는 이를 거부하고 전면파업에 돌입했으며 분회장과 금속노조 서울지부 남부지역지회장은 구로공장 옥상에 철탑을 세우고 고공농성에 돌입했다.

우리 사회에서 민주노조를 지키고 평생 일한 일터를 지키는 매우 정당하고 타당한 일들을 왜 노동자가 건강을 해치고 목숨을 걸면서 해야 하는지 나는 아직 충분히 이해하지 못하고 있다. 그렇지만 이번 하이텍 투쟁이 지난 10년의 투쟁처럼 길고 지난한 투쟁이 돼서는 안 된다는 사실만은 확실히 알고 있다. 하이텍 노동자들이 반드시 승리할 것임을 믿어 의심치 않는다. 비록 몸은 멀리 있지만 온 마음을 다해 고공농성 중인 두 분이 건강히 땅을 밟게 되기를 바란다. 민주노조와 생존권을 지키는 하이텍 투쟁의 승리를 염원한다.

에필로그

'그래서 2015년 하이텍 투쟁은 구로공장을 지켜내고 승리했습니다'로 마무리되는 후기를 쓸 수 있었다면 얼마나 좋을까. 하지만 우리의 삶이 늘 모두가 인정하는 해피엔딩일 수는 없는 것처럼, 2015년 12월 진행됐던 민주노조와 구로공장 사수, 생존권을 지키기 위한 고공농성은 최초 투쟁 목적을 달성하지 못한 채 2016년 5월 2일 마무리됐다.

당시 함께 고공농성을 하며 투쟁했던 동지들 7명 중 일부는 사용자의 제안을 받아들여 아파트형 공장으로 출근했고 결국 구로공단의 마지막 전노협 사업장이었던 하이텍알씨디코리아 구로공장 부지는 240억 원(당시 사용자 주장)에 매각돼 현재 에이스가산타워라는 지하 3층, 지상 20층 건물이 세워졌다. 그러나 당시 아파트형 공장으로의 출근을 거부하고 남은 조합원 2명과 하이텍 투쟁에 연대한 노동자들은 현재까지 '하이텍알씨디코리아 민주노조 사수 투쟁위원회'라는 이름으로 여러 투쟁사업장에 연대하며 투쟁을 이어 가고 있다.

혹자는 이미 구로공장 부지에는 20층짜리 건물이 들어서서 돌아갈 공장도 없지 않느냐, 이 상태에서 계속하는 투쟁이 무슨 의미가 있느냐고 물어볼 것이다. 하지만 10억 원, 20억 원이 들더라도 노동조합만은 없애겠다는 사용자의 횡포에 맞서 끝까지 싸우는 노동자가 있고 이에 연대하는 동지들이 있다는 것, 그들이 민주노조의 원칙을 지켜내며 제2, 제3의 하이텍 투쟁과 같은 또 다른 노동자의 생존권 투쟁에 함께하는 것은 가산동 550-9(구로공장 주소)를 지키는 승리 이상의 의미를 가진다고 생각한다.

아주 멀지 않은 미래에 '하이텍알씨디코리아 민주노조 사수 투쟁위원회' 동지들과 "결국 우리가 승리했다!"는 이야기를 하며 술 한잔 기울일 날이 오길 기대해 본다.

… #19

청소년 노동인권교육에 대해 나누고 싶은 이야기

이수정 공인노무사 | 청소년노동인권네트워크

올해로 10년째 청소년노동인권네트워크와 활동을 이어 오고 있다. 활동을 시작할 무렵 공교육 과정에서 '노동인권교육'을 해야 한다는 제안은 편향적이라는 의심을 받으며 거부당하기 일쑤였다. 뜻을 함께하는 활동가들의 헌신으로 학교에서 교육할 기회를 만들어 나갔고, 시간이 흘러 각 시·도 교육감 선거 공약사항이 됐다. 이런 분위기 덕인지 여러 지역과 학교에서 청소년 노동인권교육에 대한 관심과 활동이 늘어나고 있다. 일부 지역에서는 '노동 교과서'와 '민주시민 교과서'가 만들어지고 학교에서 선택할 수 있는 인정 교과서로 활용되고 있다.

이런 변화가 반가우면서도 우려되는 몇 가지가 있다.

첫째, 일하는 청소년의 인권 향상을 위한 교육 활동이 청소년 대상 교

* 2015. 7. 14. 기고

육에만 치우치는 현상이다. 노동인권에 대해서라면 노동법을 잘 지켜야 하는 사업주, 일하는 사람의 권리를 가르쳐야 하는 교사, 일하는 사람의 눈으로 법을 만들어야 하는 국회의원, 일하는 사람의 권리보장을 위해 법을 해석하고 적용해야 하는 근로감독관을 포함한 관계기관 종사자 등 배워야 할 사람이 참 많다.

그런데 배워야 할 사람으로 다른 이들보다 먼저 청소년을 떠올리는 것은 청소년을 바라보는 시각과 무관하지 않다. 청소년을 권리 향유의 주체라기보다 누릴 자격을 갖추기 위해 항상 배워야 할 '학생'으로 여기는 것이다. 이런 인식은 일하는 청소년을 '미성숙한' 노동자로 치부해 권리의 사각지대로 내몰곤 한다. 청소년에 대한 인식을 바꾸고 책임을 다해야 할 사람도 함께 배울 수 있도록 대상을 넓혀야 한다.

둘째, 교육내용도 노동법 위주라는 점이다.

"저도 수당이랑 최저임금쯤은 알아요. 근데 그런 교육 듣고 있으면 우리를 몰라도 너무 모른다는 생각이 들어요. 조금 듣다가 그냥 스마트폰 봐요. 뭐, 잘난 체하러 온 것 같아 별로예요."

노동법만 알면 문제가 해결될 것처럼 단편적으로 접근하는 교육에서 벗어나야 한다. 노동법을 알아도 나이와 역할의 위계 등으로 권리를 부정당하는 현실, 간접고용 혹은 특수고용 형태로 일하는 청소년이 늘어난 현실, 일터에서 여전히 시민으로 대우받지 못하는 현실에서 함께 나눠야 할 내용이 무엇인지 살피고 준비해야 한다.

마지막으로 누구와 만나 어떤 이야기를 나눌 것인지 고민 없이 교육하려는 이들에 대한 아쉬움이다. '청소년 노동인권교육 강사단 양성 교육'에 참여하는 이들은 대부분 특성화고 학생과 만나 교육을 한다. 그런데 특성화고 학생들이 거쳐야 하는 현장실습 제도를 알고 있는 사람은 드물었다. 만나는 사람의 노동과 삶에 대한 이해가 부족한 경우 강사는 단순한 지식전달자에 머무르기 쉽다. 공감과 연대는 빠지고 연민만 남게 되는 공허한 교육으로 흐르지 않으려면 만나는 사람이 처한 현실을 이해하고, 나누고 싶은 메시지를 고민하는 것은 필수다.

청소년노동인권네트워크는 2005년 특성화고 현장실습 실태를 알리면서 활동을 시작했다. 당시 특성화고에 다니는 학생은 졸업 전 현장실습이 의무였다. 현장실습 방법은 여러 가지가 있지만, 산업체에 파견해 진행하는 경우가 대부분이었다.

2005년 청소년노동인권네트워크가 세상에 알린 현장실습 실태는 교육과정이 맞나 싶을 정도로 참담했다. 당시 많은 학생이 현장실습을 진행하는 게 불법인 소개업체로 보내졌다. 학생들은 제조업체에 파견돼 간접고용 형태로 일을 했다. 전공 분야 실습은 없었다. 그 공장 노동자와 같은 라인에서 같은 형태의 교대근무를 했다. 최저임금에 못 미치는 임금뿐 아니라 휴식 시간도 보장받지 못했다. 형편없는 식사를 하며 장시간 노동과 야간 노동에 시달렸다.

교육이라 부를 수 없는 파견형 현장실습 실태가 알려지면서 교육부는 2006년 부랴부랴 '현장실습 정상화 방안'을 내놓았다. 취업이 예정돼 있고 수업을 3분의 2 이상 이수한 경우에만 파견형 현장실습이 가능하도록 바꾼 것이 핵심이었다. 학교는 혼란에 빠졌다. 오랜 기간 파견형 현장실습에 길들여 있던 학교에서 다른 형태의 현장실습은 불가능했기 때문이다. 갑자기 학교에 갇혀 버린 학생들의 불만도 높았다. '이럴 거면 차라리 돈이나 벌 게 그냥 나가게 해 주지. 왜 학교에다 붙잡아 놓는 거야!'

정상화 방안은 2008년 이명박 정부의 규제완화 조치 이후 학교장 재량으로 남겨졌다. 학교는 이전의 모습으로 돌아가는 가장 쉬운 방법을 택했다. 그 결과 10년이 지난 지금도 크게 나아진 게 없다. 실습 중에 누군가 쓰러지거나 사고로 희생돼야 반짝 관심을 보일 뿐이다. 그 관심도 '어린 노동자를 보호하지 않는' 산업체의 잘못을 질책하는 것에서 크게 나아가지 못한다. 왜 이런 일이 되풀이되는지, 학생들의 희생만 강요되는 파견형 현장실습이 '교육과정'으로 유지돼야 하는 이유가 무엇인지 진지하게 돌아봐야 한다.

어떤 문제를 둘러싼 구조적인 문제를 건드리지 않는다면 약자들의 전쟁만 소환된다고 한다. 조기 취업을 위해 현장실습 제도를 활용해 온 문제를 해결하지 않고는 취업률의 덫에 빠져 위험노동으로 학생을 내모는 학교와, 다른 선택이 없어 어쩔 수 없이 현장실습을 하는 특성화고 학생 사이의 문제만 부각될 뿐이다. 또, 취업 잘 되는 학교와 그렇지 않은 학교가 서열화돼 지원금이 달라지고, 취업 못 하는 학생은 개인의 능력 문제로 치부돼 차별받는 현실을 당연시한다. 이런 현실에 대한 이해 없이는 어떤 노동인권교육도 가능하지 않다.

요즘 가장 큰 고민은 특성화고 파견형 현장실습 문제만 생각하면 나도 모르게 무력감에 빠지는 것이다. 관심을 두는 이가 적은 이유도 있지만, 무력감을 벗어날 수 있는 새로운 문제 설정과 돌파구를 마련할 행동이 부족한 때문이기도 하다. 청소년노동인권네트워크는 가까운 시기에 특성화고 파견형 현장실습을 주제로 토론회를 열 계획이다. 토론회의 가장 큰 목적은 아마도 함께 질문하고 행동할 사람 또는 단체를 찾는 일이 될 것 같다.

에필로그

2015년 이후 관련 제도에 크고 작은 변화가 있었다. 그러나 오랜 시간 함께 변화를 견인해 온 활동가의 질문은 크게 달라지지 않았다.

노동인권 교육의 경우 자치단체 조례 제정과 새로운 교육과정 총론을 통해 교육 대상을 확대하고, 내용 또한 근로기준법 각론을 벗어나 노동의 가치와 노동인권의 다양한 영역을 살피는 방향으로 나가고 있다. 교육의 빠른 제도화와 양적 팽창 과정에서 계속되는 질문은 청소년과 어떤 관계를 맺고, 우리와 연결된 부당한 현실을 바꾸기 위한 활동은 어때야 하는가다. 제도권 교육을 더 많이 수탁받는 것에 활동가의 역할이 머무는 것은 아닐 테니 말이다.

현장실습 제도의 경우 정부는 2017년 고 홍수연 학생과 고 이민호 학생의 죽음 이후 '학습중심 현장실습'을 표방하며 변화를 꾀하는 듯했다. 그러나 2021년 고 홍종운 학생의 죽음을 막지 못했다. 공교육 과정에서 진행하는 현장실습이 학생의 생명을 앗아 가고, 학습권과 노동권 등 어떤 기본권도 보장하지 못한다면 일단 멈추고 다시 생각해야 한다.

교육과 노동의 문제가 중첩하는 현장실습 제도의 문제 설정은 여전히 어렵다. 그럼에도 불구하고, 함께해 온 이들과 더불어 노동자냐 학생이냐는 이분법적 접근을 벗어나 누구든 안전하고 건강하게 일하고 활동할 권리, 공교육 과정의 학생이라면 차별 없이 학습할 권리와 비진학 청년의 일할 권리를 중심으로 고민과 활동을 이어 가고 있다.

4. 노동조합, 풍문으로 들었소

#20

노동조합, 풍문으로 들었소

권남표 공인노무사 | 직장갑질119

전화벨이 울린다. 모르는 전화번호다. 전화를 받자, 전화기 저편에서 들리는 목소리에는 애타는 사정과 심장 뛰는 긴장감이 서려 있다. 차분히 이야기를 듣기 시작한다. 어린이집에서 일하는 선생님이 노동조합에서 일하는 자에게 전화를 건 것이다. 여기부터 풍문에 휘둘리지 않고 현장에서 권리를 찾으려는 그와의 이야기가 시작된다.

전화를 걸어온 보육교사, 그가 가진 고충의 중심에는 혼란이 자리한다. 사장(원장이나 대표)이 퍼뜨린 풍문이나 언론매체에서 들었던 소문에 익숙해진 나머지 노동자를 보호한다는 법이 정말 나를 보호하는지 의문을 갖게 되고, 혼란을 겪는 것이다. "쉴 수 없는데 휴게시간에 알아서 잘 쉬라"는 허무맹랑한 지시와 "그럼 쉬었으니 쉬었다는 서명을 하라"는 되도 않는 이야기부터 "사업장 여건이 힘들어서 연차는 못 쓴다"는 말이

* 2019. 4. 2. 기고

사실이냐는 문의, "육아휴직을 사용하니 보조교사로 직무를 변경해야 한다"는 불리한 처우, 지난 몇 년간 연말정산 환급금을 받은 적이 없다는 혼란, "다짜고짜 그만 나오라고 해요. 어찌해야 할지 모르겠어요"라는 울분까지.

누구도 영세 사업장 사업주는 노동법 밖에 있다고 말한 적은 없다. 그렇지만 준법의식이 결여된 상당수 사업주와 사회문화적으로 불편함을 감내하는 역할에 충실한 노동자, 그리고 출처를 알 수 없는 풍문 덕택에 근로기준법은 있으나 마나 한 그림 속의 떡일 뿐이다. 이렇듯 영세 사업장에서 근로기준법 등 노동법이 지켜지지 않는다는 자료 역시 산재해 있다. 대표적으로 올해 2월 고용노동부가 발표한 사업장 규모별 체불임금 현황을 보면 30명 미만 사업장에서 발생한 임금체불액 규모는 전체의 67%를 넘는다.

전화기 너머 보육교사에게 "선생님도 노동자고, 근로기준법 등 노동법의 보호를 받습니다"는 위안을 던지며, 누군가가 만든 풍문은 거짓이라고 이야기를 한다. 노동법이 생각보다는 촘촘하고 세세하게 노동자 권익을 보호하고 있다는 과감한 설명을 마치고 나면, 다소 들뜬 목소리가 들리고, 다음 질문으로 이야기가 이어진다. "그럼 이제 어떻게 해야 할까요?"

"최소한 법이라도 지키게 하려면 노동조합이 필요합니다"라는 이야기를 하고 기다리면, 이제는 사회적으로 자리 잡은 노동조합에 대한 살벌한 풍문이 다시 한번 떠돈다.

"블랙리스트에 오르지 않나요?" "시키는 거 다 해야 하지 않나요?"

"원장(사용자)이 싫어하지 않을까요?" "제 가족 중에 대기업 다니는 사람이 있는데요."

모든 이야기의 앞에는 "노동조합에 가입하면"이 생략돼 있다. 2017년 9월 한국노동연구원은 노동조합이 불평등 완화에 기여한다는 여론의 변화와 노동조합이 사회에 긍정적인 영향을 미친다는 고조된 분위기를 통계자료로 발표했다. 하지만 노동조합에 가입하면 그려지는 살벌한 풍경은 여전히 자연스럽다.

사장이 노동조합을 혐오하면 노동조합 및 노동관계조정법(노조법)에 따라 처벌받고, 블랙리스트를 만들어 취업을 방해하는 자는 5년 이하 징역 또는 5천만 원 이하 처벌을 받는다. 해고도 정당한 이유 없이 할 수 없다. 그럼에도 살벌한 풍경은 법적인 테두리 밖인 사적인 테이블에서 그려진다. 일반적인 영세 사업장에는 주변부 인물이 없고, 대다수가 사업주·이용자와 얼굴을 맞대고 노동력을 제공한다.

어린이집 경우에는 사용자인 원장, 이용자인 학부모, 노동자인 동료 교사와의 관계를 원만하게 유지하기 위해 늘 그래 왔듯이 노동자는 감내의 미덕을 장착하기 일쑤다. 사적 관계로서의 누나·언니·형·오빠가 공적 관계인 노사관계를 지배해 버리고, 일하면서 홀로 권리를 주장할 방법은 녹록지 않다.

켜켜이 쌓인 역사의 지층을 다져서 변화하고 있는 대한민국헌법은 "근로자는 근로조건의 향상을 위해 자주적인 단결권·단체교섭권 및 단체행동권을 가진다"라고 노동3권을 적시해 뒀다. 그리고 헌법의 요청에 부응하고자 노조법이 제정돼 노동조합에 소속된 노동자를 보호한다. 법적 보호를 받으며 정당하게 근로조건 향상을 꾀하기 위한 노동3권의 문은 단결권의 행사, 즉 "노동조합 결성·가입"으로 열 수 있다.

역시나 어쩔 수 없다. 노동조합을 결성하고, 노동자로서 근로조건 향상을 요구하는 수밖에 없다. 처음부터 어마어마한 요구를 할 필요도 없다. 아쉽지만 당연히 준수해야 하는 근로기준법이라도 지키라고 말해 봐야겠다. 그저 근로기준법이라도 지키라는 것. 법을 지키라는 지극히 상식적이고 작은 요구지만, 사적인 관계로 뒤범벅된 사업장에 공적인 집단의 시선을 사업장에 들이대 보자. 그 공적인 집단이 노동자가 주체가 돼 2명 이상으로 조직된 단체인 노동조합이다.

우리 모두는 혼자서 해결하지 못할 때 동료와 이웃의 도움을 받고 도움을 줄 권리가 있다. 이 권리를 내 옆에 있는 동료 또는 이웃과 함께 나누는 방법으로서의 노동조합. 이제는 풍문을 깨고 공식적인 광장에 나와 동료 이웃과 함께해도 좋다.

전화 마지막에는 이렇게 말씀을 드린다.

"동료나 이웃들과 함께 오세요. 다음 주 수요일 저녁 7시에 상담 자리에서 뵙겠습니다."

그리고 이것은 비단 보육교사만의 일이 아니라 모든 노동자의 일이다.

#21

알바 노동자들의 단결,
그리고 투쟁이 시작됐다

최승현 공인노무사 | 3기 알바연대 대표

올해 초 일군의 청년들이 모여 알바연대라는 단체를 만들었다. 아르바이트 노동자들이 열악한 노동조건에서 일하고 있다는 것은 알지만 쉽게 말을 꺼내기 어려웠다. 비정규 노동자라는 이름보다 더 열악한 환경에 있는 노동자들을 가리키는 말이 '알바노동자'다.

필자는 '알바연대, 이 단체가 사회적으로 유의미한 영향을 끼쳐야 하는데…'라고 생각하며, 알바연대 회원들에 대한 노동법 교육과 자문·상담을 하기 시작했다.

알바 실태조사와 '알바 5적'

알바연대는 알바노동자 실태조사를 하면서 알바들의 열악함을 깨달

* 2013. 11. 12. 기고
  이 글은 필자가 '노무법인 삶'에 있을 때 작성했다.

앉고 그것을 폭로했다. 또 알바 5적(롯데리아·파리바게뜨·카페베네·GS25·고용노동부)을 정해 알바들의 공분을 모아 냈고 사회적 반향을 일으켰다. 이어 알바들의 수다·노동법 교육 등의 프로그램을 통해 법적인 권리조차 지켜지지 않는 현실을 개탄하며 사람들을 모았다.

알바연대는 여러 단체와 함께 메이데이에 알바들도 쉴 수 있어야 한다며 '알바데이'를 조직했다. 이 밖에 최저임금 1만 원을 위한 최저임금 1만 원위원회를 구성해 최저임금위원회 앞에서 농성을 했다. 노동자 평균임금의 절반을 요구했다. 반짝하던 최저임금 투쟁과 비교할 때 획기적인 전환이 일어난 것이다.

알바노조로 업그레이드

알바 실태 폭로와 최저임금 1만 원 요구에 이어 알바연대는 노동조합을 결성했다. 노동부는 당초 노조설립을 인정하지 않으려고 했다. 그러나 알바들이 당연한 권리를 행사하고 열악한 노동환경을 바꾸려면 노동조합이 필요하다는 사회적 여론에 밀려 노조 설립신고증을 교부하게 됐다.

알바노조의 첫 번째 교섭은 계약직·단시간·협력업체 알바 조합원의 부당해고에 맞선 투쟁이었다. 근로기준법으로 보호될 가능성이 적은 상태에서 교섭을 요구했고, 사용자는 처음에는 "당돌해서 해고한다"고 대응했다.

그런데 정작 대면교섭에서는 "우리가 몰라서 그런 것이니 이해해 달라"고 하면서 "요구한 것을 다 들어주겠다"고 했다. 원직복직을 비롯한 모든 요구를 받아들인 것이다. 알바노조가 법으로 보호되는 것보다 더 크게 알바들의 권리를 지켜 낸 셈이다.

알바노조 총회에서 전열을 가다듬다

알바노조는 지난달 전국을 순회하며 노동조합 출범을 알리며 조합원을 가입시킨 데 이어 대학알바노조 건설을 외쳤다. 지난 9일 민주노총 전국노동자대회 전날 총회에서 임원진을 다시 선출했다. 이튿날에는 노동자대회에서 알바노동자 퍼레이드를 벌이고 알바노동자대회를 치르면서 내부 전열을 가다듬었다. 더 잃을 것이 없는 이 시대 가장 열악한 노동자들의 표상인 알바노동자의 단결체인 알바노조에 희망을 가져 본다.

자문과 교육·상담을 하며, 주유소·편의점·피시방·커피전문점 등 다양한 곳에서 일하는 알바들의 모습을 적나라하게 알 수 있었다. 또한 근로기준법의 사실상 사문화된 규정들을 어떻게 살려 낼 것인지, 근로기준법을 제대로 적용하지 않는 노동부 근로감독관을 어떻게 해야 할 것인지, 다양한 형태의 알바들이 배제되는 법은 어떻게 보완해야 할 것인지, 최저임금의 획기적 인상은 어떻게 이룰 것인지를 고민하게 됐다.

알바노조가 비정규·불안정노동의 시대를 벗어나는 데 힘이 됐으면 한다.

에필로그

처음엔 알바연대 자문을 하다가 지금은 대표가 됐다. 이 칼럼을 썼을 때가 바로 알바연대가 만들어지고 1년이 조금 안 되는 때였다. 공교롭게도 지금은 10년이 조금 안 되는 때다. 당시에는 노무사의 자문과 교육이 필요하다고 해서 자문노무사로 있었는데, 2기에서는 운영위원으로, 지금 3기에는 알바연대 대표가 됐다.

알바연대는 이 사회에서 가장 열악한 알바노동자에 대한 사회적 문제제기를 하면서 탄생했다. 알바연대는 칼럼에서처럼 알바 실태조사, 알바노조 설립, 최저임금 1만 원 투쟁으로 알바들의 대변자 역할을 했다. 그리고 이후에는 알바 상담소, 라이더유니온, 노년알바노조 설립 및 단체지원을 했다.

최저임금 투쟁 소강국면과 함께 알바연대 활동도 주춤했다. 현재 설립 10년을 앞두고, 시대에 맞춘 활동을 어떻게 할 것인지 내부적으로 고민이 많다. 알바연대의 새로운 업그레이드를 잘 준비해야겠다.

노조 만들었다고 폭행당하는 노동자
- 2015년 한국 노동기본권 자화상

박현희 공인노무사 | 금속노조 법률원

    2015년 10월 19일 KBS 9시 뉴스에 어느 자동차 판매대리점에서 대리점주가 노동자를 폭행하는 장면이 적나라하게 방송됐다. 십여 초짜리 영상이었지만 폭행과 욕설의 정도는 심각했고, 또 그 상황이 며칠째 지속되고 있다는 사실이 드러났다.
    무려 21세기인 2015년에 사장이 노동자에게 반말과 욕설을 해 가며 거리낌 없이 폭행을 행사하다니, 노동자는 너무 억울하고 분하다는 하소연과 함께 "노동법은 형법보다 폭행죄가 엄하다는데 적용받을 수 있냐"고 문의해 왔다. 맞다. 우리 근로기준법은 사용자에게 어떠한 이유로도 근로자에 대한 폭행을 금하고 있고, 위반 시 5년 이하 징역 또는 5천만 원 이하 벌금에 처하도록 규정한 데 반해 형법상 폭행죄 법정형은 2년 이하 징역, 500만 원 이하 벌금 등으로 낮다. 하지만 나는 어려울 수

* 2015. 11. 3. 기고

도 있다고 답변할 수밖에 없었다. 이 노동자는 근로계약서가 아닌 업무위탁계약서를 체결한 소위 '특수고용 노동자'인 카마스터였기 때문이다.

그러면 그 대리점주는 왜 그렇게 노동자를 무지막지하게 폭행했을까. 그 이유는 노동자가 카마스터들의 노동조합 결성을 주도한 위원장이었기 때문이었다.

자동차 판매대리점 노동자들의 현실은 그야말로 열악하다. 차를 한 대도 못 팔면 급여통장에 입금되는 돈은 거의 없다. 조회를 시작으로 대리점뿐 아니라 국내 자동차 제조사인 본사의 교육까지 이수해야 하고, 본사에서 할당되는 판촉 활동도 의무적으로 수행하며, 판매량이 저조하면 본사 판매 부진자 교육까지 이수해야 한다. 판매를 위해 본사는 대리점 근로자에게 사번과 직책을 부여하고, 또 개별근로자들의 통장까지 뒤지며 감사를 진행하기도 한다. 그러나 대리점주나 본사의 눈 밖에 나면 당직에서 배제되고 대리점에서 해고되며, 명단이 공유돼 같은 브랜드(제조사) 대리점에 채용되는 것이 불가능하다.

이러한 열악한 노동조건을 노동조합을 통해 해결해 보고자 노조를 만들게 됐다는 것이 노동자의 전언인데, 노조를 만들고 나서 노동자는 폭행과 협박, 모욕·상해에 심지어 성추행까지 당했다고 한다. 대리점주는 노조 결성을 주도했기에 본사가 대리점 계약을 해지할 수도 있다며 노동자에게 대리점 출근을 못 하게 하면서, 차량 판매에 필수적인 매매계약서조차 지급하지 않고 무려 한 달간이나 노동자를 매일 폭행한 것이다. 다단계 하도급 구조가 빚어낸 모순이 고스란히 노동자에게 전가되는 현실을 목도할 수 있다.

헌법 21조1항은 모든 국민에게 결사의 자유를 부여하고 있다. 나아가 헌법 33조1항은 근로자의 기본권인 단결권과 단체교섭권·단체행동권을 명시하고 있다. 국민 누구든지 공동의 목적을 가지고 단체를 조직할 수 있는 결사의 자유, 나아가 사용자와의 불평등한 관계에서 종속노동을 제공하고 있는 근로자들이 자주적인 단결체인 노동조합을 통해 집단적으로 근로조건을 향상하고자 하는 단결의 권리를 대한민국이 헌법으로 보장하고 있음은 누구나 아는 사실이다. 따라서 자동차 판매노동자가 모여 노조를 만드는 것이 아무런 문제가 되지 않는다.

그럼에도 자동차 판매노동자(카마스터)들이 노조를 만들었다고 그 주동자인 위원장이 사용자에게 한 달 넘게 폭행을 당하고 있었던 것이 2015년 우리 노동권의 현주소다. 혹 이러한 일을 일개 사용자의 돌출행동으로 봐야 할까?

그러나 현실에는 이러한 사용자가 너무 많고 상황은 심각하다. 얼마 전에는 노조에 사용자 비리를 제보했다고 인사고과에서 최하위 등급을 받고 회사 인사팀에 불려 다닌 노동자의 상담전화를 받았다. 그는 회사 측의 감시와 도청을 의심하고 있었다.

노조를 조직하려다 해고되고 가압류와 손해배상 문제로 고민하는 노동자들의 상담전화도 여전히 잦다. 굳이 노조를 깨기 위해 전문가들까지 조직적으로 움직인 컨설팅업체나 노조 와해를 위해 전직 깡패 수십여 명을 신입사원으로 채용한 회사 사례까지 언급하지 않더라도 한국에서 노조하는 것이 얼마나 고단하고 탄압받는 일인지 우리는 알고 있다.

헌법이 자유와 권리를 보장하고 있다는 것은 국민이 이를 방해받지 않고 향유할 수 있다는 것을 의미한다. 그러한 헌법적 권리 보장의 기반 위에서 모든 노동정책과 경제정책이 설계되고 추진되는 것이 일반적인 자유민주국가다. 따라서 정부는 지켜지지 않는 헌법, 보장되지 않는 권리, 그 무너진 노동자의 권리를 바로잡는 데 누구보다 앞장서야 하는 시점인 것이다.

그럼에도 현재의 박근혜 정부는 노동개혁만이 나라가 나아갈 방향이라며 고용 유연성을 높여야 청년 일자리가 늘어난다며, 그 방안으로 쉬운 해고(통상해고) 인정·임금피크제 확대, 기간제법 사용기간 연장, 파견법 파견대상업무 확대를 강행하려고 한다.

2015년 우리는 헌법이 보장한 권리를 지키기 위해서 다시 싸워 나가야 하고, 싸울 수밖에 없을 것 같다. 마치 1931년 을밀대 지붕에 앉아 농성하던 강주룡처럼 말이다.

에필로그

2015년의 기고에서 언급했던 사건은 자동차 판매대리점에서 일하는 판매사원(카마스터)들이 노동조합을 결성하는 과정에서 있었던 사연이다.

이 사건 이외에도 노조 가입을 이유로 대리점이 카마스터와의 계약을 해지하는 등 여러 슬픈 사건들이 있었으나, 결국 자동차 판매대리점 노동자들은 노동조합을 결성하는 데 성공했다. 한편, 노조가 대리점주에게 단체교섭을 요구했으나, 대리점이 카마스터들의 위탁계약서를 이유로 노동자성을 부인하며 단체교섭을 거부해 전국 노동위원회와 법원에서 수년간 수십여 건의 사건이 진행됐다.

5년여의 시간이 지난 후 최종적으로 대법원에서 노동조합 및 노동관계조정법(노조법)상 근로자성이 인정돼 대리점의 교섭의무가 확인됐다.

그러나 현재도 대리점 판매노동자들은 노조 가입을 혐오하는 대리점과 본사(원청)가 대리점을 폐업·대체 개소하면서 조합원인 카마스터들의 고용을 차별적으로 승계하지 않아 고통을 겪고 있다. 대리점의 자동차 판매조건은 매월 수차례 원청인 자동차 완성사에 의해 결정·변경되고, 업무와 각종 노동조건 대부분을 원청이 사실상 지배·결정하지만 원청은 단체교섭에 나서지 않아 노동조건을 향상하는 데 많은 애로를 겪고 있다.

자동차 판매대리점 노동자, 카마스터들의 노동현실은 특수고용과 간접고용의 모든 문제 상황을 담고 있다. 이러한 노동자를 노동자로 부르지 못하고, 사용자를 사용자라 부르지 못하는 특수고용과 간접고용 노동현실에 처한 노동자 직군은 우리 사회 곳곳에 매우 많고 점점 늘어나고 있다.

이 글은 카마스터 노동자 조직 초기였던 2015년 박근혜 정부가 쉬운 해고 지침이나 임금피크제 확대를 주요 노동정책으로 내세우던 당시 노동권 보장 수준에 관한 이야기지만, 2022년인 지금도 다르지 않다. 재차 말하건대 정부는 모든 일하는 사람에게 헌법상의 노동권이 보장될 수 있도록, 특히 특수고용과 간접고용으로 왜곡된 노동시장을 바로잡고 이들이 온전하게 노동법의 보호를 받을 수 있도록 노동법을 개정하고 노동정책을 개발하는 등 모든 노력을 다해야 한다.

#23

노예, 그리고 조직폭력배

김유경 공인노무사 | 돌꽃노동법률사무소 대표

"마지막으로 한마디만 더 하겠다"고 했다. 대뜸 "녹취록이 있다"고도 했다. 제한된 토론시간은 이미 지났지만 그래도 뜬금없는 '녹취록'이라는 말에 더 들어 보자 싶었다. 그런데 그다음 순간 귀를 의심하게 하는 말이 들려왔다.

"대화로 해결할 수 있지 않습니까. 여러분들(희망연대노조 방송스태프지부 조합원들)이 무슨 대단한 권한이라도 가진 것처럼 생각하시면 안 됩니다. 여러분들이 조직폭력배는 아니지 않습니까?"

얼마 전 방송제작 현장의 살인적인 노동시간 문제에 대한 해법을 고민하고자 열렸던 토론회에서 한국드라마제작사협회 대표로 참석한 토론자의 발언이다. 순간 토론장은 술렁거렸다. 단순히 노동조합 활동을 조직폭력배로 묘사한 것에 대한 기막힘 때문만은 아니었다. 분노보다 당혹감이 앞섰다.

* 2018. 10. 16 기고

방송스태프들이 모여 결성한 노동조합과 교섭이 예정된 사용자단체의 대표 격인 사람이 공개석상에서 이런 발언을 아무 거리낌 없이 한다는 것 자체가 머리를 멍하게 만들었다.

과연 드라마제작사협회가 '조직폭력'으로 느낄 만큼 '녹취록'에는 위협적이고 험악한 내용이 담겨 있었을까. 토론회 현장에서 지부가 설명한 바에 따르면 2018년 7월 개정 근로기준법 시행 이후 무한정 연장노동이 가능한 근로시간 특례업종에서 방송이 제외됐음에도 여전히 하루 20시간을 초과하는 드라마제작 현장이 다수 존재하고, 그중 한 곳에서 제보가 접수된 것이 사건의 발단이다. 지부는 '대화'와 '공문' 등으로 '정중하게' 요구사항을 전달했고, 해당 제작사는 시정을 약속하는 답 공문을 보내왔다. 그러나 약속이 이행된 것은 단 이틀이었다.

이에 지부가 제작 현장을 항의 방문했다. 그런데 '제작 중단'을 섣불리 먼저 언급한 것은 조합원들이 아닌 방송사 관계자였다. 그럼에도 토론회에 참석한 제작사협회 관계자는 마치 지부가 현장을 찾아와 조직폭력배들처럼 방송 제작을 멈춘 것인 양 호도한 것이다. 통상 언론이 노동조합의 단체행동을 왜곡보도하기 위해 초점을 맞추곤 하는 과격한 물리적 충돌 장면은 고사하고 구호를 외치거나 피케팅을 하는 것 같은 단체행동 역시 없었다.

지부의 강력한 요구로 제작사협회 관계자는 즉각 현장에서 사과했다. 그러나 토론회 이후에도 그가 당당하게 언급했던 문장들이 잊히지 않았다. 사실 필자로 하여금 조직폭력배라는 다섯 글자보다 더 수치심과 분노를 느끼게 한 말은 따로 있었다. 바로 조합원들에게 "(무슨) 대단한 권한이라도 가지게 된 양 행동하지 마라"는 준엄하기까지 한 충고였다. 그 대목에서 새삼 최근 방영된 드라마의 한 장면이 떠올랐다. 양반들이 평소 신분이 미천하다는 이유로 노비들을 짐승처럼 취급하는 것도 모자라, 부당한 탄압과 멸시에 항의하는 노비에게 가차 없이 매질을 가했던 장면이다.

수십 년간 밥도 편히 못 먹고 잠도 제대로 못 자면서 시키는 대로 촬영 현장에서 하루 20시간, 한 달 500시간 넘게 머물러야 했던 방송제작 현장의 비정규 노동자들이 더 이상 이렇게 살다가는 죽을 것만 같아 노동조합을 결성했다. 그리고 부당하고 위법한 사용자 행위에 맞서 이제 막 목소리를 내기 시작했다. 처음부터 과도한 요구를 한 것도 아니고 단지 '인권이 존중될 만큼의 노동시간을 보장하라'는 것이었다. 그런데 사용자에 준하는 사용자단체는 이러한 움직임에 대해 '노조를 만들었다고 과거의 사회적 신분이 달라진 것도 아닌데 갑자기 감히 해서는 안 될 행동을 하고 있다'고 볼멘소리를 냈다.

제작사협회는 원청에 해당하는 지상파 방송사들은 놔둔 채 제작사들의 잘못만을 따진다며 자신들도 '피해자'라고 호소했다. 일부 맞는 이야기일 수 있다. 하지만 방송제작 현장에서 70~80년대 외쳤을 법한 구호들이 여전히 유효한 상황에서, 직접적으로 현장 스태프들의 노동조건을 좌지우지하는 제작사들이 비난에서 자유로울 수는 없다. 더욱이 고용관계·임금 등에서 스태프들의 생명줄을 쥐고 있다는 이유로 제작사들은 지난 수십 년간 스태프들을 노예처럼 부려 왔던 것도 사실이다.

머지않아 방송스태프지부는 원청인 지상파 방송 3사 이전에 제작사협회 등 사용자단체와 교섭을 하게 될 것이다. 그 과정에서 넘어야 할 가장 큰 산은 교섭요구에 대한 이견을 좁히는 일 이전에 '방송바닥'에서 진리로 받아들여져 온 고정관념을 바꾸는 일이다. 그것은 '방송바닥은 원래 그렇기 때문에 절대 바꿀 수 없다', '제작 스케줄에 맞춰 시청률이 높은 프로그램을 만드는 것보다 중요한 가치는 없다'는 그릇된 오해다.

방송 프로그램이 존재하기 이전에 사람이 있고, 그들의 노동인권은 마땅히 보장받아야 한다.

방송제작 현장에 만연한 왜곡된 신념이 바뀌지 않는 이상 헌법상 보장된 노동3권을 바탕으로 정당한 노조활동을 펼치는 이들은 언제까지나 사용자들의 눈에는 조직폭력배로 남을 수밖에 없다.

에필로그

4년 만에 다시 이 글을 접하니 '노예, 그리고 조직폭력배'라는 제목이 참 아이러니하게 다가온다. 당시 노예처럼 살지 않겠다고 외쳤던 방송 비정규직들은 한편에서는 "우리는 방송사에 인적으로 '종속돼' 일하는 노동자"임을 법적으로 인정받기 위해 부단히 싸웠다.

노동위원회와 법원 등이 방송작가가 '근로기준법상 근로자'임을 최초로 인정했고, 고용노동부는 지상파 방송 3사에 대한 동시 근로감독을 통해 무려 152명의 작가에 대해 '근로기준법상 노동자가 맞다'고 판단했다. 이는 방송작가뿐 아니라 방송제작 현장에서 일하는 다양한 직종의 비정규직들이 부당하고 위법한 현실에 맞서 다양한 법률 투쟁을 전개하는 촉매제가 됐다.

이처럼 지난 2년간 법은 노동자의 손을 들어줬지만 이후 사용자들은 그야말로 '조직폭력배'와 같은 폭력적인 방식으로 대응해 왔다. 부당해고 이후 원직복직하는 작가들에게 작가의 업무를 부여하지 않았고, 노동자의 승리가 거듭될수록 현장에는 업무 실질을 프리랜서로 위장하는 더욱 교묘한 지침이 난무했다. 그리고 주 52시간(연장근로 12시간 포함) 상한을 두는 법 개정 이후에도 방송계에서 통용돼 온 '이 바닥은 원래 그래'라는 말은 아직 힘이 세다. 그렇기에 방송스태프지부 조합원들은 오늘도 당시와 크게 다를 바 없는 구호를 외치며 거리에 서 있다.

분명한 것은 오랜 세월 인권이 실종됐던 방송 프로그램 제작 현장을 더디게라도 바꾸고 있는 것은 바로 '카메라 뒤 노동자들'이며, 그들은 방송이 계속되는 한 결코 이 싸움을 멈추지 않을 것이라는 사실이다.

#24

꼬리가 길면 잡히는 법,
유성기업·노동부·검찰 그리고 현대차

김민호 공인노무사 | 노무법인 참터 충청지사

 어린이날을 이틀 앞둔 2016년 5월 3일 화요일 출근길. 대전지방고용노동청 천안지청 정문이 경찰에 의해 봉쇄돼 있었다. 사무실에 출근해 천안지청을 내려다보니 주차장이 경찰버스와 경찰 병력으로 가득 차 있었다. 그동안 본 중에 최대 규모였다. 무슨 일일까. 인터넷을 검색해 봐도 천안지청 앞 집회소식은 없었는데. 궁금했다.
 몇 시간 뒤 궁금증이 풀렸다. 천안지청이 그날 오후 2시께 경찰에 둘러싸인 채 2016년 4월 14일 자주성과 독립성이 결여돼 있다는 이유로 노동조합 설립무효 판결(1심)을 받은 유성기업 제2노조 간부들이 만든 유성기업 제3노조(제2노조와 위원장·부위원장·사무처장이 동일 인물)에 설립신고증을 교부한 것이다.
 아마도 천안지청은 제3노조에 설립신고증을 교부하면, 분노한 금속

* 2016. 7. 5. 기고

노조 유성기업지회를 비롯한 민주노총 조합원들이 천안지청에 쳐들어올지 모른다는 생각에 경찰에 도움을 요청했으리라. 경찰은 5월 5일 어린이날까지 2박3일 동안 천안지청을 떠나지 않았다. 도대체 유성기업에 무슨 일이 있었기에 저러는 걸까. 다시 궁금해졌다.

지난달 29일 궁금증이 풀렸다. 국회 환경노동위원회 이정미 정의당 의원이 2012년 11월 14일 유성기업을 압수수색한 대전노동청 천안지청의 내부결재 수사보고서 전문을 입수해 언론에 공개한 것이다. 주요 내용은 다음과 같다.

〈2012. 11. 14. 유성기업㈜ 압수수색 문건 분석 결과〉

○ 창조컨설팅 2011. 5 비상대책조직운영계획
○ 현대차 제출용 '조합원 확보 방안'의 내용 중 유성기업노조(제2노조)의 조합원 확보를 위한 부당노동행위 수단으로 기획됐음을 알 수 있음
○ 피의자의 지배·개입에 의한 선택이었을 것으로 추정하기에 충분함
○ 징계를 (중략) 부당노동행위 수단으로 사용했음을 명확히 알 수 있고, 징계 및 인사고과 등을 부당노동행위 수단으로 활용하였음을 명시하고 있는 (중략) 부당노동행위 증거자료로 명백히 확인됨
○ 관리직 사원들의 (중략) 피의자들의 지배·개입에 의한 것이었음을 입증할 수 있음
○ 징계를 지배·개입의 부당노동행위로 행하였음을 추정해 볼 수 있음.
○ 관찰일지가 (중략) 지배하거나 개입하는 부당노동행위 수단으로 활용됐다고 볼 수 있음
○ 압수 문건의 내용에 의하면 (중략) 실제 사실관계를 명확히 추정할 수 있는 자료임
○ 조직적으로 직장폐쇄 기간 중 업무복귀 시도 명확히 알 수 있음.
○ 밀착감시가 이뤄졌음을 알 수 있음.
○ 승진·징계 등을 부당노동행위 수단으로 활용하였음을 추정할 수 있음
○ 부당노동행위 의사를 추정할 수 있는 내용이 상당함
○ 신설노조 가입에 영향을 줬다는 점을 언급하는 등 부당노동행위의 근거자료로 활용 가능

압수수색 보름 뒤인 2012년 11월 30일 담당 근로감독관에 의해 작성되고 지청장 내부결재까지 마친 수사보고서에 따르면 검찰과 노동부는 압수수색을 실시해 모두 22건의 범죄사실 관련 자료를 확보했고 부당노동행위 증거가 명백하다고 기록했다. 그런데도 노동부는 증거불충분 내지 혐의 없음을 이유로 검찰에 불기소 의견으로 사건을 송치했고, 검찰이 2013년 12월 30일 불기소 처분한 것이다.

유성기업지회는 검찰의 불기소 처분에 반발해 법원에 재정신청을 냈고, 2014년 12월 31일 대전고등법원이 이를 일부 받아들여 유성기업 대표이사 외 4명에 대한 공소제기가 결정돼 현재까지 관련 재판이 진행되고 있다.

그러는 사이 유성기업지회 조합원 290명은 사측에 의해 1천300여 건의 고소를 당해 피의자 신분으로 수사기관 조사를 받고 징계 처분됐다. 대부분 무혐의와 부당징계로 판정됐지만, 수년에 걸친 극심한 정신적 고통에 시달린 나머지 우울증 등 심신이 피폐해져 그중 3명이 스스로 목숨을 끊는 끔찍한 일이 벌어지고야 말았다. 도대체 무슨 이유 때문일까. 다시 또 궁금해졌다.

이 궁금증은 아직 풀리지 않았지만, 머지않아 풀릴 것이다. 진짜사장이 직접 고용하라는 대법원 판결에도 아랑곳하지 않고 법 위에 군림한다는 비판을 한 몸에 받고 있는 재벌기업 현대차가 유성기업 사태의 뒤에 있기 때문이라는 유성기업지회 주장이 사실인지를 판가름할 만한 단서들이 끈질긴 투쟁과 세상의 관심 속에 점차 그 실체를 드러내고 있으니까. 꼬리가 길면 잡히는 법이다.

 에필로그

노조파괴 10년 투쟁 승리의 주역인 유성기업지회를 대표해 도성대 지회장이 2020년 12월 31일 남긴 "감사의 말씀"이라는 글로 에필로그를 대신한다.

- 감사의 말씀 -

오늘로써 노조파괴 10년 투쟁의 종지부를 찍었습니다. 100% 만족할 만큼의 성과는 아닙니다. 그러나 최소한 대통령을 필두로 한 국가와 노조파괴 전문 컨설팅업체, 현대차 자본과 그에 결탁한 유성자본의 탄압을 이겨 냈다는 것에 의의를 두고 싶습니다. 이 과정에서 한광호 열사와 박문열, 오동환 조합원 등 많은 동지들이 우리 곁을 떠났습니다.

길고 긴 교섭 과정에서 합의 번복이 수십 차례였고 그때마다 노측 교섭대표는 양치기 소년이 돼야만 했습니다. 그러나 이런 모든 아픔을 묵묵히 견뎌 내온 자랑스러운 우리 조합원 동지들이 있었기에 오늘도 있었습니다. 또 내 일처럼 아니, 내 일보다 더 유성의 투쟁과 아픔을 같이한 연대 동지들이 있었습니다. (중략) 합의서에 서명하고 찬반투표를 거치면서 많은 생각을 했습니다.

대견하기도 했고, 허무하기도 했으며, 연대의 고마움을 절실히 느끼기도 했습니다. 또 마지막까지 발목을 잡았던 어용노조에 대한 사무치는 원한도 있습니다. 그러나 무엇보다 이제 우리도 제시간에 밥 먹고, 퇴근하고, 취미생활하고 누굴 만나는 등 예측 가능한 "일상"이란 것이 올까? 하는 기대도 생겼습니다. 10년간 꿈꾸던 소박한 소원이었습니다.

다시 한번 함께했던 모든 동지들께 뜨거운 가슴으로 감사의 인사를 드립니다. 정말 고맙고 또 감사합니다.

함께 만드는 노조하기 좋은 세상

구동훈 공인노무사 | 노무법인 현장

　노동조합을 자문하는 노무사로서 가장 큰 보람 중 하나는 새로운 노동조합을 만드는 일에 참여하고, 그 노동조합이 스스로 조직·운영돼 가는 모습을 곁에서 지켜보는 일이다. 관련 산별노조가 있고, 그 노동조합이 산별노조에 가입할 의사가 있다면 단순히 산별노조를 소개하는 것으로 내 역할은 그치기도 한다.

　그러나 그렇지 않은 경우에는 노동조합 설립에서부터 초기 참여자를 대상으로 한 기본적인 노동조합 운영, 단체교섭이나 협약 체결 전반에 필요한 교육 등을 진행하면서 초기 노동조합 활동에 함께하게 된다. 그래서 노동조합 설립 초기에는 품과 시간이 더 많이 들어가고, 그만큼 애정은 깊어진다.

　노동조합 설립신고증에 감격하는 모습을 보게 되고, 자신들의 요구안을 만들면서 다른 노동조합이 체결한 단체협약을 부러워하며 자신들

* 2018. 2. 13. 기고

이 처해 있는 현실과 모범 단체협약 속에서 갈등하고 고민하는 그들을 만나게 된다. 그리고 회사에 교섭요구 문서를 보내고 상견례 날짜가 다가올수록 그들의 긴장과 초조, 온갖 상념들로 불안해하는 모습을 보게 된다.

내 역할은 예상되는 절차별 시나리오와 대체적인 대응 방안들을 설명해 주면서 처음 가는 길이 그들이 예상할 수 있는 범위 내에 있다고 생각하게 만들고 실제 그렇게 되도록 하는 일이다. 너무 많은 고민의 가지치기가 신중함을 넘어 행동의 굼뜸으로 이어지지 않도록 불안을 다독이는 일이다.

그렇게 시간이 흘러 단체협약을 체결하고 조합비 문제도 해결되고, 예산안과 사업계획을 고민하고 실천하면서 노동조합으로서의 운영은 안정화 국면에 들어가게 된다. 그러면서 내 역할은 점점 줄어들고, 일상적 조합 활동을 스스로 고민하고 해결해 나가는 그들에게 나는 '물어 올 때 의견을 주는' 말 그대로 '자문'노무사가 된다. 나는 그렇게 시간의 흐름에 따라 잊혀 가는(?) 자문노무사가 되는 것이 바람이고 보람이다.

여기까지 초기 참여자들의 수고는 남다르다. 조합비도 없거나 넉넉지 않아 자신의 월급 일부를 쪼개고, 퇴근 이후나 휴일에 쉬지도 못하고 노동조합을 챙겨야 한다. 조직은 술의 양에 비례한다고, 그들은 조합 가입 독려를 위해 매일 밤늦도록 지역을 찾아다니며 조합원을 만나고 술을 마신다. 노동조합 설립과 운영에 필요한 다양한 의사결정을 하자니 회의는 잦고 매번 끝없이 길어진다. 새로이 조직을 만들고 이를 꾸려 가자면 결국 시간뿐만 아니라 돈도 큰 문제가 된다.

2017년 말부터 대구를 몇 차례 다녀왔다. 작지만 소산별 노동조합을 만들어 가고 있는 노동자들을 만나기 위해서다. 노동조합을 만들겠다, 만들어야겠다는 뜻만 세웠을 뿐 달리 무얼 준비해야 하는지, 어떻게 준비해야 하는지를 알지 못한 채 3~4년을 고민만 해 왔다고 한다. 그러던 중 어느 자문노조가 그 사실을 알고 지원을 시작했다.

자문노조는 나에게 초기 노동조합 설립절차부터 운영까지 지원해 줄 것을 요청했고, 모든 비용을 부담했다. 그렇게 지원을 요청받은 신설노조는 한 곳에서 두 곳으로 늘어 갔고, 나는 그 자문노조의 일보다 신설노조들을 위한 활동에 더 많은 시간과 품을 들여야 했다.

자문노조는 초기 노동조합 설립과 운영에 필요한 비용 일부를 연대기금으로 지원했다. 자문노조 간부들 역시 수시로 대구까지 내려가 신설노조 간부들을 만나 고민을 나누고 경험을 나눴다. 신설노조는 도움을 주는 자문노조의 숨은 의도가 있지 않은지 헤아리려 하거나 경계의 마음을 갖기도 했다.

어느 날 교육을 마치고 난 뒤풀이 자리에서 신설노조 위원장이 조심스레 내게 물었다. "저 노동조합은 왜 우리 노동조합을 이렇게 도와줘요?" 나는 자문노조 위원장에게 들은 말과 직접 목격한 자문노조의 일상을 기억나는 대로 전했다. 그 노동조합은 그걸 연대라 생각하고 있다고, 당신네 노동조합이 제 자리를 찾고 그러다 다른 노동조합을 도울 기회가 있으면 그렇게 하라고, 그 노동조합은 그렇게 노동조합을 함께 만들어 가고 싶어 하는 노동조합이라고.

그 자문노조는 몇 년을 그렇게 실천하고 있다. 도움을 주고도 성과에 대해서는 고맙다는 말 한마디 듣지 못하고, 혹 잘못된 결과에 대해서만 덤터기를 쓰는 시행착오도 겪었다 한다.

2017년 자문노조는 기업별노조의 벽을 넘어 2사1노조로 조직형태를 바꿔야 했고, 상근간부 4명은 늦은 밤까지 조합사무실을 지키며 'PC 셧다운제'를 쟁취해 내면서 2017년 사업계획들을 차곡차곡 결과물로 마무리했다. 그 바쁜 틈틈이 사업계획 속에는 연대활동이 있었고, 연대활동 속에는 돈만이 아니라 시간까지를 포함하고 있다. 그리고 올해는 협동조합을 꿈꾸고 있다.

'연대(連帶)'의 사전적 의미는 "한 덩어리로 서로 굳게 뭉침"으로 풀이된다. 2017년 9월 한국노동연구원이 발표한 자료에 따르면, 시민들은 노동조합에 대한 긍정적 인식이 87년 수준으로 좋아졌다고 하면서도 노동조합 영향력이 향상될 것이라는 전망에서는 2007년 48.2%에 비해 2017년 26.3%로 낮아졌다고 한다. 10%에도 미치지 못하는 조직률의 한계, 한 덩어리로 서로 굳게 뭉치지 않은 결과로도 해석될 수 있다.

노동조합 만드는 일이 태산을 옮기는 일처럼 느껴지는 노동자들에게 선배 노동조합이 먼저 내미는 손, 노동조합을 만드는 일에서부터 시작되는 연대, 조직화 사업을 총연맹이나 산별노조의 몫만으로 돌리지 않는 연대로 '노조하기 좋은 세상'을 함께 만들어 가자. 세상을 바꾸는 투쟁도 연대의 힘에서 시작한다.

에필로그

2018년에 이 글을 쓰고 난 후 4년이 훌쩍 흐른 지금, 노동조합 만드는 일이 가장 어렵다고 말했던 분들이 노동조합 집행부로 여전히 활동하고 있고, 단체교섭을 해 보니 노동조합 설립은 아무것도 아니었다는 농담의 시기를 지나, 단체협약 체결 이후 일상적 조합활동을 하면서부터 차라리 단체교섭에만 집중했던 시간들이 그립노라는, 지난 시간들의 무게만큼 고군분투하며 쌓아 온 경험에서 나오는 말들을 들으며 보람과 희망을 찾는다.

초대 위원장이 연임을 한 곳들도 있고 새로운 집행부가 들어선 곳들도 있지만, 4년의 시간은 노동조합 집행부나 대의원으로서 활동 경험이 있는 조합원을 둔, 그 경험으로 집행부를 지지·지원하는 노동조합 활동의 저력이 되는, 시간이 아니고선 미리 가질 수 없는 귀한 자산을 가진 노동조합으로 성장하게 만들었다.

그러나 집행부 내부적으로 노동조합의 가치나 지향, 방향성이나 속도에 대한 의견 차이를 좁히지 못해 성장통을 겪고 있는 곳들도 있고, 여전히 집행부나 대의원을 찾지 못해 몇몇 간부들만의 희생과 헌신으로 꾸려 나가는 조직도 있다. 사업장 울타리를 벗어나 연대하는 의미까진 아직 이해하지 못하거나 실천에 옮기지 못하는 곳들도 있다. 여전히 선배 노동조합은 그들 곁에서 경험을 나누기도 하고 고민을 함께하고 있다. 함께 만드는 노조하기 좋은 세상은 여전히 현재진행형의 희망이다.

5. 싹 다 갈아엎어 주세요

근로기준법을 모든 노동자에게

공성수 공인노무사 | 민주노총 서울본부 노동법률지원센터

"근로기준법을 준수하라"며 전태일 열사가 자신의 몸에 불을 붙인 지 50년이 지났다. 그러나 아직 우리 사회에는 근로기준법을 적용받지도 못하고, 노조를 만들지도 못하는 노동자들이 있다. 일하다 터무니없이 죽어 가는 노동자들도 있다. 민주노총은 진보정당·시민사회단체와 손잡고 '전태일 3법' 입법 운동을 진행 중이다.

1999년 헌법재판소는 "'상시 사용 근로자 수 5명'이라는 기준을 분수령으로 해 법의 전면 적용 여부를 달리한 것은, 법의 확대 적용을 위한 지속적인 노력을 기울이는 과정에서, 한편으로 영세 사업장의 열악한 현실을 고려하고, 다른 한편으로 국가의 근로감독 능력의 한계를 아울러 고려하면서 법의 법규범성을 실질적으로 관철하기 위한 입법정책적 결정으로서 합리적 이유가 있으므로 평등원칙에 위배된다고 할 수 없

* 2020. 11. 17. 기고

고, 인간의 존엄성을 전혀 보장할 수 없을 정도는 아니라는 이유로 헌법에 위반하지 않는다"고 결정했다.

다른 부분도 그렇지만, 인간의 존엄성을 전혀 보장할 수 없을 정도는 아니라는 헌법재판소의 결정 이유는 정말이지 동의하기 힘들다.

거의 매일 신문지상에 5명 미만 사업장 근로자들이 법의 사각지대에 놓여 있다는 뉴스가 나온다. 5명 미만 사업장에서 개인 사정으로 쉬거나 지각한 적이 없는 A씨는 아버지가 아파서 휴가를 요청했다. 업주는 "지금 나를 협박하느냐"며 쉬지도 못하게 막았다. A씨는 주에 68시간을 넘겨 일하느라 하루도 약에 의지하지 않고서는 일하기도 힘든 실정이다. 이러다 하루라도 나가지 않으면 해고 통지를 받기 일쑤지만, 어디다 하소연할 데도 없다. 주에 40시간을 넘겨 일을 시키더라도 해당 법조항은 5명 미만 사업장에는 적용되지 않아 법 위반이 아니고, 연차도 사용할 수 없기 때문이다.

연장·야간·휴일근로 가산수당, 해고의 제한 등에서도 보호받지 못한다. 생리휴가 사용의무도 없다. 2019년 7월 시행된 직장 내 괴롭힘 방지법도 5명 미만 사업장에는 적용되지 않는다. 코로나19로 휴업을 하는 사업장이 많이 늘었지만, 이 경우에도 휴업수당을 지급받지도 못한다. 어디에서 인간의 존엄성을 찾을 수 있나.

이러한 현실에도 2019년 4월 헌법재판소는 다시 한번 "입법정책적 결정이 합리적인 이유가 있다"며 "4명 이하 사업장 근로기준법 일부 적용 배제는 합헌"이라는 결정을 했다. 헌법재판소는 여전히 과거에 유효했던(?) 입법정책적 결정이 지금도 유효하다고 판단한 것이다. 그러나 지금도 어떤 노동자들에게는 50년 전 전태일 열사가 있었던 그 시절과 다름이 없다. 그러기에 현실은 그게 아니라고 노동계·시민사회가 나서서 '전태일 3법'을 입법하라고 요구하는 것이다.

정부는 2020년 11월 12일 전태일 열사에게 국민훈장 무궁화장을 추서했다. 무궁화장은 국민훈장(5등급) 중 1등급으로 노동계 인사로는 처음 받았다고 한다. 그러나 이날 추서식에 대해 노동·시민사회 일부에서는 전태일 열사 정신을 '박제화'하지 말라고 항의하기도 했다.

이와 같은 목소리는 아직도 노동자 권리가 완전히 보장되지 않는 우리 현실을 이야기하는 것이다. 정부가 조금이라도 의지가 있다면, 법을 바꾸기 전이라도 근로기준법 시행령 별표1(4명 이하의 근로자를 사용하는 사업 또는 사업장에 적용하는 법 규정)에 근로기준법 조항 전부를 기재하면 될 일이다.

전태일 열사 50주기를 맞아 모든 노동자에게 근로기준법이 적용되기를 바라며.

#27

노동법이 '있었는데요, 없었습니다'

신지심 공인노무사 | 법무법인 오월

 '있었는데요, 없었습니다'라는 인터넷 밈이 있다. 예전에는 존재했지만 어떤 이유로 사라진 것, 또는 존재하지만 의미 없는 것을 이야기할 때 주로 쓰이는 표현이다. 노동법 상담을 하다 보면 법이 가진 한계 때문에 서로 답답할 때가 많은데, 사회법이 가진 태생적 한계를 차치하고라도 너무한다고 느낄 때가 있다. 특히 '작은 사업장'에서 더욱 그렇다. 노동법이 있었는데, 없게 된 이유는 무엇일까.

노동법이 있는데, 없는 이유 ①
'안 지킬 수 있는 방법 알려드려요'

 주휴수당을 지급하지 않을 수 있는 법, 시간외수당을 주지 않고 시간

* 2022. 3. 8. 기고

외노동을 가능하게 하는 법 등을 설계해 주는 사람들이 있다(어떤 방법을 컨설팅하는지는 알고 있으나 굳이 반복해서 언급하지는 않겠다). 주로 작은 사업장에서 그런 세팅이 이뤄진다.

그 나름의 전문적인 영역이며, 개인의 자유라고 존중해야 하는 문제일까? 법이 설정한 예외 범위를 활용해서, 안 지켜도 되는 방법을 고안해서 전파하는 것은 노동법의 취지를 이해하지 못한 것이다. 가짜 5명 미만 사업장 등 실제와 거리가 먼 편법을 '세팅'하는 것은 법률 전문가라는 이름에도 걸맞지 않은 행위라는 뼈저린 자각이 있어야 한다고 본다.

노동법이 있는데, 없는 이유 ②

'5명 미만은 영세하고, 정부가 감독하기도 어려우니까'

근로기준법은 헌법에 따라 노동자의 존엄성과 기본적 생활을 보장하고 향상하기 위해서 만들어진 것이다. 그런데 5명 미만 사업장에는 왜 근로기준법이 일부만 적용되고, 헌법이 정한 노동자의 존엄성 보장이 안 지켜지는 것일까?

그런 질문을 던진 헌법소원 심판에서 헌법재판소는 다음과 같이 답했다. "영세 사업장의 열악한 현실을 고려하고, 국가의 근로감독 능력의 한계를 아울러 고려해야 한다는 입법정책적 결정으로서 나름대로의 합리적인 이유가 있다."

대한민국 중소·영세 자영업자의 현실은 노동자와 마찬가지로 어렵고 사회적 보호와 해결이 필요한 문제라고 생각한다. 하지만 방향과 방법이 잘못됐다.

가짜 5명 미만도 많을뿐더러 실제 5명 미만이라 하더라도 영세하지 않은 경우가 많다. 즉 단순히 사업장 규모로 가르는 것은 적절하지 않다는 의미다. 설령 정말 영세하다 하더라도, 가장 낮은 위치에 있는 노동자에게 책임과 부담을 넘기는 것은 타당하지 않고, 애초에 자영업자 입장에서도 근본적 처방이 될 수 없다.

이런 사안에서 늘 전면에는 중소·영세 자영업자의 현실을 앞세우지만 진짜 이해관계는 다른 곳에 있다. 대기업 재벌은 다양한 프랜차이즈를 거느리고 소규모 사업장에서 최저임금을 받으며 초단시간 근무하는 노동자들을 이용하는 입장이다. 이러한 직접적인 이해관계에 따라 늘 경영계는 노동법과 최저임금에 강력한 영향력을 행사하는 것이다.

사업장 규모에 따른 차별 적용은 최선이 아니며, 우리나라에서 유독 고집하고 있는 패러다임이라는 비판이 계속 있어 왔다. 법의 예외를 설정하면 이를 이용해 편법을 세팅하는 왜곡된 현실만 늘어날 뿐이다. 영세 자영업자의 현실에 진심이라면, 이보다 훨씬 적극적인 해결방법이 무수히 많이 있다.

노동법이 있는데, 없는 이유 ③
'아득한 별과 별 사이만큼 멀어진 법과 현실'

작은 사업장 노동자의 권리를 찾기 위해 노동조합을 만들고 열심히 수년간 뛰어온 활동가가 얼마 전 지친 얼굴로 고민을 이야기한 적 있다.

노동조합을 만들어도 제한된 영역이 너무 많다는 것이다. 초기업노조를 만들 권리는 있으나, 여전히 기업별노조 중심의 법체계이기 때문이다. 업종별노조의 교섭 상대방 문제가 막혀 있고, 근로시간면제(타임오프) 제도 역시 활동가가 속한 사업장과 해당 활동가의 몫으로 남겨져 있는 현실 속에 서서히 지쳐 가는 활동가들이 많다.

현실을 바꾸는 사람들의 발걸음은 늘 법보다 앞서 나가는 것이 역사의 합법칙이라고, 그러니 다시 힘을 내자고 그에게 자신 있게 이야기할 수 없었다. 노동법이 너무 강하게 변화를 거부하며 버티고 있기 때문이다. 현실은 이미 법으로 포괄할 수 없는 형태가 훨씬 더 많다.

우리가 하루를 보내면서 만나는 무수한 노동자 중에 현재의 노동법이 포괄하고 있는 사람은 얼마나 될까? 택배·플랫폼·초단시간 노동자, 5명 미만 사업장 노동자…. 이들이 이미 사회를 움직이고 있는 대다수가 됐는데, 이들의 노동을 규율하는 법은 어디에 있는가. 세상을 책임지겠다는 대통령 후보들은 노동의제에는 당당한 무관심으로 일관하고 있다. 왜 이토록 게으르면서 당당한가.

노동자의 노동만이 모든 가치를 만들어 낸다는 진실과 법칙은 간단히 무시할 수 있는 것이 아니다. 대통령이 바꿔 주는 것이 아닌, 우리가 바꿀 것이다. 조금 지쳤지만 다시 힘내고야 말 당신을 믿는다. 더딜지언정, 변화는 반드시 온다.

에필로그

글을 쓰게 된 계기는 '지친 얼굴로 고민을 이야기'했던 한 활동가와의 만남이었다. 힘들어도 늘 긍정으로 충만해 있던 그가 처음 보는 지친 얼굴로 이야기하는 모습이, 그만큼 아프면서도 당연하다 생각이 들었다. 스스로 길을 만드는 사람들에게 포클레인은 주지 못해도 삽은 들 수 있게 해야 하는 거 아닌가.

하지만 노동법을 들고 일하는 덕분에, 이런 활동가들이 세상을 바꾼다는 것을 목격할 기회를 많이 얻는다. 그 덕분에 법조문 하나하나에서 나오는 땀 냄새를 잊지 않을 수 있다. 노무사로 일하는 것은 '법이 보잘것없다'는 부끄러움과의 싸움이다. 노동자의 힘에 대한 존경과 믿음으로, 노무사로 일하는 부끄러움을 이겨 낼 힘을 얻는다.

싹 다 갈아엎어 주세요

최강연 공인노무사 | 류호정 정의당 의원 선임비서관

임금은 자본주의 체제 정의 문제

"대표노무사의 보수는 직원 임금의 3배를 넘지 않는다."

사회적기업 컨설팅을 주로 하는 동료 공인노무사의 경영철학이다. 더 많은 이윤을 남기기 위해 임금 쥐어짜기가 통용되는 자본주의 사회에서 돈에 대한 욕망을 참아 내기란 고행에 가까운 행위임에도 그의 생각과 실천은 확고하다.

반면 CJ제일제당 대표이사 임금은 최저임금의 469배, 삼성전자 회장 임금은 372배다. 금융회사 최고경영자 평균임금도 최저임금의 50배 이상이고, 100배 이상도 10명이다. 342개 공공기관장 평균연봉은 최저임

* 2020. 3. 17. 기고
  이 글은 필자가 '정의당 비상구'에 있을 때 작성했다.

금의 8.9배, 국회의원 보수는 최저임금의 7.3배다.

전체 노동자의 절반 이상이 월 250만 원을 못 벌고 있는 현실에서 민간기업·공공기관·금융기관의 최고경영자들이 수십 배에서 수 배가 넘는 임금을 받는 것은 성과와 능력에 따라 임금을 받는 시장경제라 하더라도 상식적으로 이해하기 어렵다. 임금 불평등이 고착화된 사회에서는 국민경제의 균형 있는 성장도 사회통합도 보장할 수 없다.

"돈 많이 벌어서 비싼 음식 먹는 것 누가 탓합니까. 그런데 그 옆에서 굶고 있단 말이죠. 옆에서 굶고 있는데 암소 갈비 뜯어도 됩니까? 암소 갈비 뜯는 사람들 불고기 먹으라 이거예요. 그러면 옆에 있는 사람은 라면 먹을 수 있단 말이에요."

고(故) 노회찬 의원의 말씀은 여전히 선명하다.

최고임금제(살찐 고양이 법)는 불평등 해소의 출발점

심각한 임금 불평등을 해결하기 위해 최고임금을 최저임금과 연동(국회의원 5배, 공공기관 7배, 민간기업 30배)하는 '최고임금제'를 도입해야 한다. 최고임금제는 독일·프랑스 같은 주요 선진국에서 기업가의 탐욕을 제어하기 위해 몇 년 전부터 논의되고 있는 제도다. 일명 '살찐 고양이 법'으로 알려졌다.

헌법 119조2항은 국민경제의 성장뿐만 아니라 적정한 소득의 분배, 시장의 지배와 경제력 남용 방지, 경제주체 간 조화를 통한 경제민주화를 위해 국가의 경제에 관한 규제와 조정 권한을 보장하고 있다.

이 같은 헌법 조항에 비춰 볼 때 최고임금제는 임금 불평등 해소를 위해 도입해야 할 최소한의 장치다.

심상정 정의당 의원이 20대 국회에서 법안을 발의했지만, 거대 정당들의 외면으로 심사조차 하지 못했다. 그사이 부산·경기·창원·전북 등 지방자치단체에서 공공기관 최고경영자의 보수를 제한하는 조례가 만들어진 것은 그나마 성과이며 진전이다. 이제 국회가 응답할 차례다.

미국 노동 전문기자 샘 피지개티는 그의 저서 〈최고임금〉에서 최고임금 실현을 위한 강력한 수단으로 '공공지갑'(public purse)이라는 개념을 제시한다.

현실경제는 민간부문과 공공부문이 교차하고, 민간기업은 정부 차원의 지원이나 공공사업의 수주 없이 자생적으로 운영되기 어렵다. 그래서 공공자금이 들어 있는 지갑에 손을 벌릴 수밖에 없다.

그는 최고임원 보수를 직원 임금보다 25배나 50배·100배 이상 지급하는 기업에는 정부 사업계약이나 지원금·세금 우대가 제공되지 않는다고 가정해 보자고 한다. 오늘날 정부가 환경이나 젠더문제 등을 가진 기업과는 계약을 하지 않거나 페널티를 주는 것처럼 임금 격차를 기업의 주된 평가로 삼자는 것이다.

이를 통해 대안기업에 도움을 주고, 소득 격차를 줄이는 데 기여할 수 있다고 본다.

몽상을 현실로 만드는 것은
정치권력의 '의지'와 시민의 '선택'

"싹 다 갈아엎어 주세요~ 머리부터 발끝까지~ 모조리 싹 다~"

신인 트로트 가수 유산슬은 사랑에 재개발이 필요하다고 노래했다. 이젠 정치에도 재개발이 필요하다. 지난 5년간 당 노동담당자로서 지켜본 국회 모습은 평범한 보통 사람들의 바람을 온전히 담아내지 못했다. 노동자 서민에게 조금이나마 도움이 될 만한 법안일수록 오히려 국회에서 제대로 논의조차 되지 못하고 폐기되는 것을 지켜봐야만 했다.

일하는 사람들의 희망이 되는 당과 국회의원이 다수파가 돼야 한다는 지극히 평범한 사실을 뼈저리게 느낀 시간이었다. 지금 당장 판을 갈아 국민의 대표기관인 국회를 교체하지 않으면 요원한 일이다.

인간이 인간답게 사회가 평등하게 노동이 아름답게 민중이 주인 되게. 가난한 보통 사람들의 삶을 바꾸고, 거침없는 대개혁으로 불평등과 기득권을 타파하는 정치권력이 필요하다. 이런 정치권력의 '의지'를 만드는 것은 시민의 '선택'이다. 노동자 서민의 정당과 미래로 나아갈 것인가, 수구 기득권 동맹세력과 반동의 시간으로 회귀할 것인가.

우리는 행복해지는 것을 두려워하지 말아야 한다.

에필로그

지난 20대 대선에서 유력한 여당 대선 후보는 최고임금제가 '삼성전자 몰락법', '중국시진핑미소법'이라며 무책임하고, 비현실적이라고 주장했다. 결국 지금의 지독한 불평등과 부익부 빈익빈이 그냥 '인정할 만한 현실'이라고 생각하는 것인지 묻지 않을 수 없다.

대한민국 상위 10%가 평균 1억8천만 원 소득을 벌 때, 하위 50%는 평균 1천200만 원을 번다. 소득 격차만 14배고, 부동산 등 자산을 포함하면 무려 52배 자산 격차가 난다. 최고임금제가 비현실적인 것이 아니라, 이 압도적인 격차 자체가, 이 참담한 불평등이 비현실적이다.

아래(최저임금)를 올릴 의지도 없고, 위(최고임금)를 깎는 것은 싫다고 한다면, 도대체 어떻게 시장 소득불평등을 줄일 텐가. 최저임금제가 소득분배 개선을 위해 작동하기 위해서는 최고임금제가 도입돼야 한다. 누군가의 임금을 빼앗자는 것이 아니라 더 받으려거든 그만큼 최저임금 수준을 높이라는 것이다.

심상정 의원 법안 발의 이후 11개 광역지자체에서 조례로 채택됐다. 21대 국회는 최고임금제를 도입해 소득불평등을 개선해야 한다는 시대적 요구에 응답해야 한다. 정치가 스스로 존재 이유를 증명할 때다.

… #29

노동자의 암묵적 동의,
빼앗긴 '거부할 권리'

이진아 공인노무사 | 이산 노동법률사무소

"노무사님, 그게 정말 가능할 거라고 생각하세요? 저도 몰라서 안 하는 게 아닙니다."

상담 중 사용자의 불합리한 요구에 동의하지 마시라고 말씀드리면 곧잘 돌아오는 대답이다. 이런 대답을 듣게 되면 갑자기 억울해진다. 세상 물정 모르는 사람이 된 것 같은 기분이 들어서다. 전형적 '제 발 저리는' 증세다.

그래서다. 가끔은 왜 모르겠냐고, 알고 있으나 법에서 규율하는 내용이 그렇다고 항변한다. 가끔은 알면 하셔야 한다고, 법적으로 거부할 권리가 있는데 왜 그 권리를 행사하지 않으시냐고 다그치기도 한다. 명시적으로 거부하지 않으면 암묵적으로 동의했다고 해석될 수 있다고

* 2019. 6. 18. 기고

으름장까지 놓는다. 그러다가 결국 필자의 대답이 속 빈 강정 같았다고 인정하고야 만다. 몰라서 안 한 게 아니었던 과거의 기억이 소환되기 때문이다.

필자가 회사에 다닐 때 일이다. 사장은 매일같이 하는 연장근로를 당연하게 생각했다. 사장은 당일에 마쳐야 하는 일의 마지노선을 늘 연장근로가 불가피한 수준으로 잡았다. 퇴근시간 즈음해서 "저녁 뭐 먹을까?" 묻는 사장 앞에서 퇴근하겠다고 하는 배짱 좋은 직원은 없었.

그러던 어느 날 신입 직원이 저녁에 약속이 있다고, 먼저 퇴근하면 안 되냐고 했다. 놀랍게도 사장은 알았다고, 퇴근하라고 했다. 그날 퇴근길, 우리가 너무 소심했던 거라며, 연장근로 못 하겠는 날에는 말하면 되는 거였던 거라며 '저녁 있는 삶'에 대한 기대감으로 술렁였다.

다음날 조례가 소집됐다. 사장은 "개인 일을 회사 일보다 우선하는 사람은 우리 회사에 필요하지 않다"며 "개인 일이 우선인 사람은 나가 달라"고 했다. 전날 정시에 퇴근했던 '호기로운(?)' 신입사원은 조례시간이 끝나자마자 울면서 사직서를 내고 나가 버렸다. 몇몇이 도저히 못 참겠다며 뒤를 이어 회사를 그만뒀다.

그 이후 남아 있는 그 누구도 평일 저녁에 먼저 퇴근하겠다는 말을 사장에게 하는 사람은 없었다. 필자는 남은 사람 중 하나였다. 당장 회사를 그만둘 수 없어서였다.

이날 일을 다시 생각해 보기를 수십 번. 그래도 매번 결론은 같다. 필자가 진정으로 동의해서 했던 연장근로가 아니었다. 회사를 다니기 위해서는 체념해야 했던 정시퇴근이었을 뿐이다. 거부하지 않았다고 암묵적인 동의를 한 것이 아니었다. 그저 원하지 않는 연장근로를 거부하지 못하고, 무력감을 학습하는 시간이었다.

근로기준법에서는 개별 노동자 및 근로자대표의 합의(동의)를 요구하는 규정들이 많다. 법령에서는 개별 노동자와 '근로자대표'를 구분하고 있으나, 현실에서는 그 구분의 의미가 없다. 과반수노동조합 대표자가 아닌 이상에야 아무런 선출 규정이 없기 때문에 사용자가 지정하는 힘 없는 개별 노동자가 형식적인 '근로자대표'가 되기 때문이다.

개별 노동자 및 근로자대표의 합의(동의)를 요건으로 하는 규정들은 연장근로 및 각종 유연근로시간제 도입 및 시행, 휴일 및 연차유급휴가의 대체, 보상휴가제 실시 등 대부분 노동자들에게 불이익한 내용으로 변경 시 적용하는 규정들이다. 특별한 사정이 있지 않고서야 자신의 근로조건이 불이익해지는 변경에 진정한 의사로 동의할 노동자가 어디 있나. 실로 형식적인 규정들이다.

법 규정 문제만이 아니다. 회사를 계속 다닐 마음이 있는 노동자라면, 임금이 감액되는 근로계약서에 사인을 하라는 사용자의 요구를 거절할 수 있는 사람은 많지 않다. 취업규칙 불이익변경에 대한 동의서를 부서장이 개별 직원들에게 받으러 다닐 때 사인을 거부하기는 쉽지 않은 일이다.

사장이 퇴사하라는 말을 정중하게 우리 회사와 맞지 않으니 나가 주면 어떻겠냐고 물을지언정 자신에게 거부할 수 있는 권한이 있다고 믿는 노동자들이 얼마나 있을까. 그럼에도 위의 경우 법은 노동자와 사용자의 권력 차이를 전혀 헤아리지 않은 채 노동자가 자유로운 의사로 동의를 한 것이라고 해석해 버린다.

다시 기본으로 돌아와 생각해 본다. 근로기준법은 사용자가 사회적·경제적으로 우월한 지위에 있다는 것을 전제하고 있다. 대법원 역시 근로기준법상 '근로자'에 해당하는지 여부에서 기본급이 정해져 있는지, 근로소득세를 원천징수했는지 등을 부수적 징표로 삼는 이유로 '사용자가 경제적으로 우월한 지위를 이용해 임의로 정할 여지가 크기 때문'이라고 판시하고 있다.

그럼에도 개별 노동자의 동의 규정에서는 사용자의 우월한 지위에 대한 고려 없이 노동자의 동의가 자유로운 의사에 터 잡아 이뤄졌다거나 이뤄질 것이라는 점을 전제한다. 이런 법 규정은 애당초 근로기준법의 기본 전제에 배치되는 것은 아닐까. 상담을 요청하는 노동자들에게는 대체 이 세상 물정 모르는 법 규정을 어떻게 이해시켜야 할까. 필자는 언제까지 제 발 저림을 느껴야 할까.

최근 어느 노동법 교수의 발제문에서 본 글귀를 소개하며 글을 마치고자 한다. 로마 법률가들의 저술집인 〈학설휘찬〉의 한 구절이라고 한다. 로마시대부터 알던 건데, 새삼 이 시대에 모를 리 있을까. 벙어리 냉가슴 앓듯 아픈 이유다.

"A person is not presumed to act of his own will who obeys the orders of his father or his master (가장권家長權이나 사용자의 지시권에 복종하는 자는 스스로의 의사로 행위한 것으로 추정되지 않는다)."

에필로그

   사용자의 우월한 지위로 인해 노동자가 불합리한 계약을 체결할 가능성이 있다고 보아 최저기준을 설정하고 있는 것이 개별적 노동관계법의 기본 취지다. 그럼에도 그 법 안에는 마치 사용자와 노동자가 대등한 관계인 것처럼 전제한 동의 규정들이 존재한다. 상담할 때 제일 답답한 순간이다.

   법률 상담이니 법의 내용을 말씀드리지만, 도움이 전혀 되지 않을 걸 알아서다. 상담을 청해 온 노동자들이 현실에서 사용자의 동의 요청을 거부하거나, 거부권을 행사하겠다고 말한다거나 하는 것은 다소 이상적인 기대다. 노동자가 현실적으로 할 수 없는 걸 그들의 방어권이라며 으스대는 꼴이다.

   노동법은 현실의 노동자를 보호하기 위한 법체계다. 법 규정의 내용도 노동자들의 현실에 발붙이고 있었으면 좋겠다.

… #30

과연 우리나라는 '노동유연성'이 없나

황재인 공인노무사 | 돌꽃노동법률사무소

노동자측 대리인으로 부당해고 구제신청 사건의 화해조서를 작성하러 노동위원회 조사관실로 갔다. 최근 많이 발생하는 청소용역 노동자 고용승계 거부 사건이었다. 해고가 아니라 고용계약 자체가 없는 '고용승계 거부'였기 때문에 해고 사유·절차·양정 등과 관계없이 부당해고로 인정되기 어려운 편이었다. 그래서 부당해고 판단을 받지는 못하더라도, 일정 금액의 퇴직위로금을 지급받을 수 있는 화해를 권했다.

화해조서 작성을 마무리하고 돌아갈 무렵 용역업체 사장이 나에게 한마디를 건넸다. 그 말이 참 인상적이었다.

"우리나라는 노동유연성이 너무 없어요. 회사에 안 맞는 사람 내보내기가 왜 이렇게 어려운지 모르겠어요."

우리나라가 노동유연성이 없는 나라라고? 과연 그게 맞는 말일까. 서

* 2017. 5. 30. 기고

울 광화문 인근 광고탑에서 27일간 단식 고공농성을 하고 내려온 해고 노동자들이 떠오르면서 분노가 치밀어 올랐다. 내가 지금까지 봐 왔던 현실은 오히려 정반대였다. 그래서 우리나라의 노동유연성 정도가 얼마나 되는지 한번 검토해 보기로 했다.

노동유연성은 "외부 환경변화에 인적자원이 신속하고도 효율적으로 배분 또는 재배분되는 노동시장의 능력"으로 정의된다. 그리고 노동유연성은 △외부적 수량적 유연성(해고의 자유) △내부적 수량적 유연성(근로시간 조정의 자유) △외부화(파견·용역·하도급 등 간접고용의 자유) △기능적 유연성(배치전환의 자유) △임금유연성(연봉제·성과급제 등 임금변화의 자유)으로 나뉜다. 각 요소별로 노동유연성 정도를 판단해 보도록 하자.

첫째, 해고의 자유. 충분히 보장되고 있다. 고용노동부의 2016년 통계에 따르면 기간제를 비롯한 비정규 노동자는 전체 노동자의 32%다. 여기에 보험설계사·대리운전기사·학습지교사·택배기사 등 법적으로 노동자로 인정받지 못하지만, 사실상 노동자에 해당하는 특수고용 노동자는 한국비정규노동센터 보고서(2014년)에 따르면 전체 취업자의 9%인 230만 명에 이른다고 한다. 즉 전체 노동자의 41%가 비정규직이라는 말이다. 이들 비정규직은 상시적인 고용불안에 허덕이고 있으며, 사용자가 마음만 먹으면 계약기간 종료를 이유로 해고할 수 있다.

둘째, 사용자는 마음대로 근로시간을 조정할 수 있다. 탄력적 근로시간제, 선택적 근로시간제 등 사용자가 수요에 따라 업무시간을 자유롭게 조절할 수 있는 유연근로시간제도가 법적으로 보장돼 있다. 이런 유연근로시간제도에 따라 연장근로·교대근로를 시키면서도 가산수당 지급을 최소화할 수 있다.

셋째, 사용자는 간접고용 자유도 폭넓게 보장받는다. 건설공사 현장을 제외한 대부분 업종에서 파견노동자를 사용할 수 있으며, 그나마 파견허용업종에서 제외된 제조업·건설공사 현장 등은 사내·사외 하도급을 통해 같은 효과를 누리고 있다. 또한 회사가 부수적 업무로 판단하는 청소·경비·보안·주차 등 업무에는 백이면 백 간접고용을 사용한다.

넷째, 사용자는 배치전환의 자유를 넓게 보장받고 있다. 배치전환에 대해 판례는 업무상 필요한 범위 내에서 상당한 재량을 인정한다. 노동조합 조직을 무력화하거나, 마음에 들지 않는 직원을 본래 업무와 전혀 관계없는 업무로 전환해 자진퇴사를 유도하는 등의 방법으로 배치전환을 사용하고 있다.

마지막으로 임금에서도 사용자는 연봉제·성과급제 도입 등을 통해 유연성을 넓게 확보하고 있다. 근로자대표 동의라는 법적 절차를 무시한 채 공공기관에 일방적으로 도입된 성과연봉제만 보더라도, 노동조합이 없는 일반 사기업의 경우 해가 지나면 자연스레 올라가는 임금은 옛날 말이라는 것을 쉽게 추정할 수 있다.

이래도 우리나라의 노동유연성이 낮다고 말할 수 있나. 문득 이번 대선 TV토론에서 홍준표 자유한국당 후보가 했던 발언이 떠오른다.

"비정규직·정규직 문제의 본질은 노동유연성에 있다."

이 말은 노동유연성이 확보되면 비정규직 문제를 해결할 수 있다는 뜻일 것이다. 과연 그렇게 될까. 지금도 노동유연성이 너무 없다고 아우성치는 기업들에 더 큰 노동유연성을 보장해 준다면? 결과는 명약관화하다. 노동자의 일자리는 더욱 불안해지고, 처우는 더욱 나빠질 것이다. 곧 노동자들의 삶은 더욱더 나락으로 떨어지게 될 것이다.

에필로그

이 글을 2017년 썼으니, 벌써 5년이라는 시간이 훌쩍 지났다.

5년이 지나 기존 정권의 5년 임기가 끝나고, 새로운 정권이 들어섰지만 당시와 지금의 현실이 별반 다르지 않으며, 최근 바뀐 정권은 노동유연화를 더욱 강조하고 있다는 점이 필자를 씁쓸하게 만든다.

당시 다뤘던 청소용역 노동자 고용승계 거부 사건은 지금 다시 맡는다 해도, 신청인 노동자가 이길 가능성은 거의 없다. 그때나 지금이나 간접고용 노동자들은 고용불안 속에서 살고 있다. 노동조합을 만들어 고용불안을 벗어나고 싶어도 원청에서 용역계약을 종료하면 모든 노동자는 손쉽게 해고된다. 2020년 LG트윈타워에서 일하던 청소노동자들이 노동조합을 만들자 LG 계열사였던 원청이 하청업체와 계약을 해지해 청소노동자 전원을 해고한 사례를 기억할 것이다. 비극은 이렇게 반복되고 있다.

생애주기에 맞는 벌이, 안정된 고용, 규칙적인 업무패턴, 저녁이 있는 삶…. 아무리 시대가 변했다지만, 누구나 이러한 노동환경을 원할 것이다. 지금 필요한 것은 노동의 유연성이 아니라, 노동자를 향한 정부와 기업의 유연한 태도가 아닐까?

#31

건설현장 주 52시간제 시행은
건설적폐 청산 신호탄

김왕영 공인노무사 | 유튜브 왕노무사TV 김왕영 노무사

    2014년 여름 새벽 5시 노동현장을 체험하기 위해 패기 있게 서울지하철 신림역 인근 인력사무소를 찾아갔다. 인력사무소 직원은 내게 건설기초안전교육을 받았는지 물어봤고, 나는 처음이라 모른다고 답했다. 패기는 사라졌고 길 잃은 강아지처럼 안절부절못하고 앉아 있었다. 제일 마지막으로 선택돼 철거현장으로 투입됐다. 기초안전교육을 받지 않았지만 문제가 되지 않았다.

    운동화를 신고 추리닝 차림으로 철거현장에 갔다. 벽면에 날카로운 못들이 튀어나와 있고 바닥에도 각목에 박힌 못이 거꾸로 솟아 있었다. 공포스러웠고 피해 다니는 것도 힘들었다. 가장 힘들었던 건 엄청난 먼

---

* 2018. 6. 19. 기고
  이 글은 필자가 '건설노조'에 있을 때 작성했다.

지였다. 한순간도 편히 호흡할 수 없었다. 이런 환경에서 무거운 쇳덩이를 날라야 했다. 주변에서는 목수들이 쇳덩이를 바닥으로 떨어뜨렸다. 다치지 않고 하루를 마친 것만 해도 정말 다행이었다.

고통스러운 시간이 지나고 집에 갈 시간이 됐다. 일당은 9만 원이었지만 9천 원을 인력사무소에서 공제하고 8만1천 원을 받았다. 함께 일한 아저씨들은 가방에서 옷을 꺼내 갈아입었다. 이렇게 옷이 더러워질지 몰랐던 나는 지하철에서 고개를 들지 못했다. 나중에 들은 얘기지만 건설노동자들은 복장 때문에 대중교통을 이용하기 어렵다고 한다. 아직 탈의실·샤워실조차 마련되지 않은 건설현장도 많다.

건설현장 노동환경은 일반인들이 상상하기 어려울 만큼 열악하다. 노동조합에 조직된 노동자들이 투입되는 현장은 '사람이 일할 수는 있겠구나' 하고 생각할 정도라면 인력사무소를 통해 투입되는 철거현장은 1시간도 견디기 어렵다. 기초안전교육을 받지 않아도 일하는 데 문제가 없다. 산업안전기준을 지키지 않아도 고용노동부 관리·감독 한계로 인해 문제가 되지 않는다. 불법 하도급이 공공연하게 이뤄지고 근로기준법은 무시된다.

요즘 주 52시간(연장근로 12시간 포함) 상한제 시행으로 온 나라가 시끄럽다. 건설현장에서 주 52시간제 시행은 건설적폐를 청산할 수 있는 시발점이 될 수 있다. 건설현장에 주 52시간제를 정착시키려면 근로감독관이 수시로 건설현장에 와서 현장을 확인해야 한다.

이 과정에서 근로기준법·산업안전보건법 등을 지키고 있는지 감독할 수 있다. 그러나 제도가 시행되기도 전에 걱정이 앞선다. 과연 고용노동부는 근로감독 의지가 있을까. 주 52시간제 시행보다 묵인해 왔던 건설적폐를 청산할 의지가 있는지가 중요하다.

건설업계가 주 52시간제 시행에 앞서 개정된 내용을 정확히 파악하고 건실현장에 무난하게 적용될 수 있도록 준비해야 할 텐데, 과연 잘 준비하고 있을까. 늘 그래 왔던 것처럼 건설업계는 탄력적 근로시간제 도입, 근로시간의 엄격한 관리, 명목적 휴게시간 설정, 이중 근로계약서 작성, 노동강도 강화 등 주 52시간제를 무력화할 수 있는 꼼수를 연구하고 있다. 노동부의 부실한 근로감독이 뒷받침된다면 이런 꼼수는 건설업계의 비상구가 된다.

근로감독은 의지만으로 되기 어렵다. 현실적으로 근로감독관이 부족하고 예산이 부족할 것이다. 그렇다고 해서 언제까지 현실의 벽에 부딪혀 건설현장이 불법 온상으로 남아야 할까. 최대한 근로감독관을 늘리고, 부족한 부분은 처벌 수위를 높이는 것으로 채워야 한다.

법정노동시간을 위반한 사업주는 2년 이하 징역 또는 2천만 원 이하 벌금이라는 형사처벌 대상이 된다. 그러나 중벌에 처해진 사례가 극히 드물다.

대부분 가벼운 벌금형에 그쳐 건설사는 법정노동시간 위반이 적발될까 봐 두려워할 이유가 없었다. 단속을 강화하고 처벌 수위를 높여야 건설현장에 주 52시간제가 정착될 수 있다. 정착되는 과정에서 건설현장도 정상화할 수 있다. 단순한 노동시간 단축이 아니다. 주 52시간제 시행이라 쓰고 건설적폐 청산으로 읽어 보자.

에필로그

주 52시간제 시행은 2018년에는 건설업계에서 매우 '핫한' 이슈였다. 하지만 에세이에서 예상했던 것처럼 2022년 현재 건설업계는 주 52시간제를 그렇게 두려워하지는 않는다. 아직도 불법 하도급을 하고 있는데 주 52시간제 따위가 두렵겠는가? 불법 하도급팀에게는 근로시간이 중요하지 않다. 말 그대로 물량팀이니까.

주 52시간제 정착보다 불법 하도급팀을 청산하고 안전한 건설현장을 만드는 것이 우선이다. 건설현장은 여전히 법을 너무 안 지킨다. 중대재해 처벌 등에 관한 법률(중대재해처벌법)이 시행됐지만, 여전히 건설현장에서는 사람이 죽고 있다.

얼마 전 전남 완도에서 일가족이 바다에서 숨진 채 발견됐다. 한동안 언론은 그 일가족 실종사건으로 도배됐다. 안타까운 일이지만 건설현장을 생각하면 기분이 묘하다. 죽음에도 무게가 있을까? 건설현장 노동자들의 죽음의 무게는 너무 가볍게 여겨진다.

2021년 건설현장에서는 417명이 사망했다. 하루에 1명 이상 사망한다. 오늘도 누군가 건설현장에서 죽겠지만 당연히 죽는 것이고, 특별히 '드라마틱하게' 사망하지 않는 이상 뉴스에서 보기는 어렵다.

#32

노동부만의 근로자성 판단기준이 따로 있는 걸까

이상운 공인노무사 | 에이원 노무법인

"징계 같은 것 받은 적도 없고, 고정급도 없잖아요."

최근에 대리한 학원 강사 퇴직금 미지급 진정 사건에서 무혐의처분 이유를 묻자 근로감독관이 한 대답이다. A씨는 한 국어학원에서 3년 반 정도 아이들을 가르친 학원 강사였다. 적극적(?)으로 인사관리를 하는 원장 밑에서 일하다 보니 지휘·명령을 입증할 자료가 너무 많았다.

강사가 수업 전, 수업 중, 수업 후 지켜야 할 매뉴얼이 있었고 수습기간 3개월에 고정적인 휴일을 제외하고 주 5일을 꾸준히 근무하는 체계였다. 매주 1회 있는 회의와 단톡방에서 이뤄지는 상시적인 지휘·명령과 보고는 자료가 너무 많아서 어떻게 줄여야 할지를 고민해야 할 정도

* 2020. 6. 2. 기고

였다.

　고정급은 아니었지만 받아 온 급여 수준도 일정했다. 지휘·명령을 입증하는 학원 내 운영프로그램과 평가서식도 조사 과정에서 원장이 직접 만들었다고 인정해 무난하게 끝나겠구나 싶었다. 그런데 근로감독관은 노동자가 아니라고 한다. 도대체 뭐가 더 필요했을까. 전화기 너머로 들은 대답에 할 말이 생각나지 않았다.

　노동자로서 근무 태만 등을 이유로 징계를 받지 않았기 때문에, 달리 말해 너무 열심히 일했기 때문에 노동자로 인정받지 못했다는 얘기를 A씨에게 어찌 전해야 하나 싶을 뿐이었다.

　근로관계가 양자관계에서 다자관계로 변하고 있듯이, 근로형태 역시 다양해지고 있다. 이에 따라 사법부의 근로자성 판단도 기존 근로자성 판단 징표에 얽매이지 않고 현실 변화에 맞춰서 하고 있다. 특히나 고정급에 관해서는 '사용자의 우월한 지위를 이용한 악용 가능성'을 이유로 근로자성 판단의 부차적인 요소로 명시하고 있다. "사용자는 도급이나 그 밖에 이에 준하는 제도로 사용하는 근로자에게 근로시간에 따라 일정액의 임금을 보장해야 한다"는 내용의 근로기준법 47조(도급 근로자) 규정은 1953년 근로기준법 제정 당시부터 법에 명시돼 있었다.

　그럼에도 고용노동부의 근로자성 판단은 전혀 변하지 않고 있다. 특별사법경찰관 지위에서 형사적 판단을 해야 한다지만, 법 적용 대상이 되는 노동자인지 판단하는 기준이 법원보다 뒤처질 이유는 될 수 없다. 언제부터인가, 특히 근로자성 판단에서는 더더욱 노동부 시계는 느리게 흘러간다. 행정구제의 신속성은 교과서에나 나오는 문구처럼 느껴진 지

오래다.

소송을 제기해 결과가 나오는 시간과 크게 차이 나지 않을 때도 있으니 말이다. 근데 그렇게 만나게 되는 결과가 심지어 현실 변화를 전혀 반영하지 못한 구태의연한 판단이라면 노동부가 굳이 있어야 할 이유는 뭘까.

상담을 하다 보면 "노동부에 진정하시면 됩니다"는 말을 마지막에 가장 많이 붙이게 된다. 그런데 이 사건 이후 근로자성을 다퉈야 하는 사건에서는 뭐라고 말해야 할지 고민이 된다. 내가 아는 법은 계약의 형식에 상관없이 실질적인 종속관계가 있다면 노동자로서 권리를 보호받아야 한다고 말하고 있는데, 내가 찾아가라고 말해야 하는 노동부의 법도 과연 그런지 의구심이 든다.

노동부에 가면 형식과 부수적인 게 중요할 수 있으니 퇴직금의 절반 이상을 변호사 비용으로 쓰더라도 소송을 하시라고 해야 할까? 너무 부지런히 일해서 어려울 것 같으니 징계 한번 받으라고 해야 할까? 노동부의 근로자성 판단, 이제는 진짜 좀 달라져야 하지 않을까?

에필로그

A씨는 대질조사 때 원장을 마주해야 한다는 사실만으로 많이 힘들어했다. 그럼에도 A씨는 대질조사를 잘 마쳤고, 조사 과정에서 각종 관리감독 서식을 작성했다는 걸 인정한 원장의 진술 덕에 나는 A씨에게 "결과가 긍정적일 것 같다"며 "고생하셨다"는 말을 했다.

왜 섣부르게 그런 말을 했을까 아직도 후회가 된다. 처음부터 어려울 수 있다고 얘기했다면 적어도 실망감이라도 적지 않았을까. 내담자를 상담하면서 인정 가능성을 대답해야 할 때, 특히 근로자성 사건에서 지금도 주의하지만 여전히 어려운 부분이다.

나의 기준이 아니라 내가 경험한 노동부의 기준으로 대답해야 하는 일 말이다. 그러다 보면 내 상담은 더 모호해지고 어려워진다. 나는 이렇게 노동부 기준 때문에 고생하는데, 노동부도 나를 좀 배려해 주면 좋겠다는 자의식 과잉을 후기를 핑계로 부려 본다.

#33

임금체불 범죄,
처벌 강화할 때도 되지 않았나

이호준 공인노무사 | 한빛 노동법률사무소

　최근 전북지역 고속버스 회사에 다니는 노동자가 버스요금 2천400원을 횡령한 혐의로 해고당했다. 이 회사는 불과 한 달 전에 800원을 횡령했다는 이유로 또 다른 노동자를 해고했다. 2010년에도 같은 사유로 2명을 해고한 적이 있다고 한다. 김밥 한 줄 값도 안 되는 버스요금 때문에 생계수단을 박탈당하는 가장 혹독한 형벌을 받은 것이다. 그렇다면 사업주가 2천400원의 임금을 체불하면 어떻게 될까.

　언론 보도를 보니 임금체불로 구속된 사업주는 2009년 2명에서 2010년 11명, 2011년 13명, 2012년 19명이라고 한다. 매년 20명을 넘지 않는다. 임금체불이 없어서일까? 체불한 사업주는 체불임금의 10%

---

* 2014. 4. 22. 기고
　이 글은 필자가 '민주노총 서울본부 노동법률지원센터'에 있을 때 작성했다.

정도에 해당하는 벌금을 받는다는 게 이 바닥 노무사들의 경험칙이다.

임금체불 사업주에 대해서는 2년 이하 징역이나 3천만 원 이하 벌금형이 가능하지만, 실제 징역형을 선고받고 복역한 사례는 듣지 못했다. 임금체불을 진정한 노동자가 괘씸해서 벌금받고 돈 안 준다고 큰소리치는 사업주도 있다. 벌금을 받고 '배 째라'고 나오면 노동자는 소송을 해야 한다. 임금체불이 가장 많은 곳이 건설현장이다. 하루 벌어 하루 먹고 산다는 건설노동자들에게 소송이 쉬울 리 없다.

2013년 12월 2명의 관광버스 운전기사와 상담을 했다. 기본급·근속수당·시간외수당으로 구성된 임금명세서를 보여주는데 대충 봐도 최저임금법 위반이었다. 2011년 최저임금을 기준으로 지금까지 임금을 지급했으니 2012년 1월부터 최저임금법을 위반한 것이다. 그때부터 상여금도 지급하지 않았다. 같은 회사 8명의 노동자가 지난 1월 고용노동부에 임금체불로 진정서를 제출했다. 3개월이 넘었지만 아직도 사업주는 임금자료를 제출하지 않았다.

그동안 사업주의 협박에 못 이겨 5명의 노동자가 취하서를 제출했다. 근로감독관에게 조사받으며 보여주는 뻔뻔함은 이런 사업주들의 기본 옵션이다. 조금 떨어져서 하는 짓거리를 보자면 돈 떼어먹은 사업주가 피해자로 보이고, 돈 떼인 노동자가 죄인으로 보인다.

근로감독관이 자꾸 사업주 편을 든다며 하소연하는 노동자가 있었다. 임금체불로 사업주와 대질조사를 하는데 근로감독관이 노동자에게 "사장님이 이 정도 챙겨 주셨으면 많이 생각해 주신 거네요. 웬만하면 빨리 합의 보고 끝내요"라고 했다는 것이다. 도대체 '근로조건의 최저기준'이라는 근로기준법에 미달하는 임금을 지급했는데 뭘 어떻게 생각해 줬다는 것인가. 노동자가 2천400원 임금체불됐다고 진정하면? 누군가의 입에서 쌍욕이 튀어나오지 않으면 다행이다.

최저임금법 위반, 임금체불을 주요 범죄로 취급해 처벌을 강화하고 입건 초기부터 근로감독관이 '세게' 나간다면 어떨까? 아마 모르긴 몰라도 하루도 안 돼 두 손 두 발 다 들고, 손이 발이 되도록 엎드려 빌고 또 빌었을 것이다. 근로감독관이 작은 액수의 임금체불도 '세게' 나가야 한다.

올해 고용노동부 업무추진 계획을 보면 고의·상습 임금체불에 대한 제재를 강화한다고 한다. 체불임금 외에 체불된 임금액만큼의 부가금을 피해노동자에게 지급할 수 있도록 근거를 마련하고, 최저임금 위반은 우선 과태료를 부과하고 나중에 과태료를 감면해 주는 방안을 고려하고 있다고 한다. 체불임금을 청산하려는 사업주에 대한 융자제도도 확대하겠단다. 다행한 일이지만 여전히 뭔가 아쉽다.

처벌기준을 강화해야 한다. 내 돈이 아닌 걸 내가 가지고 있는 게 횡령, 절도와 뭐가 다른가. 100만 원 체불해 놓고 50만 원 줄 테니 취하해 달라는 억지가 통하는 게 임금체불 범죄의 현실이다. 일부러 임금을 체불하고 고용노동부에 진정을 제기한 노동자에 대해서만 임금을 지급해도 아무런 제재를 받지 않는다.

2013년 체불임금액이 1조 원을 넘는다고 한다. 임금이 체불된 노동자들은 대부분 우울감을 느낀다. 자살 충동에 이르기도 한다. 심하면 사업장에 방화 등 보복 충동을 느끼고 실행에 옮기거나 생계를 위해 절도 같은 범죄를 저지른다. 2014년 2월에는 20대 건설현장 노동자가 임금체불에 앙갚음하려 자재를 절도했다가 구속되는 일도 있었다. 더 심한 사건을 찾는 게 어렵지 않다. 매년 임금체불을 예방하고 노동자를 보호하기 위한 방안이 나온다. 여태 실효성 있는 대책을 보진 못했다. 처벌을 강화하자는, 십수 년을 이은 충고들을 여전히 귓등으로 흘려보낸다면 남은 올해도, 내년에도 달라지는 건 없다.

에필로그

원래 제목은 "임금 2천400원 체불하면 어떻게 될까"로 정했던 글이다. 다른 제목으로 "이제는 처벌을 강화할 때도 되지 않았나"를 같이 보냈는데 다른 제목으로 게재가 됐다. 당시는 순서에 따라 노노모 에세이를 기고했다. 내 순서가 다가와 고민하던 무렵 고속버스를 운행하는 노동자가 운행요금 중 2천400원을 회사에 납부하지 않았다는 이유로 해고된 사실이 언론에 보도돼 논란이 일었다. 이 사건은 대법원에서 회사의 손을 들어줬다.

노동자가 사용자에게 2천400원어치 신뢰를 위반한 것과 사용자가 노동자에게 2천400원어치 신뢰를 위반한 것을 우리가 어떻게 인식하고 행동하고 있는지 비교해 말하고 싶었다. 현실은 여전하다. 사업주는 2천400원을 이유로 근로자를 매도하고 해고할 수 있지만, 근로자는 2천400원 임금체불을 신고나 할 수 있을까. 우리 사회에는 여전히 약자인 노동자에게 '세게' 나간다.

임금은 노동자의 생계수단이다. 임금체불은 노동자의 생계를 위협한다. 임금 수준이 낮을수록, 고용이 불안할수록, 법으로 보호해야 할 이유가 많은 노동자일수록 임금체불은 고통스럽다. 임금은 곧 인권이다. 임금체불을 더 무겁게 받아들여야 한다.

6. 위험해! 피해!

#34

브레이브맨이 보낸 희망

박혜영 공인노무사 | 노무법인 참터 영동지사

    분명히 봤다. 2분여의 짧은 시간 동안 사람들의 태도가 어떻게 바뀌는지를. 갑자기 통역기를 귀에 대기 시작하고, 수그렸던 몸을 일으키고, 대체 어떤 사람이 발언하는지 뒤를 돌아본다.
    "저는 여러분의 휴대전화를 만들다가 시력을 잃고 뇌손상을 입었습니다."
    사람들이 자신의 손에 든 휴대전화를 바라본다. 시력을 잃은 그의 휴대전화도 자신의 시력을 앗아 간 그 기업의 것이다. 발언이 끝나자 여기저기서 눈물을 훔치는 사람들이 옆 사람이 건네는 휴지를 받아 닦았다. 스물아홉 살의 청년, 많은 사람의 주목을 받은, 한국에서 온 그는 휴대전화 부품을 만들다 시신경 손상을 입은 피해자 김영신씨다.

* 2017. 6. 13. 기고
   이 글은 필자가 '노동건강연대'에 있을 때 작성했다.

이달 9일 오전 스위스 제네바의 유엔 인권이사회 본회의장. 온몸에 긴장감이 흐르는 한 남자가 있다. 생전 처음 비행기를 타고 다른 나라에 왔다. 10시간이 넘는 비행 동안 익숙하지 않은 공간에 대한 두려움 때문인지 화장실 한 번 가지 않고 음식도 먹지 않겠다고 했다.

영신씨는 시각장애인이다. 한쪽 눈은 안 보이고 다른 한쪽 눈으로 그나마 큰 사물을 구별한다. 휴대전화 화면을 캡처해 크게 확대해 사용한다.

2015년 1월 갑자기 이런 증세를 보인 그는 1년 반이 지난 어느 날, 자신의 실명 이유를 알게 됐다. 메틸알코올(메탄올) 급성중독에 의한 실명. 비슷한 피해자들이 다섯 명 더 있었는데, 그들과 실명 과정이 일치했다. 뇌손상이 심해 아직 병원에 있는 피해자도 있고, 두 눈을 완전 실명한 피해자도 있다. 모두 대기업 휴대전화 부품을 만들다가 메탄올에 고농도로 급성 중독됐다.

이 사건은 지난해 1월 세상에 알려졌고, 언론은 떠들썩했으나 잠시뿐이었다. 정부는 소극적이었고, 원청을 포함한 관련 하청·파견회사들은 발뺌했다. 파견사업주들은 벌금 100만~200만 원만 내면 됐고, 피해자들은 이들이 처벌받는 과정을 알기 위해 고군분투해야 했다. 당연히 사업주들이 구속되는 줄 알았다던 피해자들은 처벌 결과를 받아들고, 화를 삭이고 삭였다.

청년이자 불안정고용 피해자, 다단계 하청구조의 피해자이자 누군가의 위험한 노동조건에 무관심한 사회의 피해자인 이들은 그동안 끊임없이 자신을 내보여 가며 피해 상황을 알려 왔지만 무엇이 개선됐는지는 알지 못한다. 오히려 촘촘하지 못한 산재보험 제도와 무관심한 정부에 힘겨워한다.

지난해 말 유엔 인권이사회에서 이 사건을 포함한 한국 원청기업의 무책임한 기업경영이 다뤄진다는 소식을 들었을 때만 해도, 스스로가 제네바까지 가서 자신들의 이야기를 할 수 있다고는 생각하지 않았다.

많은 사람들의 노력으로 간신히 2분의 시간을 얻어 냈다. 세계 각국 정부와 기업, 비정부기구(NGO)들이 모이는 자리에서 생소한 영어로 자신의 이야기를 해야 했다. 한 달 전 토론을 통해 발표문을 만들었다. 다른 일로 바빠 발표문을 만들러 그에게 못 가고 있는 동안 "빨리 만들어야 하는데" 하고 내내 불안해했던 그다. 영어로 바뀐 그 글을, 친구가 한글로 발음을 적어 줬다. 한 달에 걸쳐 그는 외우고 또 외웠다. 회의장에서 종이를 눈앞에 가까이 하고 읽을 수 없기 때문이다. 그래서 그는 큼직한 글씨가 인쇄된 종이를 통째로 외웠고, 모르는 사람이 볼 때는 그저 종이를 보고 읽는구나 싶게 자연스러웠다.

사실 영신씨는 마치 앞이 잘 보이는 것처럼 행동한다. 실명 이유를 모르던 1년이 넘는 기간 동안 연습을 했더란다. 좌절했고 답답했던 그때, 그가 할 수 있는 연습이었다. 인정하기 싫었을지 모른다. "난 아직 잘 보인다."

제네바에 도착한 다음 날 일찍 유엔 인권이사회 본회의장에 들어갔다. 건강과 인권에 관한 세션 중이었다. 어떤 사람들이 어떤 분위기에서 회의를 하는지 염탐하기 위해서다. 그가 발표하는 기업과 인권 세션 이틀 전이었다. 텔레비전 뉴스에서 보던 광경이 펼쳐졌다. 책상이 원형모

형으로 겹겹이 놓여 있는데, 각 나라 이름이 알파벳 순으로 적혀 있다. 현관 앞 신분증 검사 직전 영신씨가 경직됐다. 이 공간에 들어간다는 자체가 너무 떨린다며 심호흡을 했다.

NGO쪽 발언은 어디에서 하는지, 말은 어떤 속도로 하는지, 영어발음은 어떤지, 자신처럼 영어가 익숙하지 않은 사람들도 있는지, 정말로 1분 30초가 지나면 마이크를 꺼 버리는지 세심하게 물었다. 앞이 보이는 척해서 자꾸 까먹지만 그는 앞의 모니터도 안 보이고 전광판도 안 보인다. 부지런히 중계를 해 주려고 노력하지만, 영어가 생소하긴 나도 마찬가지다.

그사이 현관 앞에 놓아둔, 영어로 번역한 피해자들의 이야기책을 사람들이 잘 가져가는지도 관찰했다. 〈The Blind〉. 그 책 제목이다. 노동건강연대 홈페이지(laborhealth.or.kr/43375)에서 내려받을 수 있다.

회의 상황을 관찰하던 중 발음이 선명하고 속도가 적당한 데다 쉬운 단어를 구사하는 발언자가 나타났다. 저절로 새겨듣게 됐는데, 회의장에 모인 많은 사람들이 유쾌하게 웃으며 경청했다. 주변 사람들이 웃으니, 영신씨도 같이 웃는다. 빠르게 어떤 말인지 전달하니, 진지한 표정으로 "아 그렇죠. 그러네요. 맞아요" 한다.

그날 저녁 영신씨는 일기에 그 내용을 적었다. 잠시 훔쳐 오자면 이렇다(그가 매일 쓰는 기록은 피해자들의 이야기를 전하고 있는 다음 스토리펀딩 '누가 청년의 눈을 멀게 했는가'에서 확인할 수 있다).

"유엔 본회의장에 출입증을 보여주고 입장하니 심장이 뛰면서 긴장이 되기 시작했다. 이미 회의장은 각국에서 온 사람들이 의견을 말하기 시작했고 목요일 있을 내 차례를 생각하니 많이 떨렸다. 그중 기억나는 인상 깊은 멘트는 국제연대에 관한 독립 전문가가 말한 내용이다.

인권·사랑·종교는 인간에게 소중하고 인간에게 소중한 것은 현재진행형이다, 라는 말을 전했다. 정말 너무나도 중요한 얘기고 필요한 얘기지만 내가 생각하기에는 잘 지켜지지 않는다고 생각한다. 가장 기본적인 것이 가장 어렵다고 생각하며 앞으로는 이런 기본적인 것이 가장 중요한 세상이 왔으면 좋겠다.

회의 초반엔 낯선 분위기와 어려운 영어 때문에 솔직히 지루했지만 내용을 이해하면서부터는 많은 관심을 가지고 귀를 기울여야 우리도 바뀌고 세상도 바뀔 수 있다고 생각했다. (…) 몸이 고단한 만큼 생각은 한층 더 성숙해지는 계기가 됐다. 목요일에 있을 회의에서 떨지 않고 준비해 온 말을 전달하기 위해 많은 노력을 하겠다."

영신씨는 제네바에서 하루하루 인권을 몸소 배웠다.

"여기는 버스에 계단이 다 없네요. 한국에서, 할머니 할아버지들이 버스 계단 힘들어한다는 얘기도 들었는데 대단하네요."

"여기는 횡단보도가 노란색이라서 저 같은 사람도 잘 보여서 좋아요."

"길에 턱이 안 많아서, 저 여기 와서 어디에 걸려 넘어지지 않았어요."

"출퇴근길 만원버스에 너무 당연하게 유모차를 태워요. 사람들이 잘 도와주네요."

더 공부하고 싶다고도 했다. 덩달아 나도, 이곳에서의 생활상을 자세히 관찰하게 됐다.

드디어 정해진 발언을 하는 날, 대한민국 정부가 먼저 입장을 얘기했다. 유엔 인권이사회의 기업과 인권 실무그룹 보고서에서는 메탄올 급성중독, 삼성전자 직업병, 현대중공업 하청노동자 사망 문제 등 노동안전보건에 대한 다양한 언급이 있었지만 정부 발표에는 그와 관련해 단 한 문장도 나오지 않았다.

경제협력개발기구(OECD) 산재사망 1위인 나라에서, 그들의 인권 챕터에 노동자들의 죽음과 직업성 사고, 직업병은 들어가 있지 않은 것일까. 1년에 2천400명이 죽는 나라에서 그들은 눈을 가리고 귀를 닫고 있는 것일까. 영문으로 번역해서 온 메탄올 급성중독 보고서 〈The Blind〉를 빤히 쳐다봤다. 과연 눈먼 자는 누구인가.

2017년 6월 9일 오전(현지시각) 스위스 제네바에서 열린 유엔인권이사회에서 삼성전자 하청업체에서 일하다 메탄올 중독으로 실명을 당한 김영신(당시 29·사진 왼쪽)씨가 메탄올 실명사건과 한국 정부, 삼성·엘지전자의 책임을 호소하는 발언을 하고 있다.

영신씨의 발언이 무사히 끝났다. 정말 잘했다. 다리가 너무 후들거렸다는 영신씨에게, 그를 존경하고, 영광이라고 말하는 사람들이 생겼다. 이 회의를 주관한 마이클 아도 의장이 영신씨에게 연신 잘 풀릴 수 있도록 노력하겠다고, 너무 잘 들었다고, 대단하다고 말했다.

"Brave man!" 자신을 의사라고 밝힌 금발의 여성이 영신씨에게 다가왔다. 그의 양 어깨를 잡고 외친다. "Brave man!" "노무사님, 브레이브가 뭐예요?" "영신씨 진짜 용감한 사람이라고!" "아~ 하하하. 저 외국에 와서 외국 사람이랑 처음 말해 봐요! 얼떨떨하네요."

한국시간으로 9일 저녁 신문과 텔레비전 뉴스에 영신씨 이야기가 보도됐다. "왜 이렇게 주목을 받는 거죠? 제가 한 일이 그렇게 할 만한 일인가요? 엄마랑 친구들도 뉴스 봤다고 장하다고 연락이 와요. 한국에서는 잘 안 봐 주더니 뭐가 다르긴 다른가 봐요." 말하는 그의 얼굴이 상기됐다. 한국에서 함께 출발한 3명의 활동가들에게 연신 감사인사를 전했다. "예전에 황정민이 수상소감에서 자기는 숟가락만 얹은 거라고 하던데, 그 맘이 이해가 돼요."

1주일 동안 영신씨 발언기회가 취소되고, 사라졌다. 다시 수많은 사람들이 영신씨 발언을 살리려고 준비된 3개의 한국 NGO 발언을 조정하다가, 밀리고 밀려 결국 단 하나의 발언만 가능해졌다. 단 하나 영신씨 이야기만 하기로 했다. 그 며칠 본회의장을 여기저기 뛰어다닌 우리를 보는 영신씨도, 많이 불안하기도 했더랬다. 모든 행사를 끝낸 저녁, 우리는 정말 행복하게 이 시간을 복기했다. 그리고 모두, 다음 날은 기상 시간이 없다는 사실을 확인하며 행복하게 잠자리에 들었다.

이제는 우리 사회가 응답할 차례다.

에필로그

이 사건의 피해자 6명은 세계적으로 유명한 스마트폰을 만드는 대기업 3차 하청업체 파견노동자였고, 최저임금을 받았으며, 사고 당시 최신 스마트폰의 부품을 만들고 있었다.

메탄올에 온몸이 노출돼 중추신경과 시신경이 손상됐다. 고칠 수도 없이 다쳐 버렸다. 같은 역할을 하지만 3배 비싸고 인체에 무해한 에탄올 대신 메탄올을 사용한 회사의 잘못이었고, 원청도 그 사실을 알고 있었다. 피해자들은 이 사건을 사회에 알려 더 큰 피해를 막기 위해 커다란 용기를 냈다.

이 사건이 한국 사회를 넘어 국제사회에 경고를 보냈지만, 이 사건의 근본적 원인인 하청구조는 그대로이고, 노동환경도 그다지 나아지지 않았다. 나쁜 노동환경을 바꾸어 내기에 여전히 자본은 너무도 힘이 세고, 또 다른 우리는 여전히 다치고 죽는다. 그나마 위안인 것은, 더 이상 스마트폰 부품을 만들 때 메탄올을 사용하지 않는다는 정도다.

그래도 누군가의 용기가 변화의 작은 밑거름이 되리라 믿는다. 메탄올 실명 사건의 자세한 내막이 궁금한 분은 단행본 〈실명의 이유〉, 〈문 밖의 사람들〉을 읽어 볼 것을 추천한다.

#35

위험해! 피해!

유성규 공인노무사 | 노무법인 참터

　누군가는 삶에 지쳐 자신감과 의욕이 떨어질 때면 노량진 수산시장을 방문한다고 하지만 필자는 이 같은 욕구를 공단에서 풀곤 한다. 분주히 움직이는 노동자들의 이마에 흐르는 땀방울이 햇빛에 빛나는 순간, 그들 사이에 오가는 다소 거친 대화를 듣고 있노라면, 그들에게서 알 수 없는 에너지를 충전받는 느낌이 든다.

　필자는 공단으로 출장을 나가면 시간을 내 한가로이 거리를 거닐곤 하는데, 시끄러운 기계음과 자동차 소음 사이로 알 수 없는 외국어들이 섞여 나오고, 거리에는 검은 피부, 노란머리의 외국인들이 어우러져 흡사 외국의 거리에 서 있는 느낌을 받곤 한다.

　공단의 이국적인 풍경은 이제 새로운 이야깃거리도 아니다. 서울을 비롯한 대부분 공단에서 이와 같은 광경은 너무도 흔히 접할 수 있어서,

* 2011. 3. 23. 기고

이제 다양한 국적의 노동자들과 부대끼며 길을 걸어도 별다른 감흥이 일지 않을 정도다. 이주노동자들은 어느 순간 우리의 삶에 자연스럽게 다가온 것이다. 이들 중에는 한국에서 결혼을 하고 자녀를 낳아 가정을 이룬 이들도 적지 않으며, 어떤 이들은 김치찌개나 삼겹살을 한국인들보다 더 좋아한다.

하지만 이들을 대하는 한국 사회의 모습은 어떠한가. 이주노동자들은 그저 한국의 부족한 노동력을 단기적으로 충당하는 '이방인'으로 인식되고 있을 뿐이다. 정부 역시 경제적 논리에만 지나치게 집착한 나머지 이들의 정주를 막기 위한 제도적 장치에만 힘을 기울일 뿐 이들이 한국에서 안전하고 건강하게 일하다가 돌아갈 수 있는 제도와 정책을 고민하는 모습은 보여주지 않는다.

하나의 상담이 기억난다. 방글라데시에서 온 이주노동자였는데 자기 동생의 일로 상담을 원하고 있었다. 동생은 이제 갓 열아홉 살이 된 젊은이인데 지금은 아무 말도 하지도, 듣지도 못하고 멍하니 하늘만 바라보는 처지가 됐다고 했다. 가뜩이나 서툰 한국어로, 흥분해 더듬거리는 그의 말을 처음에는 알아들을 수 없었다. 그러나 한참을 듣고 나서 필자는 그와 똑같이 더듬거리고 흥분할 수밖에 없었다.

그의 동생은 피아노 공장에서 일했는데 일을 시작한 지 며칠 되지도 않아 머리를 다쳤다. 여러 명이 피아노를 옮기고 트럭에 싣는 일을 하고 있었는데 피아노가 트럭에서 동생의 머리 위로 떨어지면서 동생이 머리를 심하게 다친 것이다.

당시 동생은 다른 한국인들과 함께 일을 하고 있었다. 피아노가 떨어지는 순간 어떤 한국인이 위험하다고 피하라고 외쳤다. 다른 한국인들은 이 소리를 듣고 모두 피했지만 한국말을 알아듣지 못한 동생은 피아노에 그대로 깔렸다는 것이다. "옆으로 조금만 피했어도 다리나 팔만 다치고 말았을 텐데…." 어느새 그 불쌍한 형의 얼굴은 눈물로 범벅이 돼 있었다.

이주노동자들은 대부분 소위 '3D 업종'이라 불리는 곳에서 한국인들이 싫다고 손을 놔 버린 '더럽고, 어렵고, 위험한' 일들을 도맡아 하고 있다. 그러나 기본적인 기계조작법은 물론 한국어조차도 생소한 이들에게 '더럽고, 어렵고, 위험한' 일들은 '매우 더럽고, 매우 어렵고, 매우 위험한' 일들로 변해 닥쳐오고 있는 것이다.

'만지거나 흡입하지 마시오'라고 한국어(!)로 또렷이 쓰여 있는 화약 약품들을 용감하게 맨손으로 만지다가 이름도 알 수 없는 병에 걸리기도 하고, '정지'와 '작동'이라고 한국어(!)로 분명하게 쓰여 있는 스위치를 잘못 눌러 손가락이 잘리기도 한다. '위험 추락주의'라고 한국어(!)로 큼지막하게 써 있는 곳으로 당당하게 걸어가다 떨어져 죽기도 하고, "위험해, 피해"라고 한국말(!)로 알려 준 동료들의 외침을 분명히 듣고도 피하지 못한 채 피아노에 깔려 식물인간이 된다. 하루하루의 일상이 이들에게는 목숨을 내놓고 견뎌야만 하는 힘든 나날인 것이다.

이런 어처구니없는 일들이 왜 일어나는 것일까. 이주노동자들은 국내 기업에 취업하기에 앞서 한국어 시험을 통과해야만 하고, 자국의 송출기관에서는 물론 입국해서도 취업과 관련한 교육을 받고 있는데 말이다. 그 이유는 독자들도 예상하고 있듯이 그 시험과 교육이 실제 노동현실과 동떨어져 매우 형식적으로 이뤄지고 있기 때문이다. 이주노동자들에게는 한국의 수도가 서울이고, 삼면이 바다로 둘러싸인 아름다운 나라라는 교육보다는 '위험해'라는 소리가 들리면 무조건 피하고 '추락'이라고 쓰인 곳으로는 가지 말라는 어찌 보면 단순한 교육이 더욱 필요한 것이다. 막대한 예산을 들여 형형색색의 컬러판으로 출판되는 교육홍보 책자보다는 작업장에 붙어 있는 싸구려 안전스티커 한 장이 더욱 절실한 것이다.

적어도 자신이 다루는 물질이 어떤 물질이고 어떤 질병을 유발하는지 정도는 알고 일하자는 것이고, 최소한의 기계조작법이나 안전장치 정도는 알고 일하자는 것이고, '위험'이라고 써 있는 곳에서는 조심해야 한다는 것 정도는 알고 일하자는 것이고, 위험하다는 한국말이 들리면 피해야 한다는 것 정도는 알고 일하자는 것이다.

필자는 거창한 변화를 이야기하는 것이 아니다. 이와 같은 변화를 위해 새로운 법률이나 제도를 만들고 막대한 예산을 쏟아부을 필요도 없기 때문이다. 이는 현재의 제도 안에서도 정부가 조금만 관심을 기울이고 예산을 실질적으로 사용하려는 노력만 해도 가능한 변화다.

에필로그

얼마 전에 후배 노무사에게 연락을 받았다. 출간 예정인 책에 내 글이 수록될 예정이니 수정이 필요한 부분은 없는지 검토해 달라는 연락이었다.

사실 워낙 오래전에 쓴 글이라서 처음에는 제목도, 내용도 잘 생각나지 않았다. 그러나 글을 읽기 시작한 지 얼마 지나지 않아 화가 나기 시작했다. 글에서 수정할 부분을 거의 찾지 못했기 때문이다.

오랜 시간이 흘렀음에도 이 땅의 이주노동자들의 삶이, 노동환경이 그대로라는 생각에 화가 났다.

혹시 5년 후에도, 10년 후에도 지금의 현실이 그대로라면 더 슬프겠다는 생각이 머릿속을 복잡하게 맴돌았다. 부디 이런 글이 더 이상 책에 실리지 않는 때가 빨리 오기를 바란다.

노동자 사망 소식에 무뎌지지 말아야

안현경 공인노무사 | 노무법인 참터

  얼마 전 집배원이 사망했다는 안타까운 소식을 들었다. 분명히 전에도 집배원 사망 소식을 들었는데, 다시 또 다른 집배원의 사망 소식을 듣게 된 것이다. 더 놀랍고 안타까웠던 것은 2017년 1만9천여 명의 집배원 가운데 15명이 자살·과로·사고로 세상을 떠났다는 것이다.

  그리고 생각해 보니 이렇게 노동자 사망 소식을 들었을 때 내 머릿속에 가장 먼저 떠오르는 단어는 '또'였다. 머릿속에 '또'라는 단어가 떠올랐던 것은 아마 이전에도 수없이 많은 노동자들의 사망 소식을 들었고, 특히 요즘은 노동자 자살 소식을 많이 들었기 때문일 것이다.

  아주 오래전에는 자살은 몇몇 개인의 문제라고 생각했다. 아마도 자살의 사전적 정의가 스스로 삶을 중단시키는 행위로 돼 있고, 그렇게 배워 왔기 때문인 것 같다. 자살이 개인 문제 때문이라고 하려면 그 문제

* 2017. 9. 19. 기고

가 개인 스스로 해결할 수 있는 문제여야 할 것이다. 그러나 막상 사회에서 벌어지는 수많은 자살 원인은 장시간 노동, 과도한 노동, 감당할 수 없는 업무상 스트레스, 직장 내 괴롭힘, 생활상 어려움 등이다. 이는 열악한 노동조건과 사회보장제도 사각지대 등 사회 전반 요인들이 복합적으로 결합된 것이다. 즉 개인이 혼자서 해결할 수 없는 문제다.

그렇다면 자살은 더 이상 개인의 문제가 아닌 사회적 문제일 것이다. 그리고 우리는 이미 자살이 사회적 타살이라는 것을 알고 있다. 전 세계적으로도 자살의 심각성을 인지하고 있고, 2003년에는 스웨덴 스톡홀름에서 세계보건기구(WHO)와 국제자살예방협회(IASP)가 전 세계에 생명의 소중함을 알리고 자살 문제에 대응하기 위해 9월 10일을 세계 자살예방의 날로 지정한 바 있다. 경제협력개발기구(OECD) 국가 가운데 자살률 1위인 우리나라도 관련 부처와 지자체 등에서 자살을 예방하기 위해 상담·치료사업을 하고 있다.

그런데 자살을 근본적으로 예방하기 위한 구체적인 제도와 방안은 아직 미비한 것으로 보인다. 예를 들어 자살 원인이 장시간 노동이나 과도한 노동이라면 노동시간을 줄이고 감당할 수 있을 정도의 업무를 배정해야 하는데, 여전히 우리는 장시간 노동이 일반화돼 있는 과로사회에서 생활하고 있다. 개인이 해결할 수 없는 문제로 인해 사망하는 노동자들이 늘어나고 있다. 노동자의 생명은 하나고, 한 번 잃은 생명은 다시 되돌릴 수 없다. 따라서 또 다른 생명을 잃기 전에 근본적인 예방대책을 마련해야 한다.

지속적으로 문제제기됐던 근로시간 및 휴게시간의 특례(근로기준법

59조) 개정논의가 구체적으로 진행됐고, 2018년 3월 특례업종은 육상운송업 등 5개로 제한됐다. 아마도 해당 업종에서 수명의 노동자가 사망하는 사건이 반복적으로 발생했고 크게 이슈가 된 것이 영향을 미쳤기 때문일 것이다.

몇몇 업종이라도 노동시간 특례에서 배제되는 것은 다행이지만, 크게 이슈가 되지 않고 사건이 발생하지 않은 사업, 사업 특성상 특례조항이 적용돼야 한다는 주장으로 인해 여전히 남아 있는 보건업 등 다른 특례업종도 다시 검토돼야 한다. 지금 우리나라에서 장시간 노동은 몇몇 사업에서만 발생하는 문제가 아니기 때문이다.

어떤 일을 반복적으로 겪게 되면 무뎌지게 된다. 우리는 지난 수십 년간 지속적인 장시간 노동으로 인해 자신의 과도한 노동시간에 무뎌졌을지도 모른다. 그러나 우리는 일을 하기 위해 살아가는 것이 아니라 살아가기 위해 일을 한다. 삶을 빼앗을 수 있는 장시간 노동에 더 이상 무뎌져서는 안 된다.

"두렵다." 얼마 전 사망한 집배원이 마지막으로 남긴 유서의 첫마디다. 우리는 두려워해야 한다. 노동자 사망 소식에 더 이상 놀라지 않을까봐 두려워해야 하고, 아니면 지금 이미 노동자 사망 소식에 무뎌져서 더 이상 놀라지 않고 있는 것을 두려워해야 한다.

 에필로그

노노모 회원 노무사이기 때문에 나는 주로 노동자 편에 서서 징계·해고·임금체불·산재·부당노동행위 등 노동사건을 수행해 왔다.

자격사는 전문 지식 등을 활용해 누군가의 일을 대신해서 수행하는 사람이기에 의뢰인과 어느 정도 거리를 두어야 한다지만, 노동자들을 직접 만나고 억울함을 풀어 달라는 그들의 얘기를 들으면 나는 어느새 감정이입이 돼 있었다.

특히 자살 산재 사건은 감정 거리조절이 어려운 일이었다. 노무사가 되고 자살 산재 사건을 맡았는데, 산재 사망 자체가 먹고 사는 문제를 넘어 죽고 사는 문제인 데다가, 자살 산재 사건의 경우 자살에 이르기까지 그 노동자의 삶을 깊게 들여다보면서 한 사람의 노동자와 남은 가족의 삶을 더 가깝게 마주해서 그런지 힘들지만 계속 마음이 쓰였다.

그러나 한 사건만 맡을 수는 없고, 지나친 감정이입은 지양해야 하기에 의도적으로 사건과 거리를 두려고 했다. 그러던 중 2017년 9월 "두렵다. 이 아픈 몸 이끌고 출근하라네. 사람 취급 안 하네"라는 유서를 남기고 스스로 목숨을 끊은 집배노동자의 사망 소식을 접했을 때, 무뎌짐을 두려워해야 한다는 생각이 들었다.

노동자의 사망에서 '사망'에 초점을 두면 사망은 반복되는 일이기에 익숙해질 수도 있지만 '노동자'에 초점을 두면 그 사망은 모두 다른 노동자들의 죽음이고 한 번뿐인 생의 마감이기 때문이다.

반복해서 자주 겪으면 익숙해질 것이고 계속 사건을 맡아서 하기 위해서는 어느 정도의 거리 두기는 필요하겠지만, 그 익숙함과 거리 두기를 핑계로 노동자의 사망에 무뎌지지 말자.

오늘 산 물건을 내일 받을 수 없더라도

박소영 공인노무사 | 공공운수노조 법률원

　나는 원래 빠른 배송으로 이름난 한 인터넷 쇼핑몰의 단골이었다. 매일같이 이어지는 야근에 하루 대부분 시간을 사무실에서 보내다 보니 장을 보거나 물건을 살 시간이 없었다. 그럴 때 손가락으로 몇 번 클릭만 하면 바로 다음 날 문 앞까지 내가 필요한 물건을 배송해 주는 쇼핑사이트는 너무 매력적이었다. 그런데 요즘은 이를 잘 사용하지 않는다.

　빠른 배송을 내세우는 그 쇼핑몰은 국내 1위로 명성이 자자한 A기업이다. A는 국내 고용규모 '빅3'를 자랑하는 대규모 기업이자, 우리나라 생활물류산업에서 가장 '잘나가는' 핵심 기업이다. 그러나 그 규모와 명성이 무색하게도 A는 특히 물류센터를 중심으로 이루어지는 반인권·반노동 행태들로 계속 언론의 도마에 오르고 있다.

　A는 빠른 배송을 위해 자회사를 통해 직접 물류센터를 운영한다. 그

* 2022. 9. 6. 기고

런데 사실 물류센터라는 업종 자체가 특별한 기술이나 마케팅이 필요한 분야는 아니라서, 최대한 적은 비용(input)으로 최대한 많은 노동력을 뽑아내는 것(output)이 수익성을 결정하는 핵심 요인이 된다. 그렇다 보니 A도 물류센터를 운영하면서 노동자에게 최소의 비용을 들여 극강의 효율을 내기 위한 여러 가지 전략을 사용한다. 그런데 이 효율화 전략이 적정수준을 넘어 노동인권과 노동환경을 심각하게 악화시키고 있어 문제인 것이다.

최소한의 비용을 들여 사람을 쓰고 있다는 점은 임금수준만 보아도 알 수 있다. 물류센터 일은 힘들기로 정평이 나 있는데, A물류센터에서 일하는 노동자들의 임금은 최저임금 수준에 머물러 있기 때문이다. A와 같이 한 업계를 선도하는 기업이 최저임금 수준의 임금만을 지급하면, 다른 기업들에서도 자연히 최저임금 수준의 임금을 지급하는 것을 당연하게 여겨 업계의 표준으로 굳어지는 것도 문제다.

나아가 최소한의 비용으로 사람을 쓰고 있음이 여실히 느껴진 또 다른 부분은 물류센터 내에 에어컨 등의 냉난방 설비가 없다는 점이었다(물론 관리자 사무실에는 에어컨이 있다). 냉난방 시설이 없으면 노동자들은 더위나 추위에 그대로 노출되고, 이는 건강에 심대한 영향을 미친다. 업무상 질병이나 사고로 이어질 수도 있다. 특히 우리나라의 여름과 겨울이 얼마나 극단적인지 생각해 보면, A의 물류센터 노동자들은 물류센터에서 매 겨울과 여름마다 목숨을 걸고 일한 셈이었다.

노조가 조직된 이후 냉난방 미비에 대한 문제제기가 계속되자 A물류센터 측이 내놓은 해법은 더 할 말을 잃게 만들었다. 여름철에 냉방기를 설치하겠다는 대답이 아니라 '얼음물'을 무제한으로 제공하겠다는 것이었다. 나는 그 말을 듣고 턱이 빠질 뻔했는데, 현장에서는 노동조합 덕분에 얼음물이라도 마음껏 마신다며 기뻐하는 분위기라는 말을 듣고 참담한 심정이 들었다.

이렇게 비용을 최소한으로 들였다면, 이제 효율을 최대한으로 뽑아낼 차례다. 최대한의 출력으로 노동력을 사용하기 위해 A물류센터는 노동자를 '과도하게 통제'하는 방식을 택했다. 특히 노동자들을 직접 대하는 현장관리자들에게 과도한 권한을 부여해 통제를 위임했다.

현장관리자들은 현장 내에서 가진 무소불위의 권력을 기반으로 노동자들을 통제한다. 가령 일하는 속도가 느려지면 해당 근로자를 찾아가 꾸중을 하거나 속도를 올리도록 닦달한다. 최근에는 노동조합과 시민사회의 문제제기로 많이 사라지기는 했으나, 얼마 전까지는 화장실 가는 시간까지 통제했다. 관리자는 그 존재 자체로 노동자에게 어마어마한 압박이고, 노동자들은 관리자에게 지적받지 않기 위해 스스로 높은 노동강도를 유지할 수밖에 없다.

관리자의 과도한 권한은 A물류센터를 직장 내 괴롭힘에 매우 취약한 구조로 만들기도 했다. 관리자들이 가진 강력한 권한 때문에, 이들이 도를 넘는 언행을 하더라도 제지할 용기를 가진 사람이 많지 않기 때문이다. 참다못해 회사에 신고해도, 조사나 조치가 부실하게 이뤄지는 편이라 괴롭힘 문제 해결 자체를 포기하는 경우가 대부분이다.

그럴수록 관리자들의 도를 넘는 언행은 아무런 제한을 받지 않고 더욱 만연해진다. 악순환이 반복되는 것이다. 상황이 이렇다 보니 A물류센터에서는 수면 위로 드러난 괴롭힘 사건도 물론 많지만, 수면 밑에서 노조를 통해 접수되는 괴롭힘 호소가 더 많아서 그야말로 상상 이상으로 많은 직장 내 괴롭힘이 발생하고 있다.

다시 처음으로 돌아가서, 왜 내가 A사의 트레이드 마크가 그려진 상자의 포장을 더 이상 뜯지 않게 됐는지 이해할 수 있을 것이다. 내가 빠른 배송의 편의를 누리는 것이 누군가의 착취에 기여하고, 또 다른 누군가를 지옥 같은 노동환경으로 내모는 일임을 알게 됐기 때문이다. 나와 같은 생각을 하는 사람들은 점점 많아지고 있다. 올여름, 뉴스에는 A물류센터의 노동환경을 고발하는 기사가 많이 나왔다. 노동조합의 투쟁도 이슈였다. 이를 통해 이미 많은 사람들이 A의 노동환경에 관심을 가지기 시작했으니, 개선되는 모습이 보이지 않으면 A물류센터 노동인권에 대한 불신은 더욱 커질 것이다.

내 소비가 누군가를 착취하는 것이라면 차라리 그 소비를 하지 않는 것이 요즘 세대의 방식이다. A가 바뀌지 않는다면, 바뀌는 것은 소비자들의 구매처가 될지도 모르는 일이다. 그러니 A가 택할 수 있는 선택지는 하나뿐이다. 노동조합과 대화에 진지하게 임하는 것, 그에 따라 물류센터 노동환경을 개선해 나가는 것이다. 이 점을 꼭 당부하고 싶다.

산재심사위원회를 다녀와서

권동희 공인노무사 | 법률사무소 일과사람

며칠 전 산업재해보상보험심사위원회를 다녀왔다. 매달 반복되지만 회의를 마치면, 아쉬움과 함께 항상 반복되는 생각이 있다. 며칠 전 회의에서는 (안건으로 상정된) 불승인 사건 28건 중 6건이 취소돼 산재로 승인됐다.

이렇듯 산재로 인정되는 것과 인정되지 않은 것의 차이는 과연 무엇일까. 대부분 사람들은 막상 자신이나 가족 등 문제로 닥치지 않으면 이 중요한 차이를 알지 못한다. 그래서 강의 때 적절하지는 않지만 로또나 연금복권과 비교해서 얘기해 준다. 그보다 많은 금액을 받을 수 있다는 게 요지다.

예를 들어 유족 사건에서 일일 평균임금이 15만 원, 배우자와 25

* 2013. 4. 16. 기고
  이 글은 필자가 '노동법률원 법률사무소 새날'에 있을 때 작성했다.

세 미만의 자녀가 2명 있는 경우 '15만 원×365×0.62÷12'로 해서 약 283만 원의 연금을 매월 수령한다. 배우자의 연령이 40세이고, 기대수명이 85세일 경우 그 금액의 현재가치는 15억 원 정도라고 할 수 있다. 그러니 유족에게는 생사가 달린 일이다.

대리인 선임 문제, 특히 심사청구 사건에 노무사를 선임할지도 문제다. 적어도 반 이상은 필요가 없다. 며칠 전 28건의 사건 중 8건에 대리인 노무사가 선임됐다. 산재심사위원회 사건의 특성상 순수 의학적 판단이 필요한 사안이 많다. 가령 회전근개파열이 MRI상 진단이 되는지 여부 등이다. 8건의 대리인 선임 건 중 특별히 노무사가 선임돼서 달라질 사안이 없었다. 8건 중 취소된 1건도 마찬가지다. 사안의 성격을 잘 보고 대리인 선임을 해야 하는데, 노동자들이 이를 너무 몰라 당한다. 안타까운 일이다.

더 안타까운 사실은 노동자들이 사고성 재해 대응방법을 몰라 불승인을 받는 현실이다. 며칠 전 회의에서도 4~5건의 사안이 그랬다. 즉 무거운 물건을 들다가 또는 부딪치는 등 외부 충격을 받은 재해 사안이다. 노동자들은 대개 당시 1회성 재해로 발생한다고 보고 산재신청을 한다.

그러나 자신의 상병이나 상병코드를 보면 외상성 파열로 발생한 것이 아니라 "퇴행성 코드(주로 M code)"로 진단된다. 질병, 즉 평소 업무부담 작업에 종사하던 중 사고를 당한 사안이다. 이는 기본적으로 질병으로 접근해야 할 사안이다. 그리고 업무상질병판정위원회를 거치는 것이 좋다. 질병판정위를 거치지 않고 단순히 사고와 무관한 퇴행성 질병으로 불승인을 받았다면 다시 최초 산재신청을 해야 한다. 즉 업무부담 작업으로 발생한 근골격계 질병으로 판단받아야 한다.

그리고 사고성 재해의 경우 정확한 재해 경위가 입증되지 않거나 진술 번복시 불승인될 확률이 크다. 이는 공단 처분시 가장 중요하게 보는 관점이다. 언제 어디서 어떻게 다쳤는지를 가급적 일관되게 진술하는 것이 좋다.

이를 위해 재해 이후 7일 이내 병원에 내원해서 사고 경위를 설명하고, 이것이 의무기록지에 기재되도록 요청해야 한다. 내원 당시 엑스레이(X-ray) 등을 촬영하는 것이 좋고, 그렇지 못하다면 증상을 정확히 호소해서 치료를 받는 것이 중요하다. 판정 권한을 가진 심사위원회 의사들은 의무기록지를 신뢰하지만, 주치의의 소견서나 진단서는 필름을 보기 때문에 별로 신뢰하지 않는다.

순수 질병 사건인데도 사고로 신청한 사건도 있다. 며칠 전 회의에서 심의된 '방아쇠수지' 상병이 그랬다. 이는 노동자만의 문제가 아니라 주치의사가 산재에 대한 이해가 없기 때문에 발생하는 것이다. 최근 근골격계 질병 중 일부 직종에 발생한 상병은 산재로 쉽게 인정될 수 있도록 고용노동부 고시(2022-40호)로 도입됐다. 노동자뿐만 아니라 의사들도 알아야 한다.

장해급여 사건은 대부분 각도 측정이 문제 된다. 대부분 노동자가 잘 모르기 때문에 출석하지 않는다. 산재심사위원회에서 측정할 수 없는 경우에는 등급을 취소할 수 없다. 위원회에 출석해서 적극적으로 자신의 증상이나 상태를 말하는 것이 좋다.

산재심사위원회에서는 주로 질병보다 사고성 재해와 각종 급여 사건을 많이 다룬다. 특히 사고성 재해에서 노동자들이 불이익을 당하는 이유는 아파도 빨리 병원에 갈 수 없는 노동환경과 주치의사의 정확한 방향 제시가 부족하기 때문이다. 병원에서 처음 만나는 의사들이 산재에 대해 조금 깊은 이해가 있다면 이토록 당하지는 않을 듯하다.

언제가 될지 모르겠지만 독일처럼 전문의사가 산재신청을 하는 제도를 꿈꿔 본다.

에필로그

산재심사위원회 위원으로 일한 기간(2011년 7월~2016년 12월)은 배움과 고민의 시간이었다. 노동자들이 산재를 몰라서 당하는 것도 문제였지만 근로복지공단의 불합리한 산재기준과 복잡한 행정이 더 큰 문제였다.

노동자들이 산재를 모르는 이유는 그 누구도 산재신청 방법과 기준을 알려주지 않기 때문이다. 회사에서, 학교에서 그리고 공단에서 말이다. 위원으로 활동하면서 복잡한 산재신청과 길고 긴 조사 판정 과정에서 좌절하는 노동자와 불합리한 산재 판정기준으로 인해 고통받는 노동자와 가족이 점점 눈에 보였다. 그래서 지금까지 공단 행정의 문제점과 불합리한 산재 판정기준, 질병판정위원회 등 판정 기구들의 문제와 개선방안을 매달 기고했고, 토론회 등에서 발표해 왔다. 개인적으로 노무사나 변호사가 없어도 노동자가 쉽게 산재신청을 할 수 있고, 신속하고 공정한 판정과 보상, 재활을 받을 수 있는 제도를 꿈꾼다. 산재보험이 노동자를 위해 만들어졌기 때문이다.

사회보험으로서 제대로 된 기능을 하기 위해서는 꾸준한 감시와 제도 개선의 노력이 필요하다. 누군가는 산재 노동자와 그 가족의 입장에서 말하는 것이 필요하다고 생각했고 지금도 마찬가지다.

업무상질병판정위원회 위원들에게

최진수 공인노무사 | 민주노총 서울본부 노동법률지원센터

"얼마 전 일이었어요. 직장에서 성과가 안 나온다면서, 도대체 할 줄 아는 게 뭐냐면서, 이럴 거면 그만두든지 하라면서 동료들 모두가 있는 데서 팀장님에게 심한 구박을 받았어요. 너무 모욕을 당한 것 같아 큰 충격을 받긴 했죠. 같은 날 동료가 술이나 한잔 마시고 풀자고 했는데, 너무 심란해서 거절하고 근무시간 끝나자마자 도망치듯 퇴근해 버렸습니다.

그때부터였던 것 같아요. 내가 좀 이상해졌어요. 팀장님만 보면 가슴이 두근거리기 시작하고, 어쩌다가 날 부르기라도 하면 숨이 가빠 오기도 하고, 손발이 저리기도 하고 그랬어요. 힘들게 하루를 버티다 퇴근하고 나면 내일 다시 출근할 생각에 계속 심장이 두근거리고, 잠들기도 힘들고, 힘들게 잠이 들고 나면 몇 번씩 잠에서 깨곤 했습니다. 어렵게 출

* 2017. 3. 14. 기고

근을 하고 나면 조그만 일에도 자꾸 긴장이 되고, 조금이라도 큰소리가 나면 덜컥 놀라고 두근거리게 됐어요. 직장에서 앞으로 내가 잘해 나갈 수 있을지 자신이 없어져요. 조그만 소란이나 문제에도 혹시 내가 잘못해서 그런 건 아닐까 하고 걱정이 됩니다. 따지고 보면 저 때문에 그런 게 아니란 걸 알면서도 긴장하고 답답해하고 두근거리는 상태가 통제가 안 돼요. 이렇게 직장생활을 계속할 수 있을까 걱정도 되고 '이럴 거면 뭐 하러 사나' 이런 기분도 들어요. 너무 힘들어서 정신과를 찾아가서 진찰을 받았더니 불안장애나 적응장애 같다면서 치료를 위해서는 당분간 직장생활을 중단해야 할 수도 있다고 합니다. 서울에서 혼자 살고 있어 주변에 도움을 청하기도 어려운데, 산재를 신청하면 인정받을 수 있을까요? 아니면 다른 직장을 알아봐야 할까요?"

이분이 산재를 신청하면 어떻게 될까. 당연히 알 수 없다. 이분이 얻은 정신질환이 업무에서 기인한 것으로 볼 수 있는지는 판단이 필요하고, 그 판단은 7명으로 구성된 업무상질병판정위원회에서 하기 때문이다. 적어도 필자가 경험하기로는 판정의 상당수는 위와 같은 사례에 대해 주요 발병원인이 개인의 정서적 취약성에 있다고 보기 때문에 업무와의 인과관계를 인정하는 데 소극적이다. 위 사례와 같은 상황의 스트레스는 여러 사람에게 노출될 수 있고, 여기에 본인의 정서적 취약성(내성적이거나 소심하거나 예민한 성격 등) 탓에 발병했다는 것이다.

그런데 한번 생각해 보자. 업무와 재해 사이의 상당인과관계 유무를 보통의 평균인이 아닌 당해 근로자의 건강과 신체조건을 기준으로 해서 판단해야 한다는 것이 우리 법원의 오래된 태도다. 그렇기 때문에 조개

류 알레르기가 있는 사람이 직장 회식에서 모르고 조개류를 섭취해 입원치료를 요하는 이비인후과 질환이나 피부과 질환을 앓게 됐다면 이것은 분명히 산재에 해당한다. 기침감기를 앓고 있는 상태에서 외근을 자주했다가 폐렴에 걸린 경우도 마찬가지다.

그렇다면 정서적 취약성을 갖고 있는 사람이 보통의 사람이라면 별 문제 없이 이겨 냈을 심리적 스트레스로 인해 정신질환에 걸리게 된 경우와 앞서 두 가지 사례의 차이점은 무엇일까. 필자로서는 잘 모르겠다. 정말 잘 모르겠다. 다만 그 사정을 추측해 제언을 하자면 두 가지 점을 지적하고 싶다.

산재에서 인과관계는 사업주 고의·과실 등 사업주의 잘잘못이 있었는지 여부가 아니라 '아프게 된 원인이 업무와 관련 있는지'만 판단하면 된다는 것이다. 그래서 '사업주가 잘못한 게 있는지' 혹은 '다른 사람들도 사업장에서 흔하게 그런 일을 겪고 있지 않은지'는 인과관계 여부를 밝힐 수 있는 질문이 아니다. 이미 아픈 상태에 있는 사람에게 왜 건강한 사람처럼 반응하지 못하냐고 묻는 것과 똑같기 때문이다.

다른 하나는 이미 취약한 건강조건을 가지고 있는 사람에게 질병이 발생했을 경우 업무와의 인과관계는 바로 그 '취약한 건강조건'에 업무와 관련 있는 요소가 노출됐을 때 발병할 수 있는 것인가라는 질문을 통해 확인해야 한다는 것이다. 다시 말해 발병에 기여한 다른 요인이 발견되지 않는 한 취약한 건강조건 상태에서 특정한 업무 관련 요소에 노출됐을 때 발병 가능성이 인정된다면 업무와 질병 간 인과관계가 인정돼야 한다는 얘기다.

업무상질병판정위원들이 산재 승인 또는 불승인에 관해 버튼을 클릭한 뒤의 풍경은 버튼을 클릭하는 데 들이는 무게보다 상상 그 이상으로 무겁다. 없는 기준을 적용하자는 것이 아니라 제발 이미 있는 기준이라도 잘 익혀서 판단했으면 한다.

에필로그

2014년에 업무상질병판정위원회 위원으로 활동하기 시작했다. 지금도 그렇지만 심의회의에 참석하는 건 매번 두렵다. 내가 포착하지 못한 진실이 있을지도 모른다는 두려움(의심)이 있고, 내 스스로 업무상 재해가 아니라고 판단한 건에 과연 모든 가능성을 검토한 끝에 내린 결론이 맞는 것인지 자신이 없다. 다수결 핑계를 대면서 다른 위원들을 설득하는 데에 역할을 다했는지에 대한 자신도 없다.

이 글은 사실 실제 상담사례는 아니고 정신과 질환 심의에서 위원들과 토론을 했던 것이 기억나서 썼다. 토론을 하던 중 너무 답답해서 "원래 취약성을 가지고 있어서 어느 직장에서나 발병할 가능성이 있는 사람이라면 이 사람이 취업한 것이 잘못이라고 봐야 할까요?" 하고 위원들에게 되물었던 기억이 있다.

다행히 지금은 정신질환을 판단할 때 개인의 취약성 요소에서 상당히 자유로워져 있는 편이다. 그리고 질병판정위원회가 점점 더 정신질환에 대한 가치관 변화를 보여줄 것이라 생각한다.

7. 상담실에서

… #40

전화벨이 울리면

정승균 공인노무사 | 법률사무소 일과사람

　노무사 일을 시작한 이후 내 스트레스 위험 여부를 측정하는 기준은 전화벨이 울릴 때 반응이다. 입사 후 1년이 돼 갈 즈음 여러모로 많이 힘들었다. 여전히 익숙하지 않은 일들, 갑자기 늘어난 업무, 의존도 높은 의뢰인들. 집에서 쉬는 중에 전화기가 울리고 벨소리가 들리면 심장이 내려앉는 기분이었다.
　의존 성향 높은 의뢰인들은 시도 때도 없이 전화를 했다. 미숙함으로 걸려 오는 전화를 받지 않을 수도, 맘 편히 받지도 못하곤 했다. 전화를 받지 않으면 마치 무슨 일이 생길 것만 같았기 때문이었고, 전화를 받아 보면 당장에 어쩔 수 없는 불안을 토로하는 것에 불과했다. 전화기 너머에서 불안이 건너왔고, 어쩌지도 못하는 마음에 전전긍긍했다. 의뢰인

* 2018. 3. 20. 기고
　이 글은 필자가 '노동법률원 법률사무소 새날'에 있을 때 작성했다.

한 명은 끝내 나를 못 미더워했고, 결국 노동위원회 심문회의 직전에 나와 일을 못 하겠다며 해임했다.

정면으로 대항할 용기가 없으니, 회피할 방법을 찾았다. 가장 먼저 생각한 건 아예 전화기를 꺼 둘까 하는 것이었는데, 그랬다가는 세상과 단절될 것 같은 기분에 차마 엄두가 나지 않았다. 그래서 벨소리를 무음으로 바꿔 놓거나, 진동으로 해 놓고 일부러 못 들은 척했다. 그렇게 하다 보니 정작 받아야 할 개인적 연락마저 받지 못하는 경우가 생겼고, 마지막에는 벨소리를 덜 부담스럽게 바꾸는 시도까지 했다, 이런저런 벨소리를 써 본 끝에 결국 안착한 벨소리는 일상적인 소리 중 하나인 '개 짖는 소리'였다. 지금까지도 내 벨소리는 '개 짖는 소리'고, 그나마 하루의 대부분은 진동만 울리게 둔다.

요즘도 스트레스가 많은가 보다. 전화기가 울리면 긴장하는 것을 보니. 특히나 전화기에 기억 저편에 있던 과거 사람들의 이름이 떠오를 때는 더욱. 노무사는 좋은 일로 연락을 받는 경우보다는 안 좋은 일로 연락을 받는 일이 많다. 직장을 잃었거나, 임금을 못 받았거나, 부당한 징계를 받았다거나, 일 때문에 아프다거나 하는 그런 안 좋은 일들로. 노무사가 된 지 얼마 안 됐을 때, 평소 그다지 통화할 일이 없었던 삼촌에게서 밤늦게 전화를 받았다.

술기운과 일자리를 잃은 억울함이 전해져 왔다. 업무 중 작은 실수가 있었고, 실수를 이유로 사장이 더 이상 출근하지 말라 했다는 것이다. 부당한 것이었기에 부당하다 답을 드렸다. 이후로 삼촌은 다른 직장을 구했고, 이에 대해 다시 삼촌과 대화를 나눈 일은 없었다. 그 외에도 친척의 임금체불이라든지, 지인 아버지 산재문제라든지, 옛 직장상사의 휴일처리에 관한 문제라든지, 이런 일로 종종 전화를 받았다.

얼마 전에는 대학 시절 친하게 지냈던 선배에게서 전화를 받았다. 입시학원 강사를 하는 선배는 내 결혼 소식을 묻고, 본인의 육아 이야기를 하는 등 어떻게 지내는지를 묻다가 아니나 다를까 아르바이트를 하다 임금체불을 당했다는 제자 이야기를 꺼냈다. 그 제자에게서 전화를 받았다.

첫 사회생활로 시작한 아르바이트 업체에서 임금을 체불당한 그는 고용노동부에 진정을 제기해 놓은 상태였다. 그는 나에게 노동법 위반 사항을 물었다. 나는 질문에 답변을 해 주고, 노동부에서 대응하는 방법을 조언해 줬다. 몇 번 더 전화가 온 뒤, 감사하다는 말을 전하고 선배에게도 연락하겠다는 말을 끝으로 더 이상 전화는 오지 않았다.

물론 이런 전화가 싫다는 뜻은 아니다. 내가 도와줄 수 있다는 건 좋으니까. 그래도 전화가 울리면 의외의 연락이라 생각되는 사람에게는 반가움과 함께 마음 한편 두려움이 밀려온다. '뭔가 좋지 않은 일이 생겼나' 하는. 아직 누군가의 불행과 마주한다는 게 익숙해지지 않았나 보다.

얼마 전 옆자리 노무사 소개로 가족이 퇴직금을 체불당했다는 분과 통화를 했다. 퇴직금 미지급에 더해 연장·휴일근로수당 미지급, 최저임금 위반 등 문제가 얽혀 있었다. 체불임금을 산정하는 계산법과 노동부 출석조사 대응법을 알려 줬다. 몇 번의 통화를 더 했고, 노동부에 출석해 대면조사를 한다는 이야기를 들었다.

며칠 전 전화를 받았다. 밝은 목소리로 합의가 잘됐다고 했다. 대면조사 과정에서 본인이 겪은 무용담을 이야기해 줬다. 그리고 고맙다고 했다. 그 밝은 목소리로 전해 주는 좋은 소식에 나도 덩달아 기분이 좋아졌다. 그래, 뭐 이렇게 즐거운 소식을 듣는 날도 있으니까.

에필로그

노노모 에세이를 쓰면서 많은 사람들의 공감을 받지 못하더라도, 최소한 '나'에게 솔직한 글을 쓰고 싶었다. 그런 생각으로 가능한 솔직함을 담아 쓴 글이었고, 주변 노무사들의 반응이 좋았던 기억이 있다.

여전히 모르는 번호로 걸려 오는 전화가 심장을 뛰게 만드는 걸 보면, 아직도 타인의 불행을 마주하는 것에 익숙해지지 않았나 보다.

#41

네 이웃의 것을 탐내지 말라

조은혜 공인노무사 | 전국공공운수노조 전국민주우체국본부

"아니, 그때는 군말 없이 해 놓고 왜 이제 와서 신고를 하고 그래요? 사람 기분 나쁘게." 최근 임금체불 사건 대리를 맡아 사용자와 통화를 했을 때 들었던 말이다. 이 말에는 두 가지 문제가 있었다.

첫 번째로 노동자는 이미 사용자에게 두 차례에 걸쳐 연장근로에 대한 체불임금 지급을 요청했고 이를 무시한 건 사용자였다. 두 번째로 임금은 노동자가 말을 하지 않아도 제공한 노동에 대해 사용자가 알아서 지급해야 하는 것이다. 사실 이런 식의 사용자 항변은 자주 듣는 편이다. 법을 위반한 건 자신이지만 그렇다고 신고까지 하냐며, 노동자를 '정 없는' 사람으로 매도한다. 신고할 때까지 임금을 지급하지 않은 본인의 잘못은 쏙 빼놓고.

* 2019. 9. 24. 기고
  이 글은 필자가 '돌꽃노동법률사무소'에 있을 때 작성했다.

'정 없는' 노동자가 되는 방법은 여러 가지가 있다. 매주 월요일마다 업무시간보다 30분 일찍 회의를 하는 회사에서 당당하게 30분에 대한 연장근로수당을 청구한다거나, 매일 오후 6시 정각에 부장님보다 빨리 칼퇴근을 한다거나, 한 달에 한 번씩 꼭 연차휴가를 사용하는 것이다. 한마디로 본인 권리를 잘 챙기는 노동자는 사용자에게, 가끔은 동료 노동자에게 사회생활 못한다고 핀잔먹기 십상이다.

자본주의 사회는 저비용 고수익을 추구하는 것을 당연시한다. 이 전제를 가지고 보면 사업주들에게 노동자들은 자칫 비용 절감 대상으로 비친다. 노동자들이 제공한 노동력에 대한 대가(임금)는 최대한 낮추되, 이윤창출을 위해 노동자들이 '알아서' 헌신하길 바란다.

노동자를 이윤창출 수단으로 바라보기 때문이다. 사용자 시선에서 수단으로서의 노동자와 그에 수반하는 비용은 사용자 통제하에 놓여야 한다. 통제범위를 넘어서는 것은 사용자에게 예측 불가능한 비용을 초래하기 때문에 경계 대상이 된다.

사용자가 지급하기로 정한 임금 외에 추가로 발생한 임금을 청구한다거나, 연장근로를 거부함으로써 업무수행을 하지 않고 추가채용을 고려하게 하는 등의 행위는 법적으로는 노동자 권리가 맞으나, 사용자에겐 불쾌한 비용지출에 불과하다.

우리나라에서 최저임금이 최고임금화되고, 임금체불 금액이 매년 최고 금액을 갱신하는 이유가 여기에 있다. 표면상 위법하지 않으면서 비용을 최소화하기 위해 최저임금액을 급여로 책정하고, 이윤창출을 위해 장시간 근로를 시키면서 그 가산수당은 지급하지 않는다.

물론 최저임금마저 지키지 않는 사업장이 수두룩하다. 고용노동부에 의하면 2019년 7월 기준 임금체불액은 1조112억 원을 넘어섰다. 2019년 연말 예상 임금체불액은 1조7천300억 원으로, 2018년 임금체불액인 1조6천472억 원을 뛰어넘을 것으로 전망된다. 분명 정상적인 상황은 아니다.

무엇이 잘못된 것일까? 예전에 한 사업주가 전화상담을 한 적이 있었는데 질문이 "어떻게 하면 연장근로수당을 안 줄 수 있는가?"였다. 그런 방법은 없다고 답을 하니 뒤이어 한 질문이 가관이었다. "직원이 신고를 안 하면 되는 거 아닌가요?" 법적으로 줘야 하는 걸 알지만 우선 지급하지 않고 나중에 노동자가 신고하면 주겠다는 것이다.

돈은 안 주고 싶은데 연장근로는 시키고 싶은 상황에서, 노동자가 신고를 안 하면 돈이 굳으니 비용 절감이라고 생각하는 그 사고가 임금체불액 1조 원을 넘게 했다. 신고해서 밝혀진 것이 1조112억 원이지, 숨겨진 것까지 더하면 상상을 초월할 것이다.

분명히 해야 한다. 법으로 정해진 임금은 사용자가 절약해 본인 이익으로 만들 수 있는 비용 절감 대상이 아니다. 노동자가 굳이 신고하지 않아도 지급하는 것이 마땅하며, 이를 지급하지 않는 것은 현명한 사업 전략이 아닌, 남의 것을 빼앗는 도둑질에 불과하다.

편의점에서 빵을 훔친 사람은 이를 신고한 주인에게 "말로 하면 되지, 왜 신고를 하고 그래요? 기분 나쁘게"라며 당당하게 굴 수 없을 것이다. 본인의 행위가 명백한 범죄라는 것을 인지하고 있기 때문이다. 임금체불에 대한 사용자들의 인식도 이렇게 바뀌어야 한다. 임금체불 사업주들이여, 제발 네 이웃의 것을 탐내지 말지어다.

에필로그

글을 썼던 당시 2019년은 임금체불액이 정점을 찍었던 시기로 그해 연말 임금체불액은 예상치와 비슷하게 1조7천217억 원을 달성한 뒤 조금씩 떨어졌다. 떨어졌다 한들 2021년엔 1조 3천50억 원이었고, 2022년 올해도 1조 원을 넘을 거라고 예상하고 있다. 만 3년이 넘어가는 시점에서도 임금체불의 문제가 여전히 진행 중이라는 건 참 안타깝기 그지없다.

필자는 현재 노동조합에서 근무하고 있고, 공공부문 자회사 비정규 노동자들을 담당하고 있다. 공공부문에서도 자회사 노동자들은 최저임금 수준에서 벗어날 수가 없다. 공공부문도 이런데 민간기업 하청노동자들은 오죽할까. 이 또한 표면상 임금체불은 아니지만 실제 최저임금 이상으로 인상하지 않으려는 것도 눈 가리고 아웅일 뿐 동일한 문제라 생각한다. 노동자가 사람답게 살 수 있는 그날까지 투쟁할 뿐이다.

#42

정당한 권리 찾기와 사업주의 보복 신고

조영훈 공인노무사 | 노무법인 오늘

지난해 말 편의점 알바생이 최저임금을 달라고 요구하다 비닐봉투 두 장을 절도했다는 엉뚱한 혐의로 경찰에 신고당한 일이 있었다. 비닐봉투 두 장 값은 40원이다. 알바생 비닐봉투 절도(?) 사건은 '혐의 없음'으로 내사종결됐다. 알바생의 최저임금 미달분에 대해 정식으로 노동청에서 사건이 진행 중인지 알 수 없지만, 최저임금과 주휴수당 미지급이 확인됐으므로 알바생의 사용자에 대한 처벌의사가 없지 않다면 업주는 처벌을 면하기 어려울 것으로 보인다.

해당 사건은 언론을 통해 알려지며 여론의 공분을 자아냈다. "어른들이 해도 해도 너무 한다", "세상 그렇게 살지 마라", "강력한 처벌과 세무조사가 뒤따르기를" 등 해당 편의점주를 비난하는 댓글이 차고 넘쳤다.

* 2018. 1. 9. 기고
　이 글은 필자가 '노무법인 시선'에 있을 때 작성했다.

하지만 이처럼 신문에 날 만한 기막힌 일들이 현장에서는 지금 이 순간에도 수시로 일어나고 있다. 필자가 현재 수행 중인 사건들도 예외는 아니다.

경기도 한 독서실에서 총무로 일하던 A씨는 시급 2천 원 정도를 받고 일하다 최저임금 지급을 요구했지만 받아들여지지 않아 노동청에 진정을 넣었다. 노동자성을 증명하기 위해 해당 사업장에 재직 중인 동료의 도움을 받아 A씨가 일하는 모습이 담긴 CCTV 자료를 첨부했다.

이를 알게 된 독서실 사장은 A씨의 동료 총무 4명을 전원 해고해 버렸다. 누가 CCTV 제공자인지 알 수 없지만 전부 다 A씨의 조력자라며 해고한 것이다. A씨는 현재 자신의 임금체불 진정 건으로 동료 4명이 모두 일자리를 잃었다며 정신적으로 큰 충격에 빠져 있다.

서울의 한 학원에서 수학을 가르치던 강사 B씨는 해당 학원에서만 주 3회 학생들을 가르쳤다. 학원에서 근무일 외에 보충수업 등을 강요받는 것이 싫어 수업이 없는 요일에는 다른 학원에 나간다고 둘러댔다.

4년여를 일하고 퇴직했는데 퇴직금을 주지 않았다. 퇴직금 체불 진정을 노동청에 접수했다. 대질조사에서 학원 측은 집요하게 전속성을 문제 삼으며 B씨를 노동자가 아닌 프리랜서로 몰았다. 학원연합회를 통해 B씨의 다른 학원 근무이력을 밝히겠다고 윽박질렀다. 하지만 이에 실패하자 학원은 B씨가 경력 사칭으로 많은 월급을 받아 갔다며 부당이득 반환청구 소송을 제기했다. B씨는 심각한 정신적 충격을 호소하며 정신과 치료를 받고 있다.

사용자들의 노동자 괴롭히기가 도를 넘고 있다. 일 시킬 땐 최저임금도 주지 않고 노예처럼 부리려 들다가, 퇴직할 땐 퇴직금도 주기 아까워 근로기준법상 노동자가 아니라고 한다. 퇴직자가 정당한 권리 행사를 요구하면 집 주소부터 묻는다. 노동자를 겁주고 협박할 용도로 내용증명 따위를 보내기 위함이다. 4대 보험을 가입해 주지 않던 노동자에게 4대 보험 사후가입에 따른 노동자납부분 청구소송을 하겠단 식이다.

예전에는 부끄러워서라도 엄두를 못 냈을 노골적인 노동자 괴롭히기가 매뉴얼이라도 있는 것처럼 최근 사용자들 사이에 번지고 있다. 문제는 이런 식의 괴롭힘을 법으로 엄격히 규제하기 어렵다는 데 있다. 심지어 대질조사 단계에서 근로감독관이 사업주의 노동자 인권유린과 협박을 묵인하는 경우도 있다. 2차 피해는 고스란히 노동자에게 돌아간다.

올해 최저임금 인상과 함께 휴게시간 늘리기 꼼수, 최저임금 미지급, 대량해고, 그리고 자발적 사직을 유도하기 위한 괴롭힘과 언어폭력 등의 사건이 크게 늘 것으로 전망된다. 그 과정에서 노동자들은 자신의 정당한 권리를 더 자주 침해당할 것이고 더 많이 상처받을 것이다.

최저임금을 올린 정부는 더 이상 방관만 하고 있어서는 안 된다. 최저임금 올려놓았으니 '나머지는 노사 간에 너희끼리 알아서 잘하고 법 위반만 신고해'라는 식의 안일한 태도는 근로기준법의 제정 이념에도 맞지 않다. 깡이 특출나게 세거나 '미움받을 용기' 같은 게 있지 않아도 노동을 제공했으면 그 반대급부로 법으로 정한 최저한도인 최저임금과 퇴직금 정도는 당연하게 받을 수 있는 사회여야 한다.

편의점 비닐봉투 절도범으로 몰린 알바생은 아침에 잠을 자고 있다가 집 근처에 출동한 경찰에게 연락을 받고 임의동행 형식으로 지구대에 불려가 조사를 받았다고 한다. 생전 경찰서는 물론이고 경찰차에도 처음 타 본 알바생은 조사를 받으러 가는 내내 울었다고 한다. 노동자들이 최저임금·주휴수당·퇴직금 등을 못 받은 것도 억울한데, 사용자에게 보복성 고발에 민·형사소송까지 당하게 정부가 내버려 둬서는 안 된다.

에필로그

위에 언급한 독서실 총무 A씨 사건은 노동청 담당 근로감독관이 노동자성을 쉽게 인정하지 못하다가 검사 수사지휘를 받게 됐고, 그 결과 노동자성이 인정돼 A씨 측이 요구한 최저임금 미달분이 모두 인정됐다. 이에 노동청에서 시정을 지시했고 사업주가 최저임금 미달분을 지급해 사건이 종결됐다.

학원강사 B씨 사건은 노동청 담당 근로감독관이 노동자성을 어렵게 인정하고 시정지시를 했으나, 학원장이 퇴직금 지급을 거부해 검찰송치 후 검사가 기소해 형사재판이 열렸다. 법원은 B씨 측 주장을 대부분 받아들여 노동자성을 인정하고 학원장에 대해 근로자퇴직급여 보장법(퇴직급여법) 위반으로 벌금 200만 원을 선고했다. 처음 진정을 제기한 지 약 2년 만의 판결이었다.

법정에는 필자도 증인으로 참석해 증인신문에 응했는데, 법원에 가 본 것은 이때가 처음이었다. 이후 학원강사 B씨가 직접 제기한 민사소송에서도 원고 승소 판결이 나왔고, 학원장이 상소를 포기하고 미지급 퇴직금과 지연이자를 모두 지급해 사건이 종결됐다.

# 43

노동자가 '독하게 버텨야' 기본권 찾는 세상

김재광 공인노무사 | 노무법인 필

　노무사로 일한 지 꽤 됐건만 요즘 들어 상담하는 일이 더 곤혹스럽다. 이유인 즉 노무사로 일한 십수 년 전보다 상담 내용이 더 어처구니가 없어졌기 때문이다. 이런 상담을 하다 보면 경제규모가 세계 10위를 넘나들고, 1인당 국민소득이 3만 달러를 오르내린다는 뉴스는 남의 나라 이야기로밖에 안 들리고, 오히려 신물이 오른다.

　규모가 꽤 큰 찜질방에서 일한다는 고령의 여성노동자가 아주 난처한 눈빛으로 나를 쳐다본다. 그는 근로계약서도 취업규칙도 구경해 본 적이 없다. 새로 온 관리자는 정년이 도입됐으니 나가라고 한다. 사장은 한 달에 한 번 보기도 어려워 사실상 새로 온 관리자가 전권을 쥐고 있다. 정년에 관한 문서는 구경도 하지 못했다. 정년이니 나가라는데 희한

* 2015. 1. 6. 기고

하게도 사직서를 쓰라고 한단다.

"그냥 다닐 때까지 다니세요. 근로계약서도 없고, 취업규칙도 없으니 오히려 그렇게 불리하지만은 않습니다. 전에는 쭉 그런 것과 상관없이 다녔다면서요. 그리고 정년인데 사직서를 굳이 쓰라는 것도 이상하잖아요."

그렇게 조언을 했고, 그는 계속 일을 하고 있다. 다만 관리자에게 숱한 모욕과 수치를 당하고, 동료들의 '왕따'를 감내하면서 말이다. 몇 달 뒤 공교롭게도 그 찜질방의 또 다른 여성노동자 둘이 방문했고, 똑같은 상담을 했다. 나는 똑같은 조언을 했고, 그들은 "그 언니는 독해서 다니지만 우리는 그렇게 못한다"고 하고선 급히 상담실을 나섰다. '아! 법이고 뭐고 독해야 하는구나.' 놀라울 것 없는 지루한 각성에 '독하다'는 말이 한동안 상담실을 맴돈다.

또 한 무리의 노동자들을 상담한다. 이들은 50여 명이 근무하는 조립 하청 공장에서 일한다. 이 정도면 그리 작은 편은 아니다. 사장은 지금까지 일한 퇴직금을 80~90%만 주겠다고 한다. 앞으로 자신과 계속 일하려면 그렇게 하란다. 심지어 불만 있으면 고용노동부에 신고하라는 말까지 한다. 이런 식의 중간정산은 부당한 것이고, 나아가 고용을 미끼로 퇴직금을 삭감하는 것 역시 위법이라고 조언했다.

그러나 그들이 바라는 상담의 주요 내용은 그 부당성이 아니라, 지금까지의 정확한 퇴직금 규모다. 사장의 계산법을 믿을 수 없기 때문이란다. 그래도 이미 10~20%는 깎아서 받을 요량이다. 그러면서 어디서 들었는지 회사가 나중에 위장폐업하면 이것마저도 못 받는다는 불안과 관계기관에 진정해도 소용없다는 불신, 법적 다툼이 일면 일자리마저 보존하지 못한다는 확신을 전하고는 자리를 비웠다. 마치 짠 듯이 "독하지 않고는 그렇게 못한다"는 말을 남기고. '독하다'가 다시금 상담실을 비실비실 맴돈다.

놀랍지 않게도(?) 적지 않은 노동자가 이런 경험을 한다. 사용자 부당 행위의 답은 노동자가 독하게 버틸 것인가 아닌가의 문제가 돼 버린다. 작게는 법률 분쟁부터 시작해서 급기야는 굶고, 굴뚝에 올라가고, 바닥을 기고, 독하게 결심한 그 무엇을 해야 한다.

그들에게 법이든 상식이든 정의든 뭐든 간에 그런 것에 기대어 승리한 경험이 너무도 가물가물하다. 힘을 동반한 탈법과 비상식, 그리고 부정함이 온통 승리하고 방조되기 때문이다. "모난 돌이 정 맞는다.", "나서지 말고, 앞도 아니고 뒤도 아닌 딱 중간에 있어라"는 누군가의 걱정된 말씀이 영 근거가 없는 것이 아니다. 아니 오히려 삶의 지혜로 받아들여지기도 한다.

이런 상담 얘기를 들려주면 사람들은 흔히들 "지금이 어떤 세상인데"라고 흥분한다. 지금은 이런 '거지 같은 일'이 일어나는 세상이 아니라는 셈인데, 유감스럽게도 지금이 바로 이런 세상이다. 지금이 이런 세상이라는 것을 일부러 외면하니까 자꾸만 엉뚱한 해법만 내놓는 것이다.

현행 노동관계법의 한계도 있겠지만, 꼭 법을 바꾸지 않아도 대다수 노동자가 바라는 바를 이룰 수 있는 간단하고 확실한 답이 있다. 우선 노동부를 위시한 정부가 노동자를 무시하고, 농락하는 사용자에게 단호한 태도를 취하는 것이다. 그래서 노동자들이 노동관서를 믿음을 가지고, 쉽게 찾아갈 수 있는 사회 분위기가 조성된다면 노동자의 권리는 상당 부분 진전될 것이다. 적어도 어처구니없는 상담과 독함은 더 이상 필요 없을 것이다. 언제까지 기본적인 권리를 찾는 노동자를 '독할지, 말지'의 기로에 서게 할 것인가.

에필로그

글을 쓰고 8년 정도가 지났다. 다행히도 여전히 노무사로 밥벌이를 하고 있다. 그사이 글의 주 소재가 됐던 관련법이 변경됐다. 예컨대 사용자의 근로계약서·월급명세서 교부 의무가 생겼고, 직장 내 괴롭힘은 금지됐다.

체당금은 대지급금이라는 명칭으로 변하고, 지급 요건이나 방식도 더 간편화됐다. 좋은 일이다. 그렇다면 이제 노동자들은 '독할지, 말지'의 기로에서 벗어난 것일까? 정권이 두 번 바뀌었고, '노동존중'이라는 구호가 쓱 지나갔음에도 여전히 확신하기 어렵다.

노동행정이 아직은 노동자들에게 큰 신뢰를 얻지 못하는 듯하다. 여전히 '기업하기 좋은 나라(도시)'는 익숙해도, '노동하기 좋은 나라(도시)'는 어색한 사회적 연유일 것이다. 매우 아쉽다.

#44

밥벌이에 관하여

김세정 공인노무사 | 민주노총 법률원

　요즘 읽는 책은 암 투병 끝에 엄마를 잃은 저자가 엄마와의 추억·이별·애도를 통해 엄마를 이해하고 자기 자신으로 성장하는 과정에 관한 기록이다. 저자는 한국인 어머니와 미국인 아버지 사이에서 태어났는데, 책 초반에 엄마가 해 줬던 한국 음식을 떠올리며 요리를 하기 위해 H마트에서 장을 보는 장면이 등장한다. 저자는 "음식은 엄마가 사랑을 표현하는 방법이었다"며 자신도 한국인인 엄마처럼 "훌륭한 음식 앞에서 경건해지고, 먹는 행위에서 정서적 의미를 찾는 사람"이라고 썼다.

　그러고 보면 우리는 밥을 몹시 중요시하며 밥과 관련한 표현에 둘러싸여 살아가고 있다. 직업은 밥벌이, 직장은 밥줄이라고 부른다. 오랜만에 만난 사람에게는 언제 밥이나 한 끼 하자, 고마울 때는 밥 한번 살게, 죄지은 사람에게는 너 콩밥 먹을 줄 알아, 무엇인가 해내야 할 때는 밥값은 해야지 하고 말한다. 먹고 죽은 귀신이 때깔도 곱다던가, 금강산도

* 2022. 8. 30. 기고

식후경이라는 속담도 있다. 과연 '먹고사는 문제'가 세상만사에서 얼마나 중요한지 실감할 수 있다.

나의 밥벌이는 먹고 사는 것에 직결되는 문제를 다루는 일이다. 모든 밥벌이가 그러하듯 나의 밥벌이도 만만치 않다. 회사에서 잘리거나, 임금이 체불되거나, 아프거나 다쳤을 때 찾는 사람인지라 마냥 유쾌하게 일하기는 어렵다. 특히 노동자와 노동조합 편에서 일하다 보니, 같은 사안이더라도 상대적으로 입증 책임은 크고 힘은 작은 상황을 타개하기는 참 쉽지 않다. 억울함·분노·답답함 같은 것들과 온종일 씨름하다 보면 나의 밥벌이에 가장 필요한 덕목은 어쩌면 수신(修身)의 자세와 인내심이 아닐까 생각하기도 한다.

한번은 상담 전화를 하는데, 가만 들어 보니 노동법 사안이 아니어서 상대방에게 상담이 어렵다는 말과 함께 도움을 받을 수 있는 기관, 필요한 자료 등을 설명했다. 그러자 상대방은 "노동자를 위한다는 곳이 이래도 되는 것이냐. 내가 거기 위원장과 아는 사이다(이 말을 왜 한 것인지는 아직도 의문이다). 민주노총이 상담을 거부했다고 언론 기사가 나가도 되겠느냐"고 큰소리로 화를 냈다. 급기야 상담자로서의 태도가 불량하다며 지적하기도 했다.

나는 이유를 말씀드렸는데 전달이 잘 안 된 것 같으니 통화 녹음을 켜고 다시 같은 내용을 말씀드리겠다고, 상담을 거부한 것이 아니라는 증거를 남기겠다고 침착하게 말했다. 통화 녹음, 증거 같은 말에 당황했는지 상대방은 돌변해 나긋한 말투로 통화를 이어 가다 끊었다.

수화기를 내려놓고도 치밀어 오르는 화 때문에 가슴이 두근거렸다.

이내 고객의 폭언 등에 상시 노출돼 일하고 있는 전국의 고객 응대 노동자들을 떠올리며 존경과 응원의 마음을 되새기는 것으로 평정을 되찾았다. 나도 사람인지라 다짜고짜 아가씨라고 불리고, 필요 이상의 친절을 요구받고, 근거 없는 불신을 당하면 기분이 상한다.

그러다가도 삶을 유지하는 필수 요소인 밥벌이가 가지는 위상과 그 밥벌이를 다루는 것이 나의 밥벌이라고 생각하면, 중요한 것은 모두 잘 먹고 잘 사는 것이지 순간의 부정적인 감정에 휘둘릴 것이 아니라고 스스로를 다독이게 된다.

이러니저러니 해도 나의 밥벌이가 가진 가장 큰 매력은 타인의 삶에 가장 가까이 다가갈 수 있다는 점이다. 사건을 수행하다 보면 당사자가 겪은 문제는 물론 사건의 배경을 구성하는 일상, 사정, 그때 느낀 감정을 마주한다. 때로는 지난 삶에 관한 이야기를 듣기도 하고, 가족이나 친한 친구에게도 못하는 이야기를 공유하기도 한다. 특정 직종에 대한 얕지만 잡다한 지식도 얻을 수 있다. 한 사람의 인생에서 밥벌이라는 중요한 장에 수록될 일화를 생생하게 경험하는 것이다. 그럴 때면 먹고사는 문제를 다루는 나의 밥벌이가 가지는 의미가 새삼 경건하게 느껴지다가도 그 무게에 따르는 책임감에 겸손해진다.

무엇보다도 소중한 경험은 꾸미지 않은 감정을 공유할 때다. 노동위원회에 한 번도 가 본 적이 없어 궁금하다며 발언은 하지 않아도 좋으니 참고인으로 심문회의에 참석하고 싶다는 분들이 있었다. 노동위원회 현판 앞에서 사진을 찍고, 심판정에 앉아 두리번거리며 속삭이는 목소리로 동영상은 못 찍는 거냐고 묻는 통에 몇 번이나 웃음이 터졌다.

그날 의장이 참고인들에게도 최종 진술 기회를 줘 마이크를 잡고도 떨려서 결국 아무 말도 못 한 일, 심문회의가 끝나고 노동위원회 근처에서 곱창전골에 소주를 마시다 인정 문자를 받고 식당이 떠나가라 소리를 지른 일은 주변에 자주 소개하는 즐거운 일화다. 체불임금의 일부를 받기로 합의하고 나오는 길에 '우리' 노무사님이 고생 많았다는 말을 듣는 것, 먼저 간 아들의 추억을 되새기는 유족의 사랑이 가득한 눈을 들여다보는 것, 감사하다는 짧은 메시지를 받는 것. 이 일이 아니라면 어떻게 이런 경험을 할 수 있었을까.

입사 면접 막바지에 노무사가 잘 맞느냐는 질문을 받았다. 벌써 2년 전 일이기도 하고 당시에 잔뜩 긴장해서 정확히 뭐라고 답했는지 가물가물하다. 잘 맞는지를 판단하기에는 아직 이르지만, 이 일이 나에게 성취감과 즐거움을 준다고 말했던 것 같다. 잘하고 있는지 이게 맞는 건지 고민될 때도 많지만, 여전히 그렇다. 자주 고단하고 종종 보람찬 나의 밥벌이. 밥벌이하는 사람들과 함께 걷는 것이 내가 가는 길이다.

아침저녁으로 선선한 바람이 분다. 세상 모든 일 하는 사람에게 안부를 전한다. 밥벌이하느라 고생 많으시다고. 밥 거르지 말고 잘 챙기시라고.

2부

20장면으로 말하는 노노모 스무 살

장면 1 2002년

● REC

2002년 노동인권 실현을 위한 노무사모임. 그 역사의 시작

노노모는 2002년 7월, 27명의 노무사들이 모여 만들었다. 20년 전 당시 상황을 글로 되돌아본다.

고경섭 공인노무사 | 노무법인 참터

    1997년 말 외환위기가 닥쳤다. 기업들은 노동자를 정리해고했고, 긴박한 경영상의 이유는 당연한 것으로 치부됐다. 실업률은 7~8%대로 빠르게 증가했다. 2000년 들어 경제가 점차 회복되면서 기업은 고용을 늘렸으나, 고용형태는 과거와 달랐다. 기업들은 낮은 임금, 해고가 용이한 노동력인 비정규직으로 고용공백을 채워 나갔다. 비정규직 유형도 다양해졌다. 파견노동자 등 새로운 고용형태가 법률에 규정되고 간접고용 노동자라는 개념도 등장했다. 또한 한국통신계약직노동조합·호텔롯데노동조합·발전노동조합 등 전국을 뒤흔든 파업과 투쟁소식은 우리 노무사들에게 민주노조운동에 대한 체계적이고 조직적인 법률지원과 연대활동 필요성을 제기했다.

    2002년 7월 1일 민주노총 서울본부 법률지원센터는 민주노총·노동사회단체에 소속된 노무사와 노조에 법률지원을 해 왔던 노무법인·개인노무사 사무소를 대상으로 '(가칭) 민주노총지원노무사 모임 발기인총회'를 문서로 제안했다. 노동자 권익향상과 민주노조운동을 지원해 왔던 노무사들이 모여 사건 세미나를 열거나 성명서, 노동행정 감시사업 같은 공동사업을 펼칠 수 있는 네트워크를 구축하자는 취지였다. 2002년 7월 10일 저녁. 10여 명의 노무사들이 서울 장충동에 있는 민주노총 서울본부 3층 회의실에서 발기인총회를 가졌다. '발기인총회'에서는 모임 위상, 자격기준, 사업 및 활동내용을 논의하고 대표단을 선출했다.

모임 명칭은 투표를 거쳐 '노동인권 실현을 위한 노무사모임'(노노모)으로 결정됐다. 회원 수는 2002년 9월 5일 당시 27명이었다. 그 후 노노모는 2002년 9월 13일 제1차 정기모임을 시작으로 홀수 달 둘째 주 금요일 6시에 회원이 참여하는 정기모임을 했다. 정기모임은 '계약직 구제신청의 구제실익' 등 노동법률 쟁점을 주제로 한 세미나를 중심으로 진행됐다. 2003년 1월 17일 임시총회에서 회칙을 제정했다. 임시총회에서는 회원 자격기준에 대한 일부 논쟁이 있었고, "사용자 사건을 수임하지 않는 자"로 결정됐다. 2003년 7월 11일 정기총회에서는 제2대 집행부가 선출됐다.

노노모는 설립 초기 2개월에 1회 전체 회원이 참여하는 '정기모임' 중심으로 운영됐다. '정기모임'은 전체 회원이 모여 특정 주제를 공부하고 토론하는 형식이었다. 이러한 '정기모임'은 전체 회원이 참여하는 형식이라서 회원 간 노동법률 현안에 대한 입장을 공유하거나 모임 초기 회원 간 친목도모에는 긍정적이었으나 노동 현안에 신속하게 대응하거나 노노모 사업 결정·집행 등 설립목적을 달성하는 데에는 뚜렷한 한계가 있었다. 노노모 집행부는 2003년 12월 29일 조직강화특위를 제안하게 된다. 조직강화특위는 노노모 2대 집행부 4명, 특위 참여 희망 회원 4명

등 총 8명으로 구성돼 2004년 1월부터 같은 해 5월까지 총 7차례의 회의를 통해 우리 조직의 주요 운영방법을 결정했다. 우선 조직강화특위는 '2004년 연두 초청 강연회'(2004. 2. 21.)를 개최해 회원 내부의 세미나를 넘어 첫 회원 행사를 열었고, 당시 4·15 총선을 앞두고 '민주노동당 지지 공인노무사 선언'(2004. 4. 12.) 등 대외사업을 했다.

조직강화특위는 위 사업들을 토대로 향후 우리 모임의 주요 조직운영 방향을 결정했는데, 조직강화특위의 주요 결정내용은 △전체모임 분기별 1회로 축소(횟수를 줄이는 대신 의미 있는 행사 구성) △분과신설(노노모 일상활동 강화) △임원회의를 집행위원회 체계로 확대 △회비 인상 △회원 가입절차 변경(총회 승인에서 회원 3인의 추천과 집행위 승인) △회원 자격 일부 완화(회칙상 '사용자 사건을 수임하지 않는 자'에 대한 해석을 소속 법인 또는 단체가 사용자 사건을 수임하지 않는 경우에서 회원 개인이 사용자 사건을 수임하지 않는 경우로 완화) 등 조직운영과 관련된 6가지 사항이다. 그 취지나 내용은 현재까지 우리 모임에 이어지고 있다. 조직강화특위의 6가지 결정사항은 2004년 7월 24일 정기총회에서 회칙 개정으로 승인됐다.

노노모 설립, 돌아보면 아득한 20년 전이지만 '노동인권' 개선을 지향하는 노무사단체의 첫걸음이라는 설렘, 노동전문가로서 당당히 노동 현실에 목소리를 내야 한다는 사명감, 눈 위에 첫 발자국을 찍듯 우리 모임의 첫 발자국이 후배 노무사에게는 나침반이 될 수 있다는 책임감 등 여러 감정이 교차했던 기억이 난다. 조직운영은 시대에 따라, 상황에 따라 변화될 수 있다. 20년 후 우리 모임이 어떻게 변화될지는 알 수 없으나 20년 후에도 노노모를 설립한 뜻, 노동전문가로서 노동인권 개선에 일조하겠다는 뜻은 변하지 않으리라 믿는다.

장면 2 2002년

● REC

노동자의 벗

노노모가 생긴 그해부터 지금까지 수습노무사들에 대한 실무교육 및 노동자·노동조합 중심 노동관 교육, 각종 현장 결합 등의 프로그램으로 구성된 '노동자의 벗'이 해마다 시행되고 있다. 처음 '노동자의 벗'이 시작됐던 시기의 상황을 살펴보자.

박성우 공인노무사 | 노무법인 노동과인권, 민주노총 서울본부 법률지원센터

    2022년은 노노모 설립 20주년이자 노동자의 벗(노벗) 20주년이기도 하다. 노벗이 먼저 생겼고 또 노노모와는 별개의 독립적인 활동이라, '노노모 20장면' 중 한 장면으로서 노벗은 어떻게 얘기돼야 하나 고민도 된다. 생각해 보니 노노모와 노벗은 어떤 관계냐는 질문을 참 많이 받았다. 형식적으로만 답하자면, 노벗을 공동주최하는 단체가 노노모라고 할 수도 있겠다. 그러나 그보다 훨씬 더 깊고 밀도 높은 서사가 지난 20년의 역사로 자리하고 있다.

    2001년 노무사시험에 합격하고 곧바로 민주노총 서울본부 노동법률지원센터에서 수습노무사로 일을 시작했다. 노조 내 기구이므로 집단적 노사관계 업무도 많은데 폭주하는 상담은 대부분 미조직 노동자의 정말 다양한 사연들이었다. 또 특성상 노동위원회 사업이나 노동행정 감시사업 등 여러 영역을 경험하게 됐고, 그 시기 민주노총 서울본부는 막 확산하기 시작한 비정규직에 대한 노조 조직화의 첨병 같은 역할을 하던 상황이기도 했다. 일을 배워야 할 수습노무사 입장에서는 종합선물세트

같은 곳이었다.

 마침 수험생 시절에 수험생 홈페이지(온라인 커뮤니티)를 운영했는데, 거기서 알게 된 사람들 중에서 같이 합격한 동기들이 꽤 많았다. 이 좋은 경험과 배움의 자리를 그들과 함께하고 싶었다. 나아가 이제 갓 노무사라는 직업을 같이 시작하는 동기들과 올바른 노무사의 역할을 함께 고민하면서, 노동조합과 노사관계를 제대로 경험해 볼 수 있는 자리를 마련해 보자는 취지로 이 프로젝트를 기획하게 됐다.

 '제1기 민주노총 지원 노무사과정 [2002, 노동자의 벗]'이라는 거창한 이름을 짓고, 집체교육장에서 만나는 동기들에게 노벗 기획안을 건넸다. 취지에 공감해 준 무려 35명이 모여 2002년 2월 23일 민주노총 서울본부 강당에서 입교식을 열었던 그날의 감격은 지금도 잊을 수가 없다. 참가자들을 4개 팀으로 나눠 각각 2개씩 배정된 노조를 지원하는 활동을 기본 구조로 하고, 서울지방노동위원회 민주노총 근로자위원들과 함께 지노위 사건을 검토하고 심문회의에 참관하는 지노위프로그램, 각종 실태조사와 연구 등을 하는 기획프로그램, 노동운동의 역사와 현황 등을 배우는 교육프로그램을 진행했다. 한 달간의 활동을 공유하고 주요 이슈를 토론하는 월례 전체회의도 운영했다.

 4개월여 진행된 1기 노벗의 성과는 컸다. 우선 노벗을 함께한 동기 노무사 10여명이 각 단위 노동조합의 법규활동가가 됐다. 이 흐름은 2기, 3기 등으로 계속됐고 더욱 커졌다. 노무사라는 전문인력이 민주노조운동으로 유입되는 창구이자 양자 간의 접점을 만들어 낸 것, 이를 통해 노동운동의 전문성 강화에 일조한 것이라고 할 수 있다. 마침 2002년 2

월에 민주노총 법률원이 설립됐고 1기 노벗 출신 노무사들이 각 단위 노조에 배치됨에 따라 민주노총은 처음으로 법규담당자회의라는 법규 활동가 체계를 건설했다(2002. 10. 25.). 또한 그동안 노동자·노조 지원활동을 각개 수행해 왔던 선배 노무사들과 1기 노벗 출신 노무사들이 모여 노벗 수료식 바로 다음 주에 노노모를 창립하게 된다(2002. 7. 10.). 이렇듯 노동자와 함께 하는 노무사들의 네트워크, 연대의 틀을 만들어 낸 것이 결과적인 의미에서는 노벗의 가장 큰 성과가 아닌가 한다.

1기 노벗의 성과에 고무돼 2기 노벗은 참가 자격을 높였다. 노노모 회원자격 수준의 진로를 지향하는 수습노무사를 대상으로 해서 처음부터 각 단위노조 또는 노노모 회원 사무소에 배치했다. 이렇게 하니 선배 노무사가 없는 공간에 가게 된 참가자도 생겨서 따로 실무를 교육하는 프로그램을 신설했다. 이 실무교육프로그램은 이후 노벗의 주된 내용 중 하나가 됐는데, 한국공인노무사회에서 주최하는 집체교육의 수준이 상당히 낮았던 시절이라 높은 퀄리티의 노벗 실무교육은 유명해졌고 집체교육의 수준을 높이는 데에도 영향을 미쳤다. 3기 노벗은 전체 노무사 합격자가 55명분이었던 관계로 어렵게 모집된 12명의 참가자로 힘겹게 시작했다. 대신 어떤 활동이건 10명 미만 참여하는 순간 폐기한다는 강고한 규율을 잘 지켜 줘서 역대 가장 높은 참석률을 기록한 노벗이 됐다.

4기 노벗부터 노노모가 노벗의 공식 후원단체가 됐다. 사실 2기 노벗부터 노노모의 지원하에 진행이 됐지만 노벗의 공식 명칭은 '민주노총 지원 노무사과정'을 유지해 왔다. 물론 어떻게 보면 민주노총 서울본부의 사업이었지 민주노총의 공식 사업도 아니었다. 더 정확히 얘기하자면 매년 그해 노벗 참가자들의 독립적이고 자율적인 사업이었다. 참가자들이 스스로 각종 프로그램을 기획하고 자율적으로 운영해 온 방식이 매년 노벗을 이어 오게 한 원동력이었다. 민주노총의 이름을 걸기도 적절치 않아져서 2014년 13기 노벗부터는 민주노총과 노노모가 공동주최단위가 됐고 어느 순간 민주노총 지원 노무사과정이라는 명칭도 사라졌다. 그야말로 참가자들이 꾸린 노벗 운영팀의 주관하에 단순 교육 과정을 넘어 하나의 단체로서 매년 재탄생해 온 것이다. 항상 노벗의 기치로 세웠던 자발성·전문성·현장성이 노벗을 운영해 오고 지속가능하게 했다고 평가한다.

위에서는 거창한 의미에서 노벗의 성과를 언급해 보기도 했지만 사실 노벗의 진정한 성과는 따로 있다고 생각한다. 바로 '노동자와 함께 하는 노무사가 되고자 하는 수습노무사들의 연대와 모색, 실천의 장'이었다는 사실이다. 매년 노벗에서 진행된 수많은 활동 내용을 하나하나 살펴봐도 너무나 의미 있는 보석 같은 시간들로 채워져 있는데 지면 분량상 소개하지 못해 아쉽다. 지난 21차례 노벗에 함께한 1천여 명의 노벗들에게 1천여 개의 노벗이 각자의 가슴과 머리에 남아 있을 것이다. 그것이 노벗의 '저력'이다. 인생의 새로운 전환점에서, 노동 현장에 큰 영향력을 미치는 노무사라는 직업을 가진 첫 시작의 시간에 비록 짧지만 4~5개월간 동기들과 함께 나눈 고민과 경험은, 개인뿐만 아니라 우리 사회를 노동이 아름다운 세상으로 변화시키는 데 분명히 작은 보탬이 됐을 것이다.

그 여정에 노노모가 늘 든든한 지원군이자 이정표가 돼 주었고 그렇게 성장한 노벗은 또 노노모가 됐다. 노벗과 노노모의 가슴 벅찬 서사는 앞으로도 계속될 것이다.

장면 3 2004년

● REC

노노모 회원들의 집단지성을 모아 공동대리사건을 진행하다

20년 전이나 지금이나 노동자들의 편에 선 노무사들의 수는 적다. 노노모는 20년 간 꾸준히 노동자들의 권리보호를 위해 싸웠고, 그중에는 회원들이 공동으로 진행한 사건들도 있었다. 노노모의 공동대리사건과 관련된 이야기.

박성우 공인노무사 | 노무법인 노동과인권, 민주노총 서울본부 법률지원센터
김재민 공인노무사 | 노무법인 필

노노모는 2003년 하반기부터 사회적으로 의미 있는 주요 노동사건에서 해당 노동자·노동조합을 지원하기 위해 전체 회원들의 연명으로 노노모 의견서를 발표하는 공동활동을 시작했다.

2003년 12월 특수고용 노동자인 대리운전기사들의 노조(하나로노조) 설립신고증이 왜 교부돼야 하는지 법적 근거를 담은 의견서를 관할 행정관청(서울시청)에 제출한 것을 시작으로, 역시 2003년 12월 한국정보통신산업노조(IT노조)에 대한 서울남부지방노동사무소(현 서울지방고용노동청 서울남부지청)의 설립신고 반려처분의 위법성을 밝힌 의견서 발표, 2004년 6월 소방설비 공사 중 사망한 노동자의 업무상 재해를 불승인한 근로복지공단 전주지사의 처분에 대한 의견서 발표 등이 있었다.

그러던 중 2004년 6월 처음으로 다수의 회원이 공동으로 사건을 수행하는 공동대리사건을 진행할 것을 조직적으로 결의한 뒤, 한국 사회의 굵직한 노동 현안마다 공동대리사건을 진행했다. 이하에서는 노노모가 수행했던 굵직했던 공동대리사건을 살펴본다.

노노모의 첫 공동대리사건은 '흥국생명 부당해고 및 부당노동행위 구제신청사건'이었다. 해고 당사자는 현 노회찬재단 사무총장이기도 한 김형탁이다. 당시 김형탁은 전국생명보험노조 흥국생명지부 전임자이자 노조 상임고문으로서 민주노총의 결정에 따라 17대 국회의원 선거에 민주노동당 후보로 출마했는데, 흥국생명이 "국회의원 후보로 출마하는 것은 상급단체나 우호단체 파견이 아니기 때문에 전임자로 인정할 수 없다"며 해고한 사건이었다. 노조 전임자 정치활동과 관련한 최초의 사안으로서 대단히 중요한 의미를 가지는 사건이었다.

최초 사건을 수임한 민주노총 서울본부 노동법률지원센터는 노노모에 공동대리를 제안했고 2004년 6월 노노모의 조직적 결정에 따라 회원 15명(8개 사무소)이 공동대리인단을 구성했다. 서울지방노동위원회에서 심문회의가 개최됐고 부당해고와 부당노동행위 모두를 인정받는 승리를 거뒀다(2004년 8월 23일 판정서 수령). 사측의 재심 신청에 따라 재심 절차가 진행됐고 노노모는 재심에서도 공동대리인단을 구성했다. 중앙노동위원회에서는 안타깝게도 초심 부당노동행위 판정은 취소됐으나 부당해고 판정은 유지됐다. 이 사건은 이후 행정소송으로 이어졌고 2009년 5월 최종 대법원에서 부당해고 판결이 확정됐다.

이 사건을 계기로 노노모는 2004년 10월, "공동대리는 노무사로 구성된 노노모의 전문성을 발휘해 노동자·노동조합의 권리 찾기에 기여하고 노동인권 실현에 일조하는 주요 활동임을 공유"하며 '공동대리사건 수행 기준'을 제정하기도 했다.

두 번째 사건은 역시 2004년에 있었던 한국소아마비협회-정립회관 부당해고·부당노동행위 사건이었으며, 공동대리인단의 규모는 21명으로 늘어났다. 정립회관 사건은 회관 운영의 민주화를 요구하던 노동자들을 해고한 사건으로, 해고 이전에 회관의 민주적 운영을 요구하며 장애인과 노동조합 조합원들이 이미 150일 넘게 점거농성 중이었다. 속칭 구사대로 불리는 조직폭력배들이 농성장을 침탈하기도 했던 사건이다.

세 번째 사건은 2005년에 있었던 현대자동차 부당해고·부당노동행위 사건으로, 세간에 많이 알려진 노동자 최병승 사건이다. 당시 현대자동차 사내하청 노동자로 근무하던 최병승은 정규직 전환을 요구하다 하청업체에서 해고됐고, 이에 노노모 공동대리인 28명과 민변 변호사 10명이 공동으로 대리해서 사건을 진행했다. 해당 사건은 2006년 중앙노동위원회 재심, 법원 1·2심을 거쳐 최종적으로 대법원에서 부당해고 판단을 받았다. 현대자동차를 비롯한 우리나라의 대규모 제조업 공장의 불법파견 실태를 세상에 알려 낸 의미 있는 사건이었다.

네 번째 사건은 2009년 철도노조 파업과 관련한 부당해고·부당노동행위 재심사건이다. 2009년 철도노조 파업은 시작부터 정권이 불법파업으로 낙인찍었다. 철도공사는 불성실한 단체교섭 태도, 단체협약 해지통보 등을 통해 노동조합을 파업으로 몰아갔다. 당시 징계를 받은 조합원은 해고자 169명, 중징계(정직)자 599명을 포함해 총 1만1천500명이나 됐다. 더욱 놀라운 점은 2018년 양승태 대법원의 사법농단 사건에서 대법원이 행정부의 국정운영을 뒷받침했다는 사례 중 하나로 2009년 당시의 철도노조 파업에 대한 형사재판 사례를 든 것이다. 실제 파업의 전개방식 및 태양이 동일했고 기간은 더 길었던 2013년 파업에는 무죄가 선고됐음에도 2009년 파업은 유죄로 판결되는 일들이 발생했다. 달라진 점은 2013년 파업에 대한 대법원 선고는 박근혜 탄핵 이후(2017. 2. 3.)에 이루어졌고, 2009년 파업에 대한 대법원 선고는 2014년 8월에 있었다는 점뿐이었다.

예로 든 공동대리사건들은 대부분 부당해고·부당노동행위와 관련된 사건들이나 이 외에도 산재사건에 대한 노노모 산재분과의 공동대리, 소속 법인들 간의 협업을 통한 사건 대리 등 사건 종류와 무관하게 2002년 창립 이래 노동자·노동조합의 권리구제를 위해 활발하게 활동하고 있다.

장면4 2004년

● REC

노동자 국회의원 단병호 의원과 법·제도 개선에 나서다

2004년 17대 총선에서 당시 민주노동당은 10석이라는 놀라운 결과로 원내 진출에 성공한다. 노노모는 당시 선출됐던 단병호 의원과 함께 노동자들을 위한 법·제도 개선을 위해 활동했다. 당시 활동상을 살펴본다.

유성규 공인노무사 | 노무법인 참터

누구나 지난 삶을 돌아보면 오랜 시간이 흘렀음에도 그때의 감정이, 그때의 상황이 또렷하게 기억나는 순간들이 있다. 초등학교 입학식 때 커다란 운동장 한가운데에서 두리번거리며 서 있던 순간, 처음 나간 데모에서 까맣게 거리를 메운 전경들을 보고 숨이 턱 막혔던 순간, 몇 달을 눈이 빠지게 기다리다가 우리 아들들과 처음으로 눈을 맞추던 순간들…. 2004년 4월 15일, 정확하게는 4월 16일 새벽도 오랜 시간이 흘렀음에도 또렷하게 기억나는 순간이다.

2004년 4월 15일은 17대 국회의원 선출을 위한 선거일이었다. 17대 총선은 비례대표 선출을 위한 1인 2표제가 처음으로 도입된 선거였다. 17대 총선에서 민주노동당은 지역구 2명, 비례대표 8명이라는 믿기 어려운 결과를 만들어 내며 일약 제3당으로 도약했

다. 진보정당으로서는 상상하기 힘든 결과였다. 나뿐만이 아니라 수많은 노노모 회원들도 그 새벽, 그 순간을 기억할 것 같다. 17대 총선은 노노모가 '민주노동당을 지지하는 공인노무사 지지선언'을 이끌어 낸 선거였기에 회원들의 기쁨은 더 컸다. 평생을 노동운동에 헌신한 단병호 의원이 국회에 처음으로 입성하던 날 노동자를 대변하는 국회의원이 한두 명만 있으면 좋겠다는 생각을 뼈에 사무치도록 했다며 눈시울을 붉히던 장면도 생생하게 기억난다.

2004년 국회에 입성한 민주노동당 국회의원들은 단 10명뿐이었지만 누구보다 진정성 있는 정치인들이었다. 이에 많은 이들이 민주노동당의 성공을 진심으로 바라고 자발적으로 돕기 시작했다. 당시 노노모 회원들도 누가 요청하지도 않았음에도 민주노동당을 돕기 위해 국회로 속속 모여들었다. 나도 작은 힘이나마 보태기 위해 당시 국회 환경노동위원회 위원이었던 단병호 의원실을 찾았다. 17대 국회 기간 동안 정말 국회를 자주 갔던 것 같다. 국정감사 대응, 법률 제·개정, 노동행정 감시, 각종 프로젝트, 토론회와 공청회 준비, 연일 터지는 노동운동 탄압에 대한 공동 대응 등등. 적어도 일주일에 한 번은 국회에 갔던 것 같다. 이때 회의실을 찾아 국회 본관, 의원회관 구석구석을 돌아다녀 본 기억에 지금도 국회가 낯설지 않다. 단병호 의원실을 들어서면 언제나 노노모 회원들이 다양한 주제로 열띤 토론과 회의를 하고 있던 기억이 난다.

노노모 회원들은 국정감사 과정에서 큰 역할을 했다. 노노모는 거의 매년 '국정감사 지원팀'을 구성해서 단병호 의원실의 국정감사를 지원했다. 고용노동부·근로복지공단·노동위원회 등 노동행정 일선에서 실무를 하고 있는 회원들은 다른 전문가들은 알기 어려운 노동행정 구석구석의 문제점, 제도개선을 위한 포인트 등을 정확히 알고 있었다. 노노모 회원들과 의원실 보좌관들이 함께 밤새워 만들어 낸 국정감사 자료들은 유의미한 제도개선으로 이어졌다. 2005년 국정감사 과정에서 노노모 회원들이 참여해 발간된 '노동자의 눈으로 바라본 근로복지공단 행정의 실태와 문제점', '현장의 눈으로 바라본 노동위원회 행정의 실태와 문제점'을 보면 당시 우리 회원들의 노고와 단병호 의원실의 열정이 생생하게 느껴진다. 당시 자료집에서 지적했던 문제점들 중 지금은 개선돼 당연한 듯 운영되고 있는 법·제도들을 보면 뿌듯함이 느껴진다.

노노모 회원들은 노동법 제·개정을 위한 활동에도 힘을 모았다. 이를 위해 단병호 의원실과 노노모가 공동으로 '법·제도 개선 TFT'를 구성하기도 했다. 의원실 보좌관들과 노노모 회원들이 저녁에 모여 대학원생들처럼 법률을 정독하고 개선 방안을 찾기 위해 외국 사례, 논문을 찾아 세미나를 하던 광경이 지금도 생생하다. 당시 나는 산업재해보상보험법(산재보험법) 개정 작업에 주로 참여했는데 개정안을 만들기 위해 모두가 산재보험법을 처음부터 끝까지 몇 차례에 걸쳐 정독하면서 개정 사항을 정리했다.

아직 입법되지 않은 사안이나 외국 사례 등을 연구하기 위해서 임금체계, 차별제도 등과 관련한 프로젝트를 진행하기도 했다. 또한 고용노동부 감독행정의 문제점을 찾고 개선 방안을 도출하기 위해 정기적인 모임을 갖기도 했다. 행정집행 사례나 고용노동부 행정해석을 분석해 법률의 취지나 내용에 어긋나는 내용을 찾고 개선 방안을 만들어 냈다.

이렇게 만들어진 소중한 내용들은 국정감사나 법률 제·개정안의 중요한 근거가 됐다.

  이 같은 노력을 통해 만들어진 법률 제·개정안을 입법하기 위한 토론회, 공청회에도 노노모 회원들은 힘을 보탰다. 이 중에서 2005년 노노모와 단병호 의원실이 공동으로 주최한 근로기준법 개정 공청회가 가장 기억에 남는다. 당시 공청회 자료집을 살펴보면 근로기준법 5명 미만 적용, 취업규칙 주지 의무 강화, 산재 후 복귀한 노동자에 대한 해고 제한 등 현재 시점에서도 유의미한 내용들을 풍부하게 담고 있다. 당시 공청회에서 제안됐던 근로계약서 교부 의무는 그 이후 근로기준법 개정에 포함돼 지금은 당연한 현실이 됐다. 당시 노노모 회원들과 단병호 의원실의 노력이 법·제도 개선의 소중한 씨앗이 됐으리라 믿는다.

  원고 청탁을 받고 정말 난감했다. 20년이 다 돼 가는 일들에 대해 글을 써야 할 텐데 과연 기억이 날까 걱정이었다. 글을 쓰기 위해 컴퓨터 깊숙이 잠자고 있던 문서들을 꺼내 보기도 하고 이곳저곳 분주히 검색하기도 했다. 다행히 국회도서관 등에서 자료들을 제공하고 있어서 하나둘 기억을 되짚을 수 있었다. 옛날 자료들을 하나둘씩 다시 읽어 갈 때마다 어느새 그때로 돌아가 그때의 분위기와 감정을 느끼고 있었다. 퇴근해서 지친 몸을 이끌고 의원실로 들어서면 환한 웃음으로 맞아 주던 노노모 회원들과 의원실 식구들의 얼굴이 지금도 떠오른다. 조만간 단병호 의원실과 함께했던 노노모 회원들을 만나 그 시절 이야기를 실컷 나눠야겠다.

장면 5 2006~2007년

● REC

국가인권위원회 인권단체협력사업을 통한 청소년 노동인권교육

국가인권위원회 인권단체협력사업을 통해 2년간 학교로 찾아가는 노동인권교육, 교육자료제작을 추진했다. 맨바닥 같은 느낌으로 시작했지만 많은 에너지와 즐거움이 있었던 사업이었다.

박주영 공인노무사 | 민주노총 법률원 | 법무법인 여는

청소년 노동자를 위한 노동인권교육, 지속가능한 사업을 고민하다

2년여의 대학원 과정을 마치고 2006년 노무법인 현장으로 막 복귀했을 때였다. 직업교육훈련 촉진법(직업교육훈련법) 제7조 및 교육인적자원부훈령 제620호에 의거 실업계고등학교는 현장실습 시행을 위해 '각급학교현장실습운영에 관한 규칙'에 따라 현장실습 시행계획을 수립하고, '실업계고등학교 현장실습 세부지침'에 따라 "현장실습 파견 전에 반드시 안전교육과 근로기준법 등을 교육"해야 했다. 그런데 교원의 전문지식 부족과 학교 예산 및 전문인력 확보의 어려움으로 이를 적절히 수행할 수 없었던 것이 당시의 현실이었다.

당시 노무법인 현장에서는 졸업 후 바로 일터로 나가는 실업계 고등학교 학생들을 대상으로 노동인권교육을 하면서 동시에 재정적 안정화도 가능한 사업 방안을 고민하고 있었다. 김민 노무사와 함께 노동부 등 정부지원사업을 알아보다 국가인권위원회가 매년 지원하는 인권단체협력

사업을 알게 됐다. 국가지원사업을 하려면 비영리단체 명의로 신청해야 해서 한번 시도라도 해 보자는 마음으로 노노모 명의로 사업제안을 했다가 채택되면서 첫해 노동인권교육사업을 시작했다.

노동인권교육사업을 추진하기 위해 2006년 4월 26일 첫 사업추진회의를 진행해 교재개발팀·대외섭외팀을 구성했다. 교재개발팀에는 김민·박주영·고경섭·박재홍·김은복·정혜자·이석진 노무사 등이 참여해 배포용 소책자와 강의를 위한 공동교안 제작을 위해 5월 한 달간 서너 차례 회의를 진행하면서 소책자와 강의교안을 작성했다.

2006년 1년차 인권위 협력사업
- 인권단체가 학교를 만날 방법을 찾다

사업을 시작하면서 가장 큰 고민은 전혀 연고가 없는 전문계고등학교가 노동인권교육에 대한 거부감 없이 교육을 신청하게 할 방안이었다. 전교조에 사업제안서를 보내고, 당시 청소년노동인권네트워크 등 노동인권교육활동을 하던 활동가모임을 찾아다녔다. 전교조 실업위원회와 간담회를 통해 학교에 교육사업을 홍보하고 섭외할 방안을 청취하며, 학교 학사일정이나 재량수업시간 등을 활용해 교육이 진행되도록 홍보 방향을 잡을 수 있었다.

또한 인권위 협력사업 담당자에게 요청해 교육부로 인권위가 사업협조공문을 발송하도록 하고 다시 교육부가 지역교육청에 사업안내 협조공문을 보낼 수 있도록 하는 방식을 시도했다. 전교조 실업위원회 서울지역 분과장 회의에 참석해 노동인권사업 취지를 설명하고 해당 학교에서 사업 신청을 할 수 있도록 협조를 요청했다.

교육부가 수도권 지역교육청에 협조공문을 내려보내고, 다시 각 교육청에서 각 실업계 고등학교에 사업제안서를 발송하기까지 한 달가량이 소요돼 5월 20일께에 이르게 됐다. 교육부를 통해 사업홍보를 하는 방안이 먹히면서 학교들의 참가 신청이 폭주했다. 5월 22일부터 26일까지 나흘 만에 48개 학교에서 총 168회의 교육참가 신청이 접수되었다. 그러나 인권위에서 지원되는 예산 규모가 80회 강의로 제한돼 있어서, 6~7월 신청학교를 선착순 진행하고 사업을 상반기에 조기종료할 수밖에 없었다.

6월 초 소책자 편집을 마치고 교육이 진행되는 학교에 소책자를 발송해 총 5천여 명의 학생들에게 책자를 배포하는 한편 6월부터 강의를 진행할 노노모 회원 참가자들을 대상으로 6월 22일 강사단 워크숍을 했다. 2006년 노동인권교육사업은 김민·박주영·이오표·강대훈·권오훈·이보경·김은복·최기일·윤성환·김태영·박재홍·이석진·배동산·유성규·이장훈·손경미·

▲ 2006년 청소년노동인권교육 소책자

유상철·김재광 노무사 총 18명의 노노모 회원이 현장교육강사로 참여했다. 6월 14일 안산정보고등학교를 시작으로 7월 말까지 총 25개 학교, 6천696명의 학생들을 대상으로 교육이 진행됐다.

강의 환경에 영향받지 않는
쉽고 친숙한 교육콘텐츠가 필요하다

2006년 노동인권교육사업은 일선 학교에서 노동인권교육에 대한 편견과 거부감을 해소할 수 있는 계기가 됐다는 점에서 큰 의미가 있었다. 인권위 지원사업으로는 첫해 사업이었고 학교 사정상 한 학년 전체를 대상으로 1회의 대형강의나 방송강의, 학급별 강의방식 등으로 이뤄지면서 어떻게 하면 다양한 강의환경에서 학생들에게 효과적인 교육이 되도록 할지 고민이 깊어질 수밖에 없었다.

실제 교육을 했던 노무사들의 강의평가 의견을 듣고 학생들이 작성해준 강의평가서를 보면, 학생들은 노동법이나 법률용어에 대한 기본지식이나 인지도는 낮았지만 소책자에는 관심을 보였고 활용할 수 있다는 기대가 높았다. 그래서 좀 더 일상적인 언어로 쉽게 설명하고 친숙하고 흥미로운 강의 접근법을 찾게 됐다. 실제 문제 상황에 처할 때 학생들이 직접 찾아보고 도움을 받을 수 있도록 소책자 활용도를 더 높이는 방안을 고민했다.

2007년 2년 차 인권위 협력사업
- 새로운 시도이자 도전이었던 교육콘텐츠 개발

1년 차의 고민을 기초로 2007년 인권위 인권단체협력사업에서는 강의교재와 배포용 소책자 제작뿐 아니라 과감하게 교육용 영상물 제작을 계획에 반영해 사업제안서를 제출했다. 2007년 4월 6일 인권위가 사업을 채택했다. 제일 먼저 교육영상물을 제작할 수 있는 단체를 찾는 것이 급선무였다. 영화노조를 통해 운 좋게도 운동단체 영상제작을 주된 활동으로 이제 막 사업을 시작하는 영상제작단을 소개받게 됐다. 4월 30일 수유공작실 Studio IScream의 이훈규 감독과 첫 미팅을 통해 우리 사업을 소개하고 도움을 요청했다. 적은 예산이었음에도 흔쾌히 응해 주고 제작에 많은 아이디어도 제안해 줬다.

5월부터 본격적으로 대외섭외팀·소책자제작팀·영상교안제작팀으로 나누어 사업을 시작했다. 소책자제작팀 박주영·이석진·박재홍·윤성환 노무사가 원고 작성에 참여했다. 소책자는 1년 차 사업의 간단한 팸플릿 형식에서 벗어나 내용의 내실을 더하되 학생들이 실제 문제가 발생할 때 찾아보고 실질적으로 문제를 해결하는 데 도움이 될 수 있도록 문답형식(Q&A) 책자로 제작했다. 7개 유형으로 묶은 총 40개 문답을 담았고, 책자 편집도 7개 유형을 색깔별로 구분해 쉽게 찾아볼 수 있도록 구성했다(소책자의 감각적인 디자인편집은 윤성환 노무사의 짝지인 최윤경님이 맡아 주셨다).

학생들이 함께 제작에 참여한 노동인권교육 교재개발

1년 차 사업을 진행하면서 전교조 실업위원회 선생님들과도 교류하면서 노동인권교육 활동에 대한 고민을 나눌 수 있었다. 노동인권교육의 필요성과 의미를 학생들과 공유하면서 아이들이 생각하는 노동인권의 의미를 담은 삽화를 교육교재에 넣어보면 좋겠다는 제안을 했는데, 실업위원회에서 송곡여자정보고등학교 선생님을 소개해 주셨다(늦게나마 선생님께 지면을 통해 감사의 마음을 전한다).

7월 어느 초여름, 학교에 방문해 만화과 신명진·이수빈·최세진·이슬기·김유림·왕유리 학생을 만날 수 있었다. 노동인권교육사업의 취지와 소책자의 주요 내용들을 아이들에게 설명해 주면서 각자 원하는 부분을 나누어 삽화를 그리기로 했다. 2주 뒤에 아이들이 그린 개성 있는 삽화를 보면서 즐겁기도 했고, 그림 실력만이 아니라 노동인권에 대한 아이들의 생각에 놀라기도 했다. 15년이 지난 지금 서른 중반이 됐을 그들이 어디서 어떤 모습으로 살아가고 있을지 생각하는 것만으로도 기분이 좋아진다.

▲ 2007년 Q&A 소책자

학생들이 그려 준 삽화가 너무 훌륭해 소책자 삽화뿐 아니라 영상교안에도 활용했고, 아이들에게 고마움을 표현하고 싶어 발간된 소책자와 문화상품권 그리고 봉사활동확인서(!)도 작성해 선생님을 통해 전달했다.

당시로선 놀라웠던, 영상물을 활용한 교육교안

영상교안제작팀에는 '노동자의벗'에 사업참여를 제안했다. 박주영·이석진 노무사와 수유공작실 영상팀 외에 당시 15기 노무사로 수습을 막 시작했던 정명아·김기범·최승현·박문순·김민아 노무사가 영상교안제작팀 회의에 함께했다.

　영상교안 제작은 강의 진행방식에 맞게 영상물을 어떻게 배치할 것인지가 중요했다. 영상물을 틀고 나서 교육을 진행하는 방식보다는 영상물 내용이 세부 교육주제에 녹아드는 배치를 할 수 있도록 주제별 콩트 소재를 넣은 영상물을 제작하기로 했다. 재연영상 시나리오 작업은 박주영·김민아·신지심·정명아·박문순 노무사가 한 꼭지씩 맡아 초안작업을 하기로 했다. 한편 '노동조합할' 권리에 관해서는 노동3권을 설명하기보다 현장의 노동조합 활동가들의 짧은 코멘트를 모은 인터뷰 영상으로 제작해 강의 말미에 상영할 수 있도록 영상제작 방향을 정했다.

　노무사들이 학교 교육을 할 때 사용하는 파워포인트(PPT) 교안에 각 동영상을 넣어 교안과 통합하기로 하면서 수유공작실에서 영상편집뿐 아니라 PPT 교안의 전체적인 편집을 하나의 영상물처럼 제작하기로 했다 (덕분에 학생들이 그린 삽화도 소책자와 통일성 있게 영상교안에도 적절히 활용할 수 있었다).

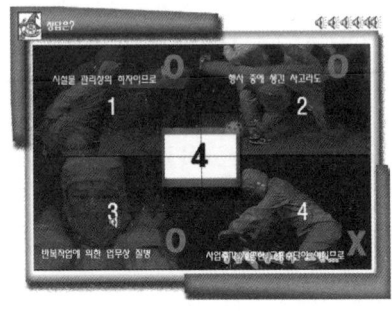

▲ 2007년 영상교안

　특히 수유공작실에서는 당시 공중파에서 방영됐던 〈스펀지〉라는 프로그램 콘셉트를 활용했다. 〈스펀지〉는 생활 속 궁금증을 실험맨들이 직접 실험해서 답을 찾아 주는 인기 오락프로그램이었다. PPT 교안 전체의 이미지를

〈스펀지〉 프로그램의 검색창, 실험맨들의 상황 재연영상과 퀴즈 등으로 마치 하나의 오락프로그램처럼 구성했다.

이훈규 감독과 황준희 스태프(당시 친동생이 노무사 준비를 한다고 했는데, 몇 년 뒤 노노모에 들어온 황철희 노무사였다), 영상교안의 편집을 맡아 주신 송혜진 스태프가 없었다면 지금 같은 시절에는 말도 안 되는 저예산으로 이렇게 참신하고 흥미진진한 교육교안을 과연 제작할 수 있었을까, 정말 운명적인 만남이었다고 생각한다.

2007년 2년 차 사업에서는 5월부터 4개월여간 교육콘텐츠 개발에 집중했다. 5월 말부터 약 3주간 교육참가 신청접수를 받아 6월 말 참가학교 및 각 학교에 방문할 강사단을 확정하고 참가학교에 발송할 소책자 수량을 확인했다. 7월 말 소책자 제작을 완료하고, 8월 말 영상교안도 완성되자 8월 29일 강사단 워크숍을 진행할 수 있었다. 워크숍에서는 전교조 실업위원회 하인호 선생님을 모시고 살아 있는 노동인권교육 강의도 듣고 새로 개발한 교육교안 및 소책자 활용방법 등을 소개했다.

2007년 노동인권교육 사업은 9월과 10월에 걸쳐 33개 학교, 6천916명의 학생을 대상으로 진행됐고 박주영·이오표·구동훈·최기일·김은복·윤성환·권오훈·이석진·박재홍·배동산·정윤각 노무사와 당시 노

▲ 영상교안에 집중해 교육을 듣는 학생들

벗이던 박문순·김기범·신지심·정명아·배현의·강두용 노무사도 교육에 참여했다.

인권위 사업결과보고회에서 노노모가 수행한 '예비노동자를 위한 노동인권교육사업'은 매우 높은 평가를 받았다. 그러나 노동인권교육은 국가기관이 앞장서서 추진해야 할 사업이고, 학생들의 정규교과과정이 돼야 한다는 의견을 꾸준히 밝혔다. 2008년 이후 인권위도 학생들을 대상으로 한 노동인권교육사업을 정례화해야 한다는 인식을 갖게 되면서 인권단체 사업지원 방식이 아닌 인권위 인권교육센터의 정규교육프로그램으로 자리 잡는 계기가 됐다.

노노모에서 수행했던 노동인권교육사업은 학교에서 노동인권교육에 대한 거부감을 줄이고 친숙하게 다가갈 수 있다는 가능성, 재미있고 흥미로운 대중교육의 새로운 길을 보여주는 첫 단추가 됐다. 특히 2007년에 개발한 영상교안은 PPT 교안으로 제작돼 최저임금 인상이나 노동법 개정에 맞춰 교안내용을 수정하고 6개 장으로 구성된 주제별 교안을 재편집해 상황에 맞게 활용할 수 있도록 제작됐기 때문에 인권위 협력사업 종료 이후에도 수년간 노노모 회원들에게 애용됐다.

고등학교나 대학교 학생들의 교육뿐 아니라 진보정당 당원교육 등 성인을 대상으로 한 대중적인 노동교육에서도 새롭게 개발된 영상교안은 큰 반향을 일으키며 한동안 인기 있는 교육교안으로 활용됐다.

장면 6 2007년

● REC

반도체 산업의 추악한 민낯을 밝혀내다

2007년, 고 황유미님이 백혈병으로 사망했다. 당시에는 백혈병이 반도체산업의 공정에서 발생된 직업병이라고는 생각하기 힘들었던 시대였다. 그 생소한 때부터 지금까지 전자산업 노동자들의 건강권 운동의 최일선에 서 있었던 이종란 노무사의 이야기.

이종란 공인노무사 | 이종란 노동법률사무소

반올림 활동을 시작한 지 어느덧 15년의 세월이 흘렀다. 올해 3월부터는 상임활동가 직을 내려놓고, 비상임 활동으로 전환했다. 적지 않은 시간 동안 중심에 반올림이 있었기 때문에 지금도 생각의 습관이 크게 달라지지 않았다. 여전히 직업병 피해자분들과의 소통과 이런저런 연대의 끈이 소중하다. 반올림 활동은 세상과 소통하고 자리매김하는 데 정체성과 같은 것이 돼 버렸다.

2007년 황상기 아버님을 만나 딸 유미씨의 죽음을 둘러싼 사연을 들었을 때만 해도 그 뒤 어떤 길이 펼쳐질지 상상하기 힘들었다. 그때 아버님이 들려주신 이야기는 지난 10여 년의 투쟁 과정에서 많이 전파됐다. "내 딸이 백혈병에 걸려 죽었어요. 함께 일한 숙영씨도 백혈병에 걸려 죽었습니다. 2인 1조로 일하는데 둘 다 백혈병으로 죽었으면 이게 산재가 아니고 무엇이 산재입니까? 그런데도 삼성은 산재 처리는 안 해 주고 500만 원으로 무마하려 합니다. 삼성에 노조가 있었더라면 내 딸이 이렇게 억울하게 죽었을까요?"

그 뒤 많은 시간이 흘렀고 현장도 많이 바뀌었으나 이제 더 이상 유미 씨와 같은 직업병 피해는 없다고 말할 수 있는 걸까? 대답은 쉽지 않다.

지난 시절은 실은 눈물 없이 되돌아봐지지 않는다. 놀랍도록 끊임없이 이어져 왔던 직업병 피해 제보, 14번의 집단 산재 신청, 투병 중이던 피해자들의 죽음, 투쟁이 된 추모의 장, 곡절 많았던 삼성과의 교섭, 2015년 10월부터 2018년 7월까지 3년의 길바닥 농성. 어느 하나 쉽지 않았고, 힘든 기억도 많지만 감동적인 순간도 많았다. 실로 많은 이들이 반올림이 돼 이 싸움을 함께했다. 그것이 불가능할 것만 같던 이 싸움을 가능하게 했다. 사람들의 마음속에 먼저 떠난 이들에 대한 부채감, 다시는 똑같은 죽음을 만들지 말아야 한다는 염원들이 생겨 개개인을 넘어 거부할 수 없는 사회적 힘이 된 것이다. 그 힘으로 10년 넘게 외면하고 은폐만 해 오던 삼성으로부터 양보를 얻어 내 2018년 삼성전자 대표이사의 공개 사과, 피해 보상, 재발방지 대책을 담은 중재합의를 이끌어 낼 수 있었다.

덧붙여 고백하건대 노노모는 지난했던 반올림의 투쟁에서 언제나 든든한 동지였다. 수습노무사 모임 '노동자의 벗'들에게 해마다 반올림 싸움을 알릴 기회를 주어 감사했다. 그 덕분에 반도체 직업병 피해자들의 산재 신청을 함께 하는 노무사님들이 늘어났다. 삼성 서초사옥 앞에 차려진 허름한 농성장에 삼삼오오 찾아오고, 용기 내어 마이크를 잡고 이어 말하기를 하고, 방진복을 입고 거리 추모행렬을 하고, 밤낮으로 이어진 농성장 지킴이 활동을 함께했다. 이 글을 빌려 모두에게 정말 고마운 마음을 전한다.

반올림은 여전히 전자산업 노동자 건강권 운동의 길에 서 있다. 여전히 반도체·디스플레이 등 첨단산업은 막대한 이윤을 뽑아내고 있고, 국가전략산업으로 칭송되면서 각종 특혜와 노동안전 등 규제완화 시도가 끊이지 않는다. 유해·위험업무는 더 드러나지 않고 책임소재도 불분명한 '하청'구조로 전가돼 있다. 또한 이 산업에 특히나 유별난 영업비밀 문제와 국가핵심기술 보호 논리에 밀려 유해정보에 대한 (재해)노동자의 알 권리가 보장되지 않는 등 문제가 산적해 있다. 교대근무를 오래 한 여성노동자에게서 유방암 발병률도 높다. 산재를 인정받는 이들이 늘어가지만, 산재 인정을 넘어 야간 교대근무 자체에 대한 규제가 필요하다. 뜻을 모아 하나씩 해결해 나가기 위해 오늘도 반올림은 반올림 중이다.

반올림은 아픔의 세계에 대해 배우는 활동이기도 했다. 생명의 가치, 존재 그 자체의 소중함을 더 많이 느낄 수밖에 없다. 아픔의 세계는 돌봄과 사랑의 세계이기도 하다. 동시에 아프고 허약해진 몸이, 장애가 생긴 몸이 차별받는 세상임을 절실히 느낀다. 능력주의 사회, 건강한 신체만을 표준으로 삼는 사회에 답답함이 커졌다. 고과로 사람을 점수화해 임금과 승진 등 차이를 두면서 개인의 능력에 따른 것이니 공정하다고 할 때도, 그럴수록 더욱 생각이 드는 건 아픈 몸들이었다. 그동안 만났던 직업병 피해자분들은 완치되는 경우가 적었다. 죽지 않고 생존하더라도 후유장애로, 약해진 몸으로 더 이상 예전과 같은 직장을 다닐 수 없었다. 아픔이 오래되면 빈곤으로 이어져 수급자가 되기도 했다. 장애인이 된 몸, 아픈 몸이 차별받는 불평등한 사회에 발 딛고 살면서, 최근 드라마 주인공 우영우 변호사처럼 "나는 가치 있고 아름답다"는 생각을 하기는 너무 어려운 일이다. 그럴수록 이윤 중심, 성장 중심의 사회가 바뀔 수 있도록 싸우는 일이 중요하다고 생각한다.

마지막으로 산재보험이 일하는 모든 이들에게 충분한 보상과 재활의 역할을 하는 '사회보험'으로 거듭나면 좋겠다. 독일 산재보험의 경우 산재 전문인력을 따로 양성하며, 산재장애인에게 집이나 차량, 여행경비도 지원하는 사회적 재활 제도가 있다. 그러나 우리나라는 의료재활, 직업재활도 충분치 않다. 무엇보다 여전히 문턱이 높다. 입증 책임이 노동자에게 있고, 인정받기 쉽지 않다. 건강보험은 병원에서 자동으로 적용되지만 산재보험은 재해노동자가 알아서 신청해야 하니 중대재해가 아니고서는 사업주 눈치를 보며 대부분 신청하지 않는다. 그러니 산재 은폐율이 66%, 즉 3분의 2는 산재 처리를 하지 않는 것이다. 결국 법과 제도를 바꿔야겠지만 그냥 바뀌지는 않을 것이다. 아픈 노동자가 나서기는 너무 어려우므로 산재 대리 경험을 해 본 노무사님들이 문제점을 드러내 제도개혁에 앞장서면 좋겠다. 그 길에 함께하겠다.

장면 7 2008년

● REC

민주노총과 함께 노동위원회 법·제도 개선 사업에 앞장서다

노동위원회는 노동자들의 권리 보장 측면에서 매우 중요한 준사법적 행정기관이다. 노노모는 2008년부터 민주노총 노동위원회사업단 기획회의에 결합했다. 노동위원회의 법·제도 개선과 함께한 노노모의 이야기를 살펴본다.

이오표 공인노무사 | 이산 노동법률사무소

노동자들이 사용자에게 부당한 해고 등의 징계처분이나 부당한 인사발령을 받거나 노동조합 활동을 이유로 불이익처분을 받으면 노동위원회에 구제신청을 할 수 있다. 구제신청 제도는 신속한 사건 진행과 소송 대비 저렴한 비용 등의 장점이 있어, 노동자들이 쉽게 접근할 수 있는 제도다. 그런데 노동자들이 쉽게 접근할 수 있는 제도임에도 노동위원회 법·제도 개선에 많은 관심이나 활동은 없다시피 한 상황에서 노노모의 노동위원회 법·제도 개선 활동은 지속적이고 선도적이었다고 평가받을 만하다.

민주노총은 1997년부터 노동위원회에 참여했고, 2002년부터 노동위원회사업단 기획회의를 운영했다. 당시 노동위원회 사업단은 노노모 회원들과 노동조합의 법규담당자들이 참여해 노동위원회 법·제도 개선을 위한 활동을 하고, 단병호 민주노동당 의원실에서 법률지원단을 구성해 노동위원회법 개정안을 제출하기도 했다.

노노모는 2008년 공식적으로 민주노총 노동위원회사업단 기획회의에 결합했다. 이후 노동위원회 법·제도 개선은 상당한 진전을 볼 수 있었으며 2017년 민주노총은 노동위원회사업특별위원회를 결성했다.

법·제도 개선 사례를 소개하면 다음과 같다.

① 사건기록 관리를 변경했다. 변경 전에는 지방노동위원회 사건기록과 중앙노동위원회 사건기록이 별개로 관리돼 지노위 입증자료를 다시 중노위에 제출해야 했고, 사건의 주장 내용도 지노위와 중노위에서 달라질 수 있었다. 현재는 노동위원회 규칙이 개정돼 지노위 사건기록 일체를 중노위에 제출해야 하고, 위원들에게도 지노위 기록 일체가 제공되고 있다.

② 심판사건 의결 결과 통보가 '즉시'로 변경됐다. 변경 전에는 심문회의 이후 판정서가 송달될 때까지 판정 결과를 알 수 없었다. 현재는 노동위원회법 제17조의2에 의결 결과를 지체 없이 통보하도록 명시해 심판사건 의결 결과 당일 오후 8시에 문자로 발송하고 있고, 서면으로 통보까지 하고 있다.

③ 주심 제도가 도입됐다. 변경 전에는 공익위원 중 의장만 존재할 뿐 별도로 주심 등을 두지 않았으나 노동위원회법 제16조의2에 주심 제도를 신설해 사건별로 주심을 지정하고 주도적이고 책임성 있게 심문회의를 준비하게 했고, 주심이 사건 요지도 작성하고 있다.

④ 징계처분 변경 시 구제신청 기산일이 변경됐다. 기존에는 노동위원회 규칙에 징계처분이 변경된 경우에도 원 처분일을 구제신청의 기산일로 규정하고 있었다. 그러나 징계처분이 변경된 경우 구제신청 기산일에 대해 법원에 소송을 제기해 재심 처분일을 구제신청의 기산일로

봐야 한다는 대법원 판결을 받았고, 그 후 노동위원회는 노동위원회 규칙 제40조를 개정해 이를 반영했다.

⑤ 금전보상제 도입과 구제이익의 문제 등을 지속적으로 제기했다. 기간 만료나 정년 도래 등 복직이 불가능할 경우 금전보상의 필요성을 제기해 왔고, 금전보상제가 도입됐음에도 구제이익이 없다는 판결의 문제를 해결하기 위해 입법적 보완이 필요하다는 의견을 제기해 원직복직이 불가능한 경우에도 임금상당액을 지급하는 판정을 하도록 근로기준법이 개정됐다. 또한 금전보상제의 도입 취지가 기타 비용(노무사 수임료) 등을 반영한 임금상당액 이상을 지급하는 것임에도 노동위원회는 임금만 지급하도록 판정하는 문제를 지적해 최근에는 근속기간 등의 다른 요소를 반영해 금전보상액을 정하도록 제도개선이 이루어지고 있다.

⑥ '노위증'에 대한 공개가 이루어지고 있다. 변경 전에는 노동위원회가 확보한 증거자료(노위증)에 대한 안내가 없었고, 정보공개를 요구하면 노동위원회(조사관)의 판단으로 공개 여부를 결정했다. 이로 인해 노동자들의 변론이나 소명기회가 박탈돼 사건 진행의 공정성 문제가 지속적으로 제기됐다. 현재에는 부족하지만 노사 당사자가 제출한 '노위증'은 당사자에게 송달하도록 제도가 개선됐다.

허위자료 제출과 허위 증언 등에 대한 처벌 강화 등 아직도 많은 법·제도 개선이 필요하다. 노동위원회 법·제도 개선은 공정하고 객관적인 사건 진행과 판단을 위해 계속돼야 할 것이고, 노노모는 언제나 부당한 대우를 받은 노동자들의 권리를 함께 구제할 것이다.

장면 8 2009년

● REC

비정규직법 개악을 막아 냈던 80일간의 국회 앞 1인 시위

2009년 국회 앞에서 노동법률가들이 80일간 릴레이 단식과 1인 시위를 했다. "법률가는 법률의 정함에 따라 사회관계를 인식하고 행동해야 하는 의무가 있다"고 외치며 시작된 단식과 1인 시위는 광주의 이병훈 노무사가 이끌었다.

이병훈 공인노무사 | 노무법인 참터 무등지사

처음 시작은 단순했다.

2003년 금호타이어는 노사 합의로 공정별 사내하청업체를 운영했는데 중동 수출용 포장공정을 외주화하는 과정에서 고용불안이 현실화한 사내하청 소속 비정규 노동자 2명이 고용승계 방안을 물어 왔다.

당시 상담을 하던 필자는 2명의 비정규 노동자들이 기간제 및 단시간 근로자 보호 등에 관한 법률(기간제법)에서 규정한 차별시정 대상이라 판단하고, 전남지방노동위원회에 차별시정 신청을 제기했다. 전남지노위는 해당 노동자들이 "임금·교통비·학자금 등 복리후생에서 차별받고 있다"며 시정을 명령했다. 해당 노동자들이 파견근로자 보호 등에 관한 법률(파견법)상, 직접고용 의무의 대상자였기에 광주지방고용노동청은 2명의 비정규 노동자를 직접고용하라고 지시했다.

그런데 금호타이어는 차별시정 명령이나 직접고용 지시를 이행하는 대신 "계약기간 만료를 이유로 계약해지"를 통보한 뒤 하청업체를 폐업했다. 해당 하청업체에서 근무하던 다른 노동자들은 모두 고용이 승계

됐으나, 위 노동자 2명만 고용승계가 거부됐고 결국 해고됐다.

파견법이 제정됐던 1998년에는 2년 이상 파견노동자를 고용할 경우 직접고용한 것으로 간주한다는 규정이 있었지만, 2007년에 사용사업주(금호타이어)에게 직접고용 의무를 부여하고 직접고용 의무를 위반했을 때는 과태료를 부과하는 것으로 법이 개악됐다. 그런데 해당 노동자들은 2003년에 입사했으므로, 2007년 파견법 개정 전 이미 직접고용으로 간주돼야 했고 이를 근거로 노동부가 직접고용 지시를 했음에도 금호타이어는 이 지시를 따르지 않았다. 단순히 사내하청업체 소속으로 계속 일할 방안이 있는지 상담한 2명의 비정규직에게 파견법에 따라 직접고용을 요구할 수 있다고 꼬드긴 꼴이 됐다. 결국 사내하청업체 폐업으로 실업자를 만든 상황은 나에게 절망일 수밖에 없었다.

상황을 바로잡아야 한다는 절실함과 법률을 통한 구제절차의 결과가 결국 노동자들에게 해고로 다가올 수밖에 없는 현실에 항의하기 위해 16일간 광주지방고용노동청 앞에서 단식농성을 했다.

2007년 들어선 이명박 정권은 기간제 노동자 사용 사유를 확대하는 방향의 기간제법 개정, 파견근로를 확대하는 방향의 파견법 개정, 업종별로 최저임금 차등 적용을 위한 최저임금법 개정 등을 추진했다. 해당 사안이 발생했던 2009년 당시 정부와 국회에서는 2007년 제정된 기간제법 개정에 대한 공방이 벌어지고 있었다.

기간제법은 최초 제정했을 때는 2년 이상 기간제 노동자를 고용할 경우 '직접고용 간주' 규정이 있었는데, 이 2년이라는 기간을 늘리느냐 마느냐의 논의를 하고 있었다.

결국 이명박 정권의 비정규직법 개악 시도에 맞서 올바른 비정규직 입법을 촉구하며 노노모를 비롯한 노동법률단체 회원들은 국회 앞과 서울 광화문 금호아시아나그룹 앞에서 기자회견을 연 뒤, 국회 앞에서 1인 시위 및 릴레이 단식을 시작했다. 이 릴레이 단식은 80일간 이어졌다.

광주지방고용노동청 앞 단식농성은 개인적으로 두 번째였는데, 단식을 하며 여러 가지를 생각했다. 노무사시험을 준비할 때의 기억, 합격 후 초심을 유지할 때까지만 노무사를 하자던 다짐, 1997년 광주에서 시작했던 노무사 업무의 기억, 97년 외환위기 때 수많은 부도 사업장과 정리해고로 인한 고용불안 문제를 보고 느꼈던 무기력과 충격, 김대중 정부 때 제정된 파견법과 법 제정 이후 급속하게 증가한 비정규직 문제, 15년의 노무사 생활을 계속해야 할 것인지….

이러한 생각들과 함께했던 16일간의 단식은 개인적으로 부당함에 맞선 정당성의 표현이었다고 생각한다. 지금 와서 2009년 당시의 기억을 되돌아보니 80일이라는 긴 시간 동안 우리 모임을 비롯한 많은 이들이 함께 노력하고 싸웠다. 그들 한 명 한 명의 노력이 이명박 정권의 비정규직법 개악을 막아 낼 수 있었던 이유 중 하나일 것이다.

2010년

● REC

세월에 시달려 낡고 해진 노노모 깃발

2010년 처음 만들어져 지금까지 거리를 누비고 있는 노노모 깃발 이야기

김재민 공인노무사 | 노무법인 필

    노노모 깃발은 2010년 여의도에서 열린 120주년 세계노동절 집회 때 처음으로 대중 앞에 등장했다.

    혹시라도 붉은색 바탕에 하얀색의 큰 사람이 걸어가는 모습 밑에 '노동인권 실현을 위한 노무사모임'이라는 글씨가 적혀 있는 깃발을 본다면, 그 깃발 아래에는 항상 노노모 회원들이 있을 것이다.

    처음 깃발을 만든 이유는 단순했다. 노동절이나 노동자대회 같은 큰 집회가 있을 때 회원들이 어디서 모이는지 찾기도 힘들고, 행진이라도 하려면 어느 대오를 찾아가야 하는지에 대한 혼란을 줄여 보려는 생각이 깃발 제작으로 이어졌다.

    그렇게 만들어진 깃발이 벌써 10년 넘게 거리를 누비고 다닌다.

    처음 제작 의도와는 달리 노노모의 '양대 명절'이라 할 노동절과 11월 노동자대회뿐만 아니라 세월호의 아픔에도, 철도노조의 파업 현장에도, 총파업 집회에서도, 탄핵 집회의 한가운데에도, 노동자·민중의 아픔이 있었던 곳 어딘가에서도 깃발은 나부끼고 있었다. 그 깃발 아래에는 항상 노노모 회원들이 지지와 연대의 마음을 담아 함께 있었다.

오랫동안 들고 다니던 깃발이다 보니 이제는 우연히 깃발을 보고 찾아온 노동자들과 거리에서 즉석 상담이 이뤄지기도 한다. 노무사가 되기 전 노노모 깃발을 보며 '무슨 노무사 깃발이 저렇게 낡았어'라고 생각했던 어떤 이는 이제 노노모의 회원이 돼 활동하고 있다.

10년 넘는 세월 동안 길거리에서 눈·비·물대포·최루탄을 맞아 가며 버틴 깃발이다. 노래 가사대로 자욱한 연기와 끝없는 싸움 속에도 까막까치 울 때까지 여전히 버티고 있는 깃발이다.

깃발은 여전히 처음 만들었던 그것인지라 모서리는 해지고 색은 바래 낡았다. 10년이면 강산도 변한다는데, 처음 만들고 난 뒤 10년이 훌쩍 지났으니 그럴 만하다. 새 깃발을 만들자는 의견들도 더러 들리지만, 아직은 그 낡음이 자랑스럽다.

벌써 노노모가 만들어진 지 20년이 됐다. 그 20년의 세월이 어찌 힘들지 않았겠는가. 법·제도적 한계와 정치적 현실 속에서 이길 때보다 질 때가 훨씬 많은 사건 결과에 수없이 자책하기도 했고, 돈벌이 안 되는 사건들로 일은 넘쳐나는데 사무실 유지비조차 대기 어려워 빚만 쌓여 갔던 수많은 시간과 사람으로 채워진 20년이다. 청운의 꿈을 품고 활동을 시작한 이들은 이제 중늙은이가 다 돼 버렸고 그들의 자식뻘 되는 이들이 새로운 회원으로 활동한다.

그렇게 힘들고 고단하게 사용자 대리를 하지 않는 공인노무사들이 모여 노동자·노동조합에 대한 전문적인 법률지원을 노동자의 편에서 펼치며 20년간 신념과 소신을 일관되게 지켜 가며 자랑스럽게 버텨 온 20

년의 세월이다.

언젠가 낡은 깃발은 새로운 깃발로 바뀔 것이다. 깃발이 바뀌어도 새로운 깃발은 늘 그래 왔듯이 거리에서 노동자들과 함께할 것이며, 노노모 역시 노동인권 실현을 위한 노동자의 물결 속에서 언제나 그랬듯 묵묵하게 우리의 자리를 지키며 함께할 것이다.

장면 10 2010년

● REC

대량 징계에 맞선 2009년 철도파업 노노모 공동대리인단

2009년 철도노조 파업에 대해 정권과 철도공사는 역사상 찾아보기 힘든 1만2천여 명 징계라는 폭거를 자행했다. 노노모 역사상 가장 많은 수의 징계자에 대한 공동대리인단에 관련된 이야기를 살펴보자.

유상철 공인노무사 | 노무법인 필

 2010년 8월 초 어느 날. 공공운수노조 법규부장이었던 배동산 노무사의 전화를 받았다. 당시 노노모 사무국장이었던 나는 '올 것이 왔구나!' 하는 생각과 동시에 엄청나게 부담스러운 제안이 밀려오고 있음을 직감했다.

 당시 민주노총 노동위원회 사업단장(이호동), 철도노조, 공공운수노조와 숱한 논의를 진행해야 하는 일이었다. 2008년 이명박 정권 출범 이후 '공공부문 선진화'라는 미명하에 노동조건 후퇴와 인력감축을 동반한 공공부문 구조조정이 몰아쳤다. 매번 그랬지만 이번에도 역시 전국철도노동조합은 공공부문을 대표해서 정권과 정면승부를 펼치고 있었다.

 2008년 7월부터 2009년 12월까지 진행됐던 철도노조의 단체교섭, 쟁의행위 찬반투표, 노동위원회 조정, 경고파업, 순환파업, 전면파업 등 일련의 노동조합 활동은 정당한 쟁의행위였다. 도리어 기괴한 일은 2008년 11월 한국철도공사 사장(강경호)이 뇌물수수 혐의로 전격 구속되고, 2009년 3월 경찰청장 출신 사장(허준영)이 취임한 사실이다. 훗날

2016년 4월 허준영은 용산개발 비리로 구속된다. 필수유지업무 제도가 도입된 후 처음으로 전개하는 파업투쟁이었던 만큼 철도노조는 각 조합원들의 직종 및 근무조 등에 따라 철저한 준비를 했다.

그러나 조합원들이 2009년 11월 26일~12월 3일 전면파업을 마치고 현장에 복귀하자 철도공사는 폭주하기 시작했다. 불법파업에 참여했다는 이유로 약 1만2천여 명을 징계하기 시작했다. 의장단, 본조 및 지방본부 국장, 지부장 등 주요 간부들 192명(해고 148명, 정직 44명)에 대한 중징계를 단행했다. 2010년 상반기까지 징계국면이 이어질 정도로 노사 모두 격한 대립의 연속이었다. 철도공사는 조합원들의 구체적인 행위에 근거하지 않고 싸잡아 중징계를 때렸다. 철도노조의 현장 조직력을 붕괴시키는 것이 주된 목적임이 자명했다.

지방노동위원회 구제신청 결과 턱없이 낮은 구제율을 보였다. 철도노조·민주노총·공공운수노조는 노동위원회 대응 투쟁을 고민하며 공동대리인단 구성·운영을 노노모에 제안했다. 첫째 중앙노동위원회를 통해 해고자를 중심으로 최대한 다수를 구제받는 것, 둘째 철도공사의 노조탄압에 대한 여론조성 및 개별 조합원 면담·간담회 등 현장 조직 안정화를 위한 것이었다.

대리인단에는 8개 지노위로 구분해 서울·강원(단장 고경섭, 간사 유상철, 손경미·이오표·최승현·최은실·문은영), 충북(신지심), 부산(윤대원), 충남(김민호), 경북(김용주), 전북(김학진), 전남(신명근)에서 13명의 노무사가 참여했다. 현장 조합원과의 면담을 통해 개인별 소명자료를 취합하는 것부터 시작했다. 사건의 시작과 끝은 결국 현장투쟁력 복원에 초점이 맞춰

져 있었기 때문이다. 파업의 정당성 관련 공통서면은 중앙(의장단 담당자)에서 제출하고, 지노위별 담당자가 개별 조합원에 관한 서면을 제출하는 방식으로 진행됐다. 2010년 10월 7일 1차 서면 제출 후 최종 판정이 이루어지기 전인 2011년 1월 14일까지 9차례에 걸쳐 수천 장의 서면이 오고 갔다.

중노위와 협의를 통해 노사 추천 공익위원 각 1명(노 : 박수근, 사 : 고홍소), 상임위원, 노동자위원(이호동), 사용자위원, 조사관(4명)을 배정하는 특별위원회를 구성했다. 2010년 12월 16일부터 2011년 1월 14일까지 매주 월·목 오후 1시 30분부터 1일 2~3회, 5~15명씩 나누어 심문회의를 진행했다. 매번 오후 7시를 훌쩍 넘겼지만, 개별 조합원의 소명권을 최대한 보장한다는 원칙은 지켜졌다.

2009년 철도노조 파업투쟁은 시작부터 끝까지 합법파업이었다는 것에 의심할 여지가 없는 상황이었다. 어떻게 한순간에 불법파업으로 둔갑해 서슬 퍼런 해고의 칼로 돌아오는지 도무지 이해할 수 없었다. 물론 기대치에 어느 정도 근접할지는 몰라도 최대한 많은 이들이 구제될 수 있다고 판단하는 것은 지극히 상식적인 일이었다.

드디어 2011년 1월 20일 판정 결과가 나왔다. 192명 중 41명만 부당해고로 인정됐다. 충격적인 결과였다. 공동대리인단의 한계는 무엇이었을까? 이명박 정권의 강경 대응 상황에서 어쩔 수 없는 결과였던가? 중노위는 존재 이유가 있는 것인가? 분노와 자책을 반복했던 기억이 떠오른다.

훗날 철도노조 탄압의 진짜 장본인이었던 이명박은 2018년 구속된다. 당시 철도노조 추천 공익위원이었던 박수근 교수는 2019년 중노위 위원장이 됐다. 무엇보다 안타까운 것은 정권의 노조탄압, 철도공사의 인사권 남용, 중노위의 부당한 판정으로 인해 2011년 11월 고 허광만(부곡기관차 승무지부장) 동지가 스스로 목숨을 끊은 일이다. 괜스레 미안한 마음에 마석 모란공원에 갈 때마다 그의 묘소 앞에 우두커니 서 있게 된다. 훗날 밝혀진 것처럼 고 허광만 동지는 해고돼야 할 아무런 이유가 없었기 때문이다. 2018년 철도공사와 철도노조는 해고자 복직 합의를 통해 해고자들은 현장으로 돌아가 여전히 힘차게 활동하고 있다.

2009년 철도노조 파업의 업무방해죄에 대해 1·2심 법원은 무죄판결을 했다. 2011년 3월 대법원 전원합의체 판결을 바탕으로 한 것이다. 그러나 2014년 8월 대법원은 유죄 취지로 파기환송했다. 훗날 2009년 철도노조 파업투쟁에 대한 대법원 판결은 2018년 '대법원 사법농단 사건' 중 하나로 거론됐다.[2]

이제는 말할 수 있다는 심정으로 개인적인 소회를 밝히면, 다수의 대

---

[2] 민주사회를 위한 변호사모임 사법농단 진상규명과 책임자 처벌을 위한 TF, '철도노조 파업· KTX 승무원 재판거래 의혹' 2018. 7. 20. 참조

리인단을 구성해 지역별 담당자를 배정하고 개별 조합원의 사건을 담당했던 것은 현장 조직 안정화를 위한 방편일 수 있었다고 생각한다. 하지만 구체적인 사건의 사실관계를 종합하고 주장의 일관성을 유지하며 중노위에 대응하는 실무적 측면에서는 분명 한계가 있었다.

본인이 맡은 사건에 집중한 나머지 해당 조합원을 구제하기 위해 다른 조합원에게 불리한 주장을 하거나 제출돼서는 안 되는 노동조합 내부자료가 제출되는 등 부작용도 여러 차례 발생했기 때문이다. 사건 진행 과정에서 대리인단 운영 기조 및 사건 대응의 기본 원칙에 대해 대리인단 모두가 깔끔하게 공유하고 소통하지 못했다는 것을 확인시켜 주는 대목이다. 당시 이명박 정권은 합법파업을 불법파업으로 둔갑해 공공부문에서 현장투쟁의 씨를 말리려고 했다. 철도노조는 거뜬히 맞서 투쟁했다. 노노모도 이 과정에서 함께 힘차게 연대했다. 2010년 대리인단 활동 과정에서 짓밟혔던 진실이 무엇이었는지 지금은 밝혀졌기에 '훗날'이라는 단어를 자꾸 써 가며 자족해 본다.

장면 11 2011년

● REC

매일노동뉴스 '노노모의 노동에세이' 그 장대한 시작

2011년 3월 17일 매일노동뉴스에 첫 에세이 "길 위의 노무사들"이 게재된 후, 10년 넘는 시간 동안 매주 '노노모의 노동에세이'는 독자들을 찾아가고 있다. 그 시작을 연 첫 에세이 저자의 이야기.

장혜진 공인노무사 | 민주노총 공공운수노조 조합원

2011년 초 30여 명이 참석한 노노모 수련회 뒤풀이. 프로그램이 준비되지 않아 어색한 순간, 즉흥적으로 일하며 겪은 애환 한마디씩을 털어놓자고 제안했다.

이야기는 봇물이 터졌다. 대개 이런 자리는 시간이 갈수록 집중력이 떨어지는 법이나, 그날은 이야기가 시작되자 마지막 발언자가 이야기를 마칠 때까지 잡담을 하는 이도, 술잔을 잡는 이도 없었고 시간이 갈수록 몰입도가 높아 갔다. 의뢰인의 아픔에 좌절한 이야기, 의뢰인과 함께 투쟁한 이야기, 의뢰인과 싸운 이야기, 의뢰인에게 배신당한 이야기. 천장을 바라보며 한숨을 쉬기도 했고 때로는 배를 잡고 웃기도 하며 이어 간 이야기로 3시간이 훌쩍 흘러갔다.

내 비루하고 아픈 역사를 누군가 자신의 이야기라 말한다. 내가 한 말이 아니지만, 이 얘기도 저 얘기도 다 내 이야기였다. 그래, 우리는 같은 처지였구나. 노동의 가치가 존중받는 사회를 만들기 위해 모였지만, 우리가 만들고자 하는 세상이 어찌 마냥 고상하고 아름다운 과정으로 이

루어질 수 있을까. 때로는 책임감에, 때로는 정의감에, 때로는 분노에, 때로는 그저 살기 위해 일하는 고군분투 생계형 전문직 노무사들의 초심 잡기 프로젝트! 이것을 글로 담자.

그러니 애초 제안은 당시 한창 인기리에 방영된 '체험! 삶의 현장 노무사 편' 같은 거였다. 그런데 매일노동뉴스에 기고를 하며 '노무사가 쓰는 노동자들의 이야기'로 글의 방향이 수정됐다.

당시 사무국장이었던 유상철 노무사는 이 어설픈 제안을 다듬어 노노모 에세이를 출발시켰다. 돌이켜 보면 유 노무사는 노동운동사에도 중요한 의미를 갖는 기록물을 만들어 낸 신비한 능력을 보여준 것이다.

노무사 10년 차에 노노모 에세이 글을 쓰고 또 한 번의 10년이 지났다. 2주에 한 번 염색을 해야 하는 나이가 되어 신체의 변화는 확연한데 세상은 달라졌을까. 10년 전 글을 읽어도 10년 후 글을 읽어도 그때 이야기가 지금의 이야기와 별반 다르지가 않다.

노동자에 대한 탄압으로 작동하는 법과 제도, 이것을 집행하는 행정기관의 횡포와 차별, 심화되는 불평등, 여전히 투쟁하는 노동자, 그를 억압하며 기생하는 세력들, 그리고 전문가 집단으로서 대안을 개발하고 분명한 목소리를 내는 데 주저하지 않는 노노모 회원들.

그래서 그때와 마찬가지로 위로가 필요할 때면 노노모 에세이를 읽어야 하고, 모르는 것이 있으면 노노모 에세이에 소개된 사례를 참고해야 하고, 잊지 말아야 할 사건이 있다면 노노모 에세이에 기록하고 공유해야 하고, 성취는 그 개인의 것으로 끝나지 않고 세상 모두의 것으로 돼야 하기에 노노모 에세이를 남겨야 한다.

누구나 시간이 많이 흘러도 사진처럼 선명하게 그때 그 공기와 순간이 기억나는 장면이 있을 것이다. 내게는 10년 전 노노모 수련회 뒤풀이 순간이 그러하다. 노동자에 대한 애틋함과 애절함이 가득한 이야기에 몰입돼 진공 같았던 그 순간.

그 일이 계기가 돼 10년간이나 이야기를 이어 갔고 500편 넘는 글이 쌓이고 쌓여 책으로도 발간된다니 감회가 남다르다.

글 한 편 한 편에 노동인권 실현을 위해 온몸으로 매달리고, 온 마음을 집중한 흔적이 담겨 있다.

투쟁하는 현장에 보석처럼 빛나고 있는 노노모 회원들이 있었기에 가능한 노동 현장에 대한 고발과 기록, 그리고 투쟁하는 노동자들에 대한 헌사가 고스란히 독자의 마음에 닿기를 바라 본다.

장면 12 2011년

● REC

**복수노조 제도 시행에 맞춰 발간된
〈노동조합을 위한 복수노조 제도 해설〉**

2010년 12월 31일. 사실상 날치기에 가깝게 복수노조 허용이라고 쓰고 교섭창구 단일화 강제라고 읽는 개정 노동조합 및 노동관계조정법(노조법)이 시행됐다. 노노모는 교섭창구 단일화 강요에 맞서 노동조합의 관점에서 법 해설서를 모임 개설 이래 최초로 발간했다. 첫 출판사업이다. 당시의 이야기를 필진 중 한 사람인 장영석 노무사의 기억을 통해 살펴보자.

장영석 공인노무사 | 전국언론노동조합 법규국장

우리 모임(당시 회장 장혜진의 표현을 빌리면 "길 위의 노무사들" 120여 명의 모임)의 첫 책 〈노동조합을 위한 복수노조 제도 해설〉을 펴냈던 장면을 글로 써 달라는 갑작스러운 부탁 전화를 받았다. 순간 아, 많은 것 심지어 정확히 언제쯤인지조차 기억나지 않았다. 그래서 혹시나 하며 개인 메일과 컴퓨터 파일을 모두 뒤졌다. 다행히 2011년 8월 8일 초판 발행 초판 전자파일과 그때 본 글 자료를 찾았다. 준비는 그 이전부터 했지만 발간은 교섭창구 단일화 절차 시행 한 달여 후에 이루어졌다. 초판 전자파일을 열어 잠깐 훑어보았다. 오래된 일이라 세세한 기억에는 한계가 있어 두루뭉술한 그때 기억을 되살려 적어 본다.

2002년 우리 모임이 결성되고 10년이 흐른 2011년 8월 첫 도서를 펴냈다. 2011년 7월 시행된 교섭창구 단일화 제도는 노동조합 설립 자유의 억압에 맞선 노동자와 노동조합의 투쟁이 바라던 결과는 아니었다.

특히 이른바 날치기 입법으로 만들어진 교섭창구 단일화 제도는 노동3권의 헌법적 보장이라는 규범 체계에서 정당성을 갖기 어려운 제도였고, 그 제도 시행의 실제는 노동3권의 침해일 것으로 많은 이들이 예상했다. 그리고 법 시행 뒤 10여 년이 지난 지금 그 실제는 정말 그러했다.

우리 모임은 교섭창구 단일화 제도의 위헌성에 관한 논의와는 별개로, 당장 시행을 앞둔 제도의 실제 적용에서 노동조합에 닥칠 실무적 혼란에 대응할 필요가 있다는 데에 뜻을 같이했다. 그렇게 〈노동조합을 위한 복수노조 제도해설〉이 나왔다.

"복수노조와 창구단일화는 기존 노동조합의 일반적 운영체계와 적절히 호환될 수 있는 것인가라는 의문이 지속적으로 드는 것이 사실이지만, 제도적인 미비는 입법적 과제와 노동조합의 자구적 해결 과제로 나눠 각각 해결방안을 찾으려고 노력했다. 무엇보다 이 책은 노동조합의 실무를 담당할 독자들을 위해 그들의 관점에서 서술됐다. 법률의 실제 적용 과정에서 나타날 노조 운영상의 문제점을 예상하고 그에 따른 대응방법을 최대한 마련해 봤다."(펴냄 취지 중에서)

우리 모임의 이름으로 값이 매겨져 팔려야만 하는 책이기에 아무래도 책 내용의 수준에 신경 쓸 수밖에 없었다. 그래서 꽤 부담스러웠을 수도 있었을 텐데 일하는 시간, 일이 끝난 시간을 쪼개 자료를 모으고 읽고 토론하고 그 결과를 글로 옮기는 과정에 함께한 글쓴이들(김철희·장영석·구동훈·배현의·김혜선)이 열심히 했다.

오랜만에 들여다본 초판 전자파일을 훑어보니 지금 생각과 다른 생각을 담은 쟁점도 있고 설명이나 근거가 충분하지 않은 부분도 눈에 띄었다. 10년이 지난 지금도 특히 교섭창구 단일화 제도의 실제 적용에서 해결되지 않는 쟁점이 있을 정도인데, 제도 시행 초기에 그 쟁점 해결을 시도하려는 책 펴냄은 꽤 의미 있는 노력이었다.

우리 모임이 첫 책을 펴내고 다시 10년이 흘렀으니 우리 모임도 20년이 지났다. 예나 지금이나 우리 모임의 "길 위의 노무사들"은 노동3권 보장체계를 튼실히 하려고 곳곳에서 노력하며 살아가고 있다. 분명 그때 그렇게 노력하며 살았고 지금 그리고 앞으로도 그렇게 살아갈 그들의 존재가 우리 모임 이름의 첫 책 펴냄의 가장 큰 힘이었으리라. 우리 모임의 첫 책 펴냄을 그렇게 기억하고 싶고 그렇게 기억해 주었으면 하는 바람이다.

장면 13 2012년

● REC

노조파괴의 대명사 창조컨설팅을 법의 심판대에 세우다

창조컨설팅을 기억하시는가? 노조파괴의 대명사로 아직도 인구에 회자되는 창조컨설팅. 2012년 국회에서 창조컨설팅의 만행이 밝혀진 뒤 노노모는 노동법률가 단체와 연대해 창조컨설팅을 노조법 위반 등의 혐의로 고발했다.

이오표 공인노무사 | 이산 노동법률사무소

노동자들과 연대하고 노동자들의 권리 찾기를 지원하는 노노모 회원들과 달리 자신의 경제적 목적 등 다른 목적을 위해 노무사를 선택하는 사람들 또한 존재한다. 심지어 사용자에게 불법행위를 알려 주면서 노동자들을 힘들게 하고 노동조합을 파괴하는 일부 노무사들은 예전이나 지금이나 존재한다.

창조컨설팅은 예전부터 노동조합 무력화와 와해로 악명 높았다. 창조컨설팅이 개입했던 노사관계에는 항상 해고자와 농성, 구사대가 등장했고 말 그대로 피바람이 불었다. 노동조합을 지키기 위한 처절한 투쟁이 이어졌다. 그리고 노동조합을 지키려는 투쟁 속에 유성기업 고 한광호 열사 같은 안타까운 죽음도 있었다.

심○○ 노무사는 한국경총에 근무하면서 사용자들과 관계를 형성하고 창조컨설팅이라는 노무법인을 설립해 노사관계에 적극 개입했다. 나중에는 노동위원회 공무원까지 영입해 노동부·노동위원회를 아우르는 로비체계를 구축했다.

이 같은 사실은 2018년 노동행정개혁위원회에서 발간했던 활동보고서에도 "고용노동부는 ○○○○병원 노조법 위반 사건에서 노무법인 창조○○○의 노조법 위반 사실을 인지하고도 대응책을 수립하지 않았으며, 그 결과 창조○○○의 노조파괴 행위가 지속될 수 있었음"이라고 적시됐다.

심○○가 제공한 노조파괴 프로그램에는 금속노조 등 강성노조의 조합원 축소, 친 회사 노조의 출범, 산별노조를 기업별노조로 변경해 통제할 방안, 현 노조 집행부에 대항할 세력을 키우는 방안 등 각종 불법을 동원해 노조를 파괴할 방안을 총망라하고 있었다. 언론 보도에 따르면 창조컨설팅은 전성기에 무려 168개 기업을 컨설팅하며 14개 노동조합을 파괴하는 데 앞장선 것으로 알려져 있다.

심○○와 창조컨설팅은 유성기업·발레오전장·상신브레이크·보쉬전장·만도 등 금속노조 사업장뿐만 아니라 병원, 대학 등 각종 노동 현장에 개입해 민주노조를 무력화하는 프로그램을 제공했고, 민주노조 조합원 수를 축소하는 것으로 성공보수를 받았다. 조합원 수를 줄이는 것을 "성공"으로 보는 것도 경악스러운데, 이러한 불법행위들로 창조컨설팅이 벌어들인 수익도 천문학적 금액이다.

당시 기사에 따르면 2010년 1월부터 2012년 8월까지 창조컨설팅의 3개 은행 11개 계좌 거래내역을 보면 총 23개 기업에서 무려 82억4천500만 원이라는 어마어마한 돈을 받았던 것으로 확인된다. 이 많은 돈이 노동자들의 고혈이라고 어찌 말하지 않을 수 있을까.

2012년 국회를 통해 이러한 사실이 알려진 뒤, 노노모는 2012년 9

월 노동법률단체들과 함께 창조컨설팅 심OO(대표)와 전직 노동위원회 공무원이던 김OO(전무)을 노동조합 및 노동관계조정법(노조법) 위반으로 고발했고, 대법원은 2019년 8월 두 사람에게 징역 1년 2개월의 실형을 선고했다. 하지만 그들이 파괴한 노조들은 아직도 고통을 겪고 있다.

창조컨설팅에는 심OO 이외에도 많은 노무사들이 있었고 이들 역시 노조파괴 프로그램에 관여했을 것이라 보는 것이 합리적이다. 창조컨설팅은 2014년 법인인가가 취소됐고 심OO 역시 공인노무사 자격이 취소됐다. 하지만 창조컨설팅에 있었던 이들에게 어떠한 조치가 취해졌다는 이야기는 들리지 않는다. 그리고 그들은 아직도 자신의 과거를 숨긴 채 노무사로 활동하고 있다.

창조컨설팅은 사라졌지만 이후에도 언론지상에는 창조컨설팅의 노조파괴 프로그램과 유사한 방식으로 민주노조를 파괴하는 노무사들이 등장한다. 노동 현장에 노동기본권을 인정하지 않고 노동조합을 파괴하기 위한 온갖 방법을 동원하는 사용자들이 존재하는 이상, 불법적인 행위 내지 합법을 가장한 행위에 법률적으로 조력하는 노무사들 역시 존재할 것이다.

그러나 이런 사용자들과 이에 부역하는 노무사들에게 꼭 말해야 할 점이 있다. 창조컨설팅에 불법 컨설팅 비용을 회삿돈으로 지급했던 모기업 대표이사는 배임 혐의로 처벌받았다. 노조파괴 컨설팅은 돈을 준 이도, 받은 이도 모두 처벌받을 수밖에 없는 범죄행위인 것이다.

만약 이 글을 읽는 당신이 노무사라면, 처음 노동법의 목적을 고민했던 초심을 잘 지키고 살고 있는지 항상 돌아봐야 할 것이다.

장면 14 2012년

● REC

노노모 질병판정위원회에 결합하다
- 불편한 것, 부당한 것 바꿔 달라 요구하세요. 계속~

업무상질병판정위원회는 2006년 12월 노사정 합의에 따라 노동자들의 업무상 질병을 판정하기 위해 2008년 7월 1일 설치된 기구다. 노노모는 2012년부터 전국 질병판정위원회에 심의위원으로 결합해 활동 중이다. 지금도 질병판정위원회 위원으로 활동 중인 한 회원의 이야기.

최진수 공인노무사 | 노무법인 노동과인권, 민주노총서울본부 법률지원센터

    노노모 회원으로서 2014년부터 서울업무상질병판정위원회(현 서울남부업무상질병판정위원회) 심의위원으로서 활동해 오고 있다. 사실 통계를 분석·활용하거나 엄격한 논증을 거쳐 의견을 말하는 취향도 아니고 잘 못하기도 해서 8년간 질병판정위 심의위원을 하면서 느낀 바나 하고 싶은 얘기를 짧게나마 해 볼까 한다.

    사람이 왜 아프게 됐는지를 알기란 참 어렵다. 현대 의학은 사람이 아픈 상태를 회복시키는 데에는 그 발전이 눈부신 편이지만, 아픈 원인을 밝히는 데에는 발전이 더딘 편이다. 그도 그럴 것이 우리 몸의 세포와 조직은 무엇 때문에 어떻게 변화를 거쳐 갔는지 일기를 써 두지 않기 때문이다.

    근로복지공단은 그 어렵다는 아픔의 원인을 판단하게 하려고 질병판정위를 두고 있다. 사실 질병판정위가 처음부터 그 목적에 따라 제대로 된 기능을 하기에는 한계가 있다. 사람이 아픈 원인을 정확히 알기가 어

렵기 때문이다. 그래서 의학전문가들로 다수 포진돼 있는 질병판정위에 원인 판단에 대한 권위를 인위적으로 부여한 것일 뿐이다. 자연과학적 양심을 가졌다면 적어도 현재의 의학 수준에서는 사고가 아닌 한 적지 않은 질병들에서 사람이 아프게 된 정확한 이유(신체 변화를 유발한 과정)를 알 수 있다고 말하기 어렵다. 참으로 다행인 건 산재 관련법령과 각종 고시·지침에서 질병의 원인이 업무와 관련 있는지를 판단하는 기준을 둬 심의위원들에게 자연과학적 양심의 부담을 덜어 주고 있다는 점이다. 즉 자연과학적 판단은 질병의 업무관련성을 판단할 때 일부 근거가 될 수 있지만 최종적인 판단은 사회과학적 방식으로 이루어진다는 것이다.

바로 이 점 때문에 질병판정위에서 업무상 질병을 심의하는 과정에서는 사업장에 유해요인이 있었는지, 재해자가 해당 유해요인에 얼마나 노출됐는지, 노출과 질병 간 인과관계가 있는지를 가지고 토론을 하게 되는데 이 중 핵심은 노출과 질병 간 인과관계라 할 수 있다.

인과관계에 대해서 예전에는 '업무기인성'이라는 표현을 주로 사용했지만, 요즘에는 '업무관련성'이라는 표현을 주로 사용하고 있다. 두 표현의 차이는 바로 '기인'과 '관련'의 차이인데, 인과관계를 어느 정도면 충족하는 것으로 볼 것이냐에 대한 관점의 차이가 있다. 즉 '업무관련성'을 쓰게 되면 업무에서 '기인'한 것으로 볼 수는 없더라도 업무와 '관련'돼 있다고 볼 수 있는 경우에는 인과관계를 충족하는 것으로 볼 수 있게 된다.

질병판정위 심의에서는 이 '업무관련성' 여부에 대해 위원마다 생각을 얘기하는데, 토론을 하다 보면 위원마다 시각 차이가 있음을 느끼게 된다. 시각 차이들을 살펴보면 대체로 다음과 같은 생각들이 있는 것 같다.

첫째로, '노동자가 가지는 모든 질병은 일차적으로 업무관련성을 갖는다'는 생각이다. 이 생각은 노동자의 질병이 업무 외의 요소로 인해 발병했다는 반증이 없는 한 업무관련성을 인정한다. 이 생각은 산재와 관련한 정책적 신념과 연결돼 있는 경우가 많다.

둘째로, '노동자의 업무 환경, 개인적 건강 정보, 발병 경위 등을 종합해 업무와 질병 간 상당한 인과관계가 있으면 업무관련성을 인정한다'는 생각이다. 이 생각은 인과관계를 추정할 수 있는 것으로 보는데, 가능한 발병 요인으로 업무와 관련한 요인과 업무 외 요인이 동시에 확인되는 경우에도 업무관련성을 배제하기 어려운 경우라면 인과관계를 인정한다. 이건 마치 박 터뜨리기 놀이에서 박이 터진 원인이나, 모래탑 깃대 세우기 놀이에서 깃대가 쓰러진 원인을 정하는 것과 유사하다 할 수 있다. 이 생각은 최근 많은 질병판정위원들이 갖고 있는 듯하다.

셋째로, 질병은 유전적 원인이나 생활습관, 기초 건강상태 등 개인적 원인에 의해 주로 발병하고 원칙적으로 업무로 인해 발병했다는 명확한 근거가 없다면 업무관련성을 인정하기 어렵다는 생각이다. 이 생각은 작업조건 등 업무 환경이 발병에 영향을 미칠 수 있으나 연구 결과로써 확증된 것이 아니면 주된 발병 요인으로 인정하기 어려워한다. 이 생각은 일부 임상의들이 하고 있는 것으로 보이는데, '명확하게 개인적 원인에 의해서 발병한 것이라 볼 수는 없지만 동시에 업무와 관련해 발병한 것이라 볼 수 있는 근거 또한 명확하지 않기 때문에 업무와의 관련성을 인정할 수 없다'는 입장이다.

넷째로, 산재로 보호받을 필요에 따라 업무관련성이 확장 인정될 수 있다는 생각이다. 사실 이 생각은 늘 보호의 필요성만을 기준으로 판단하지는 않고 통상적으로 상당인과관계를 기준으로 판단하다가 특수한 보호가 필요한 경우 임시로 작동하는 경향을 보인다. 산재와 관련해 업무관련성이 '입구'이고 보상이 '출구'라고 한다면 출구가 필요하다고 생각되는 예외적인 경우 입구를 넓혀 주는 모습이다. 이 생각은 간혹 업무관련성 인정 기준이 변하는 계기가 되기도 한다.

질병판정위 심의 결과는 이런 다양한 생각들 속에서 각자 근거를 토대로 의견을 제시하고 다수결 원리에 따라 도출된다. 그렇다 보니 어떻게 하면 다른 위원들을 설득할 수 있을까 고민하기도 하고, 때에 따라서는 다른 위원이 말하는 내용을 듣고 배우게 되는 일도 자주 있었다. 그래서 내 생각과는 다른 결론이 나오게 되면 심적 부담이 작지 않다.

사실 2017년 정도까지만 해도 질병판정위원들의 다양한 생각을 얘기하기에 앞서 운영 자체와 관련해 많은 문제가 있었다. 방대한 심의자료를 회의 날짜에 임박해서 위원들에게 제공한다든가, 영상 자료가 사전에 제공되지 않는다든가, 재해조사가 제대로 돼 있지 않다든가, 회의를 주재하는 역할을 해야 할 위원장이 위원들 간 판단을 위한 토론에 지나치게 개입한다든가, 하루에 지나치게 많은 심의안건을 다룬다든가, 심의회의에 참여한 임상의가 신청 상병을 인정하지 않으면 주치의나 자문의사가 인정했더라도 신청한 상병을 없는 것으로 본다든가 하는 것들이 그것이다. 지금에 와서는 이런 부분들이 상당히 개선됐다. 그 변화의 과정에서 금속노조가 끈질긴 싸움으로 큰 몫을 해 줘서 지금도 고마운 마음이 있다.

지금에 와서는 과거에 비해 토대가 상당히 개선돼 업무관련성에 관한 토론이 활발히 이루어지는 편이다. 물론 아직도 여러 절차와 관련한 비판이 있고, 업무관련성을 인정하는 범위가 협소하다는 비판도 계속되고 있는데 개인적 경험으로 볼 때 업무관련성 인정 범위는 관련한 연구 자료의 축적이나 위원들 인식의 변화가 뒤따랐을 때 넓어진다.

그러다 보니 질병판정위는 외부의 요구에 비해 변화되는 속도가 느린 편이다. 그러나 동일한 상병이지만 과거에는 인정되지 않았다가 최근에는 인정되는 상병이 있듯이 포기하지 않고 업무관련성을 인정해 달라는 요구가 계속되는 한 더디더라도 반드시 인정 범위가 넓어질 것이다. 질병판정위에서 위원으로 활동하고 있는 터라 어색할 수 있지만, 외부에서 계속 질병판정위를 비판하고 요구를 했으면 좋겠다.

그래야 질병판정위가 변화할 것이고, 질병판정위가 변화되면 지금보다 더 홀가분하게 심의에 참여할 수 있을 것 같다. 다들 건강하게 직장생활 하시길 바란다.

장면 15 2014년

● REC

회원특강 with 중노위 역전 7선

노노모의 처음은 연구와 공부에서 시작됐다. 이후 우여곡절을 거쳐 2014년 최초의 회원특강을 시작했고, 이후 1년 2회씩 회원들을 대상으로 특강이 진행되며, 하반기 특강은 고정적으로 중앙노동위원회에서 초심 결과를 뒤집고 승리한 사례들 위주로 연구·토론을 진행한다. 노노모 회원특강을 알아보자.

박성우 공인노무사 | 노무법인 노동과인권, 민주노총서울본부 법률지원센터

2013년 11월, 노노모 8대 집행부는 어려운 조직 상황에서 힘겹게 출범했다. 2012년 하반기부터 노노모 7대 집행부의 활동이 사실상 중단됐기 때문이다. 정기총회는 물론 집행위 등 각종 회의 운영도 되지 않았고 그로 인해 회원들의 내부 활동 체계도 거의 무너진 상태였다. 회원 비상 간담회를 거쳐 어렵게 개최한 정기총회(2013. 11. 30.)에서 우선 신임 임원으로 회장(유상철 노무사)과 부회장(박성우 노무사)만 선출했는데, 신임 집행부에게는 사실상 노노모 재건과 복구라는 책임과 역할이 맡겨졌다.

출범 직후 삼성전자서비스노조 투쟁, 민주노총 불법침탈 규탄 법률가단체 활동, 철도노조 파업 지원 등 2013년 12월 한 달 동안에만 10여 건의 급박한 대외활동들부터 재개했다. 내부적으로는 회원 현황 파악 및 관련 규정 정비 등을 시작하면서 체계 복구에 집중했다. 따라서 노노모 8대 집행부는 무엇보다 '회원 간 친목 도모, 내부 모임 활성화, 정기

사업 안정화'를 우선적인 사업 기조로 채택하고 각종 사업을 추진했다. 이러한 기조 속에서 임시총회를 겸한 정기워크숍(2014. 4. 11.)을 거의 2년 만의 1박2일 행사로 충주에서 개최했고, 당일 '분과' 재건과 함께 '소모임'을 노노모 공식 기구로 설치하기도 했다.

이렇게 내부 체계 안정화를 위한 토대를 마련해 가던 상황에서 내부 활동 활성화의 취지로 몇 가지 새로운 사업 기획안을 집행위에 제출 (2014. 8. 18.)했는데 '내부공모 연구사업', '기획 공동대리사건', '내부 설문조사 사업' 등과 함께 바로 '회원특강'이 그 새로운 사업 중 하나였다. 회원특강 사업의 제안 취지는 총회와 정기워크숍만 있던 회원 전체 행사를 확대해 회원 간 친목 도모 및 결속력을 강화하면서도 전문성 있는 자리를 마련해 보자는 것이었고, 한편으로는 준비에 들어가는 수고에 비해 많은 참여를 만들어 낼 수 있는 이른바 가성비가 큰 사업이라는 판단도 있었다.

2014년 10월 11일, 노노모 정기 행사로서 첫 회원특강을 개최했다. 김지형 전 대법관을 모시고 '한국 노동법의 현황과 개선방향 - 노동사건 판례를 중심으로'라는 주제로 강연을 들었고, 회원인 장영석 노무사가 '최신 판례 검토' 발제를 하고 함께 토론하는 시간을 가졌다. 총회 때보다 많은 회원들이 오랜만에 함께했고 내용도 좋아 회원들의 호평이 있었다. 2015년 회원특강(2015. 10. 3.)은 '노동권의 재정립 - 사용자 : 사업을 지배하는 자'라는 주제로 박제성 한국노동연구원 연구위원의 강연을 경청했다.

2015년 회원특강에서는 전년도와는 다르게 강연 외에도 회원들의 활동내용을 공유하는 자리를 마련했다. 회원들의 관심도가 높고 업무역량도 제고할 수 있는 아이템을 고민한 끝에 '중노위 역전 7선'을 회원특강의 새 코너로 신설한 것이다. 지난 1년간 중노위 심판사건 사례를 전수조사해 초심 판정 취소로 노동자·노조가 이긴 이른바 역전 사례 중에서 우리 노노모 회원들이 대리한 의미 있는 사건 7건을 선정했다. 사건을 담당했던 회원 노무사가 직접 사건 개요와 시사점 등을 설명하고 함께 토론을 진행했는데, 상당히 재미있고 의미도 커서 '중노위 역전 7선'은 이후 회원특강의 고정 코너가 됐다.

이후로 '올해의 역전 7선'에 선정되는 것은 당사자인 회원 노무사에게는 나름 자랑스러운 일이 되기도 했다. 다만, 당일 행사 참석 가능 여부가 또 다른 주요 선정기준이었고 그래서 더 의미가 큰 사례임에도 선정에서 제외할 수밖에 없었던 안타까움도 있었음을, 이 기회에 당시 사업 담당자로서 고백한다.

회원들의 많은 참여와 호평 속에 회원특강 사업이 성공적으로 진행돼 2015년 11월 출범한 노노모 9대 집행부는 회원특강을 연 2회 정기적으로 개최하기로 결정했다. 2016년 상반기는 김홍영 성균관대 교수('취업규칙의 본질과 대안')와 윤효원 인더스트리올 컨설턴트('외국 사례를 통해 본 한국 노동법제 및 노사관계의 좌표와 개선방향')의 강연이 있었고, 하반기는 박수근 한양대 교수('노동위원회 제도 운영현황과 개선 방향')의 강연을 듣고 2부 순서로 역시 '중노위 역전 7선'을 진행했다.

이후 2017년 상반기는 강성태 한양대 교수('노동인권을 위한 개혁 - 새 정부의 노동과제')의 강연을 듣고 노동법률가단체 간사회의 사업 진행 내용을 토대로 '새 정부의 우선 입법과제'를 회원들끼리 토론해 보는 시간을 가졌다. 하반기에는 도재형 이화여대 교수('양승태 대법원의 노동판례')의 강연 후 '중노위 역전 7선'이 이어졌다.

2018년 상반기는 예년과 다르게 2개 분과(일본노동법연구분과, 산재분과)의 내부공모 연구사업 결과물을 발표하는 자리를 마련했고, 하반기는 권오성 성신여대 교수('독립된 체계로서의 노동법과 노동법학 방법론')의 강연을 듣고 '중노위 역전 7선'을 진행했다.

2019년 상반기는 김혜정 한국성폭력상담소 부소장('사회 변화와 젠더적 이해 ? 노무사는 페미니스트여야 한다')과 회원인 유성규 노무사('산업안전보건법 실무 이해')를, 하반기에는 강연 대신 '노노모 조직문화진단 설문조사 결과 발표' 및 토론의 시간을 가진 후 '중노위 역전 7선'을 진행했다.

2020년에는 코로나19 상황으로 회원특강을 개최하지 못한 대신 하반기에 '중노위 역전 7선'을 선정해 자료를 회원들에게 배포했고, 2021년에는 역시 하반기에 '중노위 역전 7선'을 발표하는 회원특강을 온라인으로 개최했다. 코로나19 상황이 다소 개선된 2022년에는 오랜만에 오프라인 회원특강이 다시 개최됐고, 박귀천 이화여대 교수('남녀고용평등법 개정에 따른 노동위원회 성차별·성희롱 시정제도 이해')와 권오성 성신여대 교수('중대재해처벌법의 체계')의 강연이 있었다.

어려운 상황에서 노노모 내부 활동의 복구·활성화 차원에서 기획했던 회원특강이 노노모의 대표적인 회원 전체 행사로 자리를 잡았고 노노모의 새로운 도약을 위한 하나의 기틀이 됐다. 한편 '중노위 역전 7선'은 노노모 회원들의 역전 사례가 많았기에 가능한 코너였다. 매년 중노위 심판사건 사례 검색을 하면서, 중노위에서 노동자·노조가 역전한 사건의 많게는 3분의 1을 우리 노노모 회원들이 대리했음을 확인할 때는 정말 큰 뿌듯함을 느끼기도 했다. 인식의 새로운 지평을 열어 주신 역대 강연자들과 그동안 회원특강에 함께해 주신 회원 여러분께 이 지면을 빌려 감사의 인사를 드린다.

장면 16 2016년

● REC

노동부 성희롱 조사절차 미비에 대해 국가인권위의 시정권고를 받아 내다

노동부는 직장 내 성희롱 발생 시 이를 조사·처벌해야 하는 주무부서다. 그러나 놀랍게도 직장 내 성희롱 조사에 대한 정밀한 조사지침이 없었고, 그나마 있었던 지침조차도 조사 현장에서는 무시되기 일쑤였다. 노노모는 국가인권위원회에 해당사안을 진정하고 인권위에서 시정권고를 받아 냈다. 당시 인권위 진정을 담당했던 회원의 이야기.

배현의 공인노무사 | 노무법인 노동을잇다

2016년 초 김포공항에서 일하는 미화원들이 노동조합을 설립했다. 감히(?) 미화원 주제에 노동조합을 만들어 소장을 오라 가라 하고, 심지어 파업이라는 걸 하겠다는 이들의 단결에 대응하는 사용자의 수법은 예상 그대로였고 참담한 풍경을 만들어 냈다. 하기야 노조 가입을 일제강점기 독립운동을 결심하는 것처럼 생각하는 대한민국이니 오죽할까.

그럼에도 이들이 온갖 괴롭힘을 버텨 내고 노동조합을 굳건히 지켰던 동력은 단언컨대 '분노'라고 생각한다.

그 분노의 한 갈래가 직장 내 성희롱이었고, 그 사건을 노동조합 설립부터 지원해 온 민주노총 서울본부 노동법률지원센터가 담당했다. 우선 실태조사를 통해 직장 내 성희롱 상황을 파악하고, 진정이 가능한 사안들을 추려 인터뷰를 진행했다. 인터뷰는 정말 힘들었다. 가만히 듣고 있는 것도 힘든 이야기들에 함께 울기도 하고, 주먹을 불끈 쥐며 만든 결과물로 진정서를 접수했다.

한 번이라도 노동청을 방문한 적이 있다면, 출석조사가 어떤 식으로 진행되는지 그림이 그려질 것이다. 그러나 직장 내 성희롱 사건이었기에 다소 다른 장면을 상상했었다. 그러나 그 상상이 얼마나 철없던 것인지를 조사 시작과 동시에 깨달았다.

다양한 사건의 진정인들과 사장들이 감독관을 앞에 두고 앉아 설왕설래 대질조사를 진행하고 있는 일명 '도떼기시장' 같은 노동청. 그 무리 중 하나로 피해자 7명과 가해자 1명이 밀착돼 대질조사를 받았다. 가장 '웃폈던' 장면은 옆 책상에서 대질조사를 받던 모르는 노동자가 글썽거리며 자기도 그런 일을 당했다는 공감을 표할 때였다. 꺼내 놓기 어려운 피해 사실을 수차례, 수많은 사람 앞에서 반복해야 했던 피해자들을 보며 대리인이라는 사람이 할 수 있는 일이라곤 항의밖에 없었다.

조사를 위한 막힌 공간이 없으면 파티션이라도 세워 달라는, 상사인 가해자가 피해자들에게 버럭버럭 소리 지르는 거라도 제지해 달라는 힘없는 그런 항의였다. 조사는 끝났지만 분노는 사그라지지 않았고 결국 며칠을 고민한 결과로 고작 인권위에 진정을 제기했다. 노노모가 제안에 빠르게 화답해 주었다. 결과는 나쁘지 않았다. 국가인권위원회는 '16진정0983100'의 결정을 통해 "고용노동부 장관에게 성희롱 사건 조사 시 비공개 장소에서의 조사를 의무화하도록 관련 규정을 개정하는 등 재발방지 대책을 수립할 것을 권고한다"는 결정을 내렸다.

그해의 주요한 제도개선 사례로 선정될 만큼 파장도 있었고, 소소하지만 현장의 변화도 있었다. 그러나 노동자들이 입은 피해는 조금도 회복되지 않았다. 그때를 복기하면 가슴 한편이 여전히 씁쓸한 이유는 그

때문일 것이다.

　다소 높은 장벽의 자치규약을 가진 노노모에 꼬박꼬박 회비를 내며 구성원의 자격을 유지하는 이유를 가끔 나에게 묻는 이들이 있다. 다소 오그라들지만 간단히 답하자면 분노할 줄 알고, 공감하며, 이를 바꿔 보려는 의지와 행동을 하는 같은 직업을 가진 사람들의 모임이기 때문이다.

　인권위 진정 사건에 대한 글을 요청받고 도대체 뭘 써야 할까 고민했다. 평석 쓰듯 사건의 쟁점을 분석하는 것도 어색하고, 에필로그를 꺼내 들기는 무겁고, 그리하여 나는 내가 노노모인 이유를 담아 보려 한다. 분노를 묵인하려는 순간, 공감을 회피하려는 순간, 행동하지 않으려는 순간에 '노노모들'이 떠오른다. 바로 그것이다.

　나는 정의로운 분노와 공감은 세상을 바꾼다고 확신한다. 인권위 진정 사건은 노동자들의 분노와 노노모의 공감이 만들어 낸 결과이고, 여기 담기지 못한 우리가 만든 수많은 변화가 노노모의 20년이며, 이런 변화를 기약하며 다시 스물한 살의 걸음을 이어 가겠지. 그리하여 우리는, 투쟁!

PS. 성희롱 진정 사건의 출석조사의 현장에 있었던 이는 같은 사무실 동료였던 송예진 노무사다. 선배랍시고 분노로 방방 뛰며 쪼아 대던 일들이 스쳐 부끄럽다. 그러나 그녀와 내가 파트너가 됐던 기억들에 행복하고, 그녀가 그립다. 서울에 한번 오셔서 술 한잔 하시자고요~

장면 17 2016년

● REC

거제·통영·고성과 함께한 노노모, 우리가 지키고 싶었던 것

2016년. 사상 유례없다는 조선업 불황이라는 불똥을 온몸으로 맞아야 했던 이들이 있다. 2022년 8월에 다시 회자된 조선업 하청노동자들이 바로 그들이다. 예나 지금이나 불행은 가장 약한 자들부터 찾아온다고 했던가. 그들과 함께했던 노노모의 이야기를 살펴보자.

엄진령 공인노무사 | 전국불안정노동철폐연대 상임집행위원

    2016년, 조선소 하청노동자들의 해고가 대규모로 일어나고 있었다. 2014년부터 시작된 유가 하락으로 해양플랜트 발주가 급감하면서 3만 명 넘는 조선소 노동자들이 일자리를 잃었고, 이후로도 6만 명 넘는 노동자들이 일자리를 잃을 것이라는 전망이 나왔다.

    조선소 노동자들의 일자리 상실은 해당 노동자들의 해고 문제를 넘어 지역 경제를 흔들고, 나라 경제 전체를 위협하는 문제로 인식되고 있었다. 그러나 경제를 살리고, 기업을 살리고자 하는 정부의 정책은 늘 노동자를 외면한다. 위기를 우려하는 목소리는 늘 그렇듯 기업의 위기에 주목하고, 노동의 위기는 가벼이 여긴다.

    기업이 휘청이면 공적자금을 투입해 기업을 살리려 애쓰지만, 그 과정에서 벌어지는 해고는 기업의 위기를 최소화하기 위한 수단으로밖에 여겨지지 않는 것이 현실이다. 2016년의 조선소 역시 다르지 않았다. 원청 조선소가 위기를 이유로 기성금을 마구 후려쳐 깎으며 버티는 사

이, 이로 인해 하청업체들은 줄줄이 문을 닫았고, 하청노동자들은 임금을 떼인 채 일터를 떠나고 있었다. '사람 자르는 구조조정', 그 속에서 노동자의 목소리를 드러내고, 그들의 투쟁을 만들고 지원하는 것이 절실했다.

금속노조 경남지부에서 2016년 5월 지역의 노동단체·정당·시민단체와 함께 '거제통영고성 조선소 하청노동자 살리기 대책위원회'를 구성해 대규모 해고에 맞선 움직임을 시작했다. 무엇보다 노동자들의 결집이 이루어지기 시작했다. '금속노조 거제통영고성조선하청지회 준비위원회'가 만들어져 하청노동자들에게 노동조합으로의 결집을 외치고 있었다. 격한 구조조정의 시기, 불안정한 고용상태에 놓인 노동자들은 최소한의 권리조차 보장받지 못하고 일터에서 쫓겨난다.

고용형태 불안정성에서 기인하기도 하지만, 대응할 노동조합이 없어 뿔뿔이 흩어져 제 살길을 찾을 수밖에 없는 노동자들이기에 더욱 그렇다. 특히 조선소는 다단계 하청이 만연한 곳이다. 정규직 노동자 외에 '본공'이라 부르는 1차 하청업체 소속의 노동자들이 있고, 그 아래 2차, 3차 하청에 소속된 물량팀 노동자들이 있다.

물량팀에는 상시고용 외에도 돌발팀, 아르바이트 노동 같은 더 열악한 고용형태의 노동자들이 또 섞여 있다. 주로 이 물량팀에 소속된 노동자들에게서 벌어지는 해고가 법적 대응력을 갖지 못한 상태로 마구잡이로 벌어지고 있었다. 조선하청지회 준비위원회는 그에 맞서, 권리를 위한 싸움을 시작할 교두보였다.

거리상담소 기획은 법률가로서 그에 힘이 되고자 하는 고민에서 시작됐다. 처음 현장에서 노동조합을 조직하고 있는 동지에게 거리상담소를 제안했을 때, 그는 투쟁에 어떤 도움이 될지 갸우뚱하는 듯했다. 사실 그렇다.

구조조정의 광풍 속에서 다만 법률적인 내용을 알려주는 것이 얼마나 도움이 되겠는가. 그러나 법률지원이 아니라 함께 뛰면서 조직화에 도움이 될 수 있도록 움직이는 것이 분명 현장에 도움이 되리라 생각했기에, 오케이만 하면 신경 쓰지 않게 다 알아서 하겠다고도 질러 봤다. 노노모 회의에서는 전국에 산재한 회원들이 조금씩 품을 내면 현장에 붙어서 지원을 하는 것이 가능하며, 노동조합이 조직되고 있으니 현장에서의 법률지원이 노동자들에게 용기를 줄 것이라고 뜻을 모았다.

노노모 회의가 있던 그 날로 기억한다. 거제에서 거리상담소를 하자고 연락이 왔고, 계획이 구체화되기 시작했다. 2016년 9월 6일 서울에서 '조선하청 노동자 대량해고 저지 시민사회대책위원회'가 출범하고, 노동법률단체들 역시 대책위원회에 참여했다. 거리상담소는 노동법률단체에 제안돼 함께 준비하기 시작했다.

노노모를 비롯해 민주노총 법률원, 민변 노동위원회 등이 힘을 모은 것은 순식간이었다. 이미 금속노조 법률원에서 현장 대응을 하고 있었기에 소송 진행이 필요할 경우 법률원으로 이관하기로 하고 서울의 시민대책위, 거제고성통영 대책위와 상의해서 일정을 잡았다.

그해 10월 29일 '조선하청노동자 대행진'이 계획됐고, 전국에서 거제로 오는 희망버스가 조직되기 시작했다. 그 일정에 앞서 한 주간 '거제고성통영 하청노동자 조직화 지원을 위한 거리상담소'를 추진하기로 했다.

변호사·노무사 각 한 명 이상으로 팀을 짜서 5일간의 프로그램을 준비했다. 일정을 짜고, 상담 매뉴얼을 만들고, 조선소 실태에 대해 사전 교육자료를 작성했다. 무엇보다 주의를 기울인 것은 조직화를 위한 지원 활동이었기에 하청노동자와 관련한 대책위의 요구안을 토대로 상담을 진행하는 것이었고, 노동조합 관련 상담일 경우 노조와 연계하는 방안도 마련했다.

다양한 하청관계와 물량팀 고용의 실질을 주의 깊게 판단해야 한다는 꼼꼼한 설명서를 덧붙였다. 해고 규모가 워낙 방대했던 만큼 고용노동부에서도 임금체불 및 체당금과 관련해 수시로 방침이 제출됐기에 그도 확인해서 상담 참고자료를 작성했다. 서울에서 함께 움직일 법률가들, 영남권에서 참여할 법률가들에게 연락하고 일정에 따라 배치하고, 상담 중 짬이 날 때 거리 강연을 진행하도록 강의안도 마련했다. 그리고 거리상담소 전날인 10월 23일, 드디어 거제로 출발했다.

상담은 삼성중공업 정문, 대우조선 남문과 퇴근문, 고용노동부 통영지청에서 진행됐다. 진행된 상담은 주로 임금체불과 산재가 많았다. 하청업체 사장이 도주한 경우, 하청업체 사장이 고용유지지원금을 받아 놓고는 임금을 체불하고 휴업수당도 주지 않은 경우, 일용직이라 증빙이 어려운 경우, 4대 보험료를 꼬박꼬박 공제해 놓고는 납부하지 않은 경우 등이 많았다.

우리는 이런 일들이 노조 없는 작은 사업장에서 폐업으로 가는 과정에서 벌어지는 행태들임을 또한 알게 됐다. 그만큼 현장은 위태로웠고, 상담이 드문 날도 있었지만 많은 날에는 노동자들이 줄을 서 기다리기도 했다. 그러나 상담보다 법률가들이 더 많이 했던 것은 마이크를 잡는 일이었다. 슬슬 상담소가 돌아가는 것을 보던 노동조합 활동가들은 법률가들에게 마이크를 넘기기 시작했고, 이제 막 노무사 자격증을 받은 신규노무사들이 가장 열심히 나서서 상담소를 안내하고 노동조합에 함께하자고 선전했다. 그렇게 5일간의 상담을 마치고 조선하청노동자 대행진이 있던 토요일, 거제시 아주공설운동장 집회를 마지막으로 모든 일정을 마쳤다.

이듬해인 2017년 2월 5일, 금속노조 거제통영고성조선하청지회가 출범했다. 그리고 2022년 정부를 긴장하게 만든 조선하청 노동자들의 투쟁이 있기까지 노동자들은 현장에서 있는 힘을 다해 뛰었고, 하청노동자들의 권리를 지키기 위해 싸우고 있다. 하지만 일터를 할퀴고 간 상처는 아직 채 낫지 않았다. 올해 대우조선 하청노동자들이 요구했던 30% 임금인상은 이때 삭감된 임금분이다.

빼앗긴 권리는 되찾지 못했는데, 기업들은 이제는 일손이 부족하다며 아우성이다. 노동조건은 열악한데 이주노동자를 손쉽게 고용할 수 있게 해 달라고 요구하고, 정부는 기업의 요구에 귀를 기울여 대책을 마련하고 있다. 그사이 투쟁했던 노동자들은 거액의 손해배상 청구를 당할 위기에 맞닥뜨리고 있다.

거리상담소가 운영됐던 그 5일간, 우리는 노동자의 일터를 지킬 수 있는 것이 노동조합이라는 믿음으로 조직화를 응원했고, 하청노동자들이 노동조합으로 단결해 일어서는 것을 지켜보았다. 우리는 언론이 떠들어 대는 나라 경제, 지역 경제보다 가장 아래에서 그 바탕이 되는 노동자의 삶을 지키고 싶었다. 그 삶은 여전히 위태롭다. '노동인권 실현'이라는 우리 모임의 목적은 여전히 멀다. 그래서 우리 모임이 노동자들에게 더 힘이 될 수 있기를 바란다. 거리상담소로 함께했던 5일간은 내 컴퓨터의 '조선하청' 폴더 속 활동일지의 기록보다 먼저, 함께했던 이들의 마음에 기록됐을 테니, 어디서든 노동자들과 함께 발을 맞추어 설 수 있을 것이다.

장면 18 2017년

● REC

'직장갑질119'와 함께 한 연대기

노노모 회원 노무사들이 지난 20년간 힘을 보탠 연대 단위는 셀 수 없이 많다. 그중에서도 많은 회원들이 5년째 끈끈하게 결합해 온 단체가 있다. 바로 '직장갑질119'다. 자발적인 연대를 통해 노노모 회원들은 '노노모' 노무사로서 할 일이 무엇인지를 매일 확인하는 중이다.

김유경 공인노무사 | 돌꽃노동법률사무소

'노노모' 회원 노무사들은 대체로, 늘 바쁘다. 각자 생업을 꾸리는 일이 빠듯하기도 하지만 노동 현안에 대응하기 위한 각종 활동에도 활발히 참여하는 탓이다. '노동자의 억울한 죽음', '노동조합 탄압' 등 노동 현장에서 긴급한 문제가 생기면 노노모 노무사들은 생업과는 무관한 각종 대책 모임들에 자발적으로 달려가 힘을 보탠다.

그중 노노모가 이례적으로 오랜 기간 끈끈한 인연을 맺어오면서 '연대(連帶)란 이런 것'임을 몸소 실천하고 있는 단체가 있다. 바로 사단법인 '직장갑질119'다.

2016년 11월, 서울 광화문광장에서 시민들의 촛불이 맹렬히 타오른 직후 급격한 정치 민주화의 흐름을 타고 '갑질 없는 민주적인 일터'를 실현하고자 몇몇 활동가들이 뭉쳤다. 그들은 직장에서 억울한 일, 부당하거나 위법한 일을 당한 노동자들이 누구나 쉽게 문제를 제보하고 상담받을 수 있는 가장 쉬운 경로를 고민했다. 그리고 카카오톡 오픈 채팅방에 '직장갑질119'를 열었다. 초기 멤버들은 "며칠 운영해 보고 반응이 시들하면 과감하게 문을 닫자"고 생각했다. 그런데 문을 열자마자 그것이 기우임이 확인됐다. 채팅방 상담 담당자들이 화장실에 다녀올 틈이 없을 정도로 채팅방에는 제보가 물밀듯 밀려들었다.

채팅방을 오픈한 지 나흘째 되던 날, 직장갑질119 초기 창설 멤버 중 하나였던 노노모 회원 노무사가 상담에 지친 나머지 던진 한마디. "헬게이트가 열렸다." 당장 채팅방에서 실시간으로 법률 상담을 진행할 '법률 스태프'가 더 필요했다. 가장 먼저 손을 내민 것은 노노모 회원 노무사들이었다. 누가 먼저랄 것도 없이 채팅 당번 기입란을 빠르게 채워 나갔다.

오픈 채팅방 참여자가 1천 명을 돌파하고 온라인 채팅이 안정될 무렵부터는 이메일 상담도 시작됐다. 오픈된 공간에서 꺼내기 어려운 이야기를 담은 이메일 사연 속에는 그야말로 온갖 종류의 '갑질'과 '불법행위', '상상을 초월하는 괴롭힘'들이 담겨 있었다. 노노모 회원들은 한 번도 만난 적 없지만 어딘가에서 '갑질의 고통'을 겪으며 도움의 손길을 청하는 익명의 노동자들을 위해 이메일 상담에도 적극 나섰.

아무런 보수도 주어지지 않고, 얼굴이 드러나는 일도 아닌 데다 각자 바쁜 시간을 쪼개 마음을 보태야 하는 일이었지만 노노모 회원 노무사들의 참여는 점점 늘어만 갔다. 그렇게 힘을 보태 직장갑질119 출범 이후 5년간 누적된 채팅, 이메일 상담 건수는 10만 건을 훌쩍 넘겼다.

일상적인 상담 외에 각자 '노무사'로서 지닌 전문성이 빛을 발하는 활동도 많았다. 직장 내 괴롭힘이 특히 심각한 업종의 노동자들이 모인 '업종별 온라인 모임'에 결합해 노동조합 결성과 집중 상담을 지원하는가

하면 사안별 보고서, 매뉴얼 작성에도 기꺼이 결합했다.

2019년 7월 16일 근로기준법상 '직장 내 괴롭힘 금지'가 시행된 이후 법의 한계로 인해 현장의 혼란이 커져 갈 무렵에는 생생한 사례들이 담긴 '직장 내 괴롭힘 예방 교안 마련' 작업도 함께했다. 각자 직장 내 괴롭힘 예방교육과 사내 조사, 심의위원 활동 등을 통해 경험한 문제점과 답답함을 공유하고 그 대안을 고민해 교안에 담았다. 그야말로 '집단지성'이 시너지를 발휘하는 순간이었다.

노노모가 지난 20년간 참여한 '공동대책위원회'는 셀 수 없을 정도로 많다. 하지만 대부분 공대위에는 노노모 회원 한두 명이 주도적으로 결합했다. '직장갑질119'의 경우 지난 5년간 어떠한 형태로든 이 활동에 결합한 회원 수는 적어도 전체 회원의 절반 이상을 차지한다. 이처럼 뜨거운 참여 열기는 어디서 비롯된 것일까. 2022년 현재 여전히 노동조합 조직률이 14%대에 머무는 대한민국에서 '직장갑질119'는 가장 열악한 노동자들의 목소리가 모이는 곳이다. '노동인권 실현을 위한 노무사모임' 회원들에게는 결코 외면할 수 없는 구조 요청이었다.

사단법인 '직장갑질119'는 어떠한 영리사업도 하지 않고 오로지 불특정 다수의 후원으로만 유지돼 온 단체다. 그런 '직장갑질119'로서는 일상적인 채팅 상담부터 즉흥적으로 열리는 기자회견에 이르기까지 모든 활동에 전방위적으로 결합하는 노노모 회원 노무사들의 존재는 '연대' 그 이상의 의미를 지닌다.

'노노모' 회원 노무사들에게도 직장갑질119와의 만남은 각별하다. 노노모가 열여섯 살 되던 해 만나 이제 스무 살이 되기까지 5년을 한결같이 '을'들의 목소리에 귀 기울이면서 회원들 역시 '노노모 노무사'가 할 일이 무엇인지를 매 순간 확인하고 있다.

노노모 노무사의 '숙명'이 무엇인지 잘 알기에 앞으로도 회원 노무사들의 직장갑질119를 향한 애정은 식지 않을 것이다. 그 연대의 힘으로 이 한없이 느슨해 보이지만 우주 최강의 끈끈함을 자랑하는 연대체 '직장갑질119'의 활동 역시 쉼 없이 지속될 것임을 믿는다.

장면 19 2019년

● REC

문재인 정권의 노동개악에 맞서 싸우다
– 탄력적 근로시간제 단위기간 확대와 노조법 개악에 맞서 싸운 이야기

문재인 정부의 대선공약이었던 노동시간 단축을 위해 2018년 3월 근로기준법이 개정됐다. 그러나 노동시간 단축의 효과가 채 나타나기도 전에 탄력적 근로시간제 단위기간 확대가 논의됐고, 나아가 19년 2월 경제사회노동위원회에서는 노조법 개악안이 테이블 위로 올라오려 하고 있었다. 이러한 노동개악에 맞서 고군분투했던 당시 상황을 살펴보자.

김재민 공인노무사 | 노무법인 필

2018년 11월 14일 초겨울 국회 앞에서 노노모를 비롯한 노동법률가 단체가 탄력적 근로시간제 단위기간 확대 입법화를 반대하는 기자회견을 열고, 바로 당일부터 국회 앞에서 1인 시위를 시작했다.

문재인 정부는 대선공약으로 노동시간 단축을 공약했고, 2018년 3월 1주일을 7일로 명시하고, 1주간의 노동시간을 연장근로를 포함해 52시간으로 제한하도록 근로기준법을 개정했다. 속칭 주 52시간제 도입이다. 그러나 그야말로 법안의 잉크가 마르기도 전인 2018년 11월 여야정 상설협의체에서 탄력적 근로시간제 단위기간 확대를 전면적으로 수용하고, 구체적인 논의를 경제사회노동위원회에 맡겼다.

경사노위는 문재인 정부 출범 당시 공약사항으로 과거 노사정위원회의 한계점을 극복한 사회적 대화기구라는 위상을 표방했지만, 출범부터 많은 우열곡절이 있었다. 그러던 중 경사노위의 첫 번째 사회적 합의 의제로 선택한 것이 노동자들의 건강권과 생명권을 직접적으로 침해할 여지가 매우 큰 탄력적 근로시간제 단위기간 확대였던 것이다. 탄력적 근로시간제 단위기간 확대가 경사노위의 첫 의제로 적절한지는 차치하더라도, 당시 합의 과정은 그야말로 밀실·졸속

야합이라 불러도 무방할 정도였다. 애초 여성·청년·비정규직 등의 취약계층을 대표하는 계층별대표가 별도로 존재했음에도 해당 대표들은 탄력적 근로시간제 합의 과정에서 철저하게 배제됐고, 2019년 3월 7일 본위원회에 참석해 합의 결과를 추인하라는 강요를 받았다.

나아가 근로기준법상 근로자대표 제도는 탄력적 근로시간제 합의권뿐만 아니라 권한 하나하나가 노동자들의 노동조건을 직접적으로 악화시킬 수 있음에도, 선출방식 등에 대해서는 아무런 규정이 없는 대표적인 입법미비 조항이다. 한국노동연구원이 유연근로제 도입사업장 2천436곳을 분석한 결과 70.5%에서 근로자대표와 합의 없이 제도를 시행한 것으로 확인될 정도다. 그런데 경사노위에서는 근로자대표제도에 대한 입법미비는 손도 보지 않은 채 탄력적 근로시간제도의 단위기간 확대부터 밀어붙였다. 앞뒤가 바뀌어도 이렇게 바뀔 수 없었다.

게다가 2019년 2월 말, 경사노위가 탄력적 근로시간제 단위기간 확대 합의 뿐만 아니라 뜬금없이 경총의 노조법 입법요구안까지 3월 7일 예정된 경사노위 본위원회를 통해 논의·합의하려 한다는 내용이 확인됐

다. 당시 경사노위 노사관계 제도·관행 개선위원회에서는 국제노동기구(ILO) 핵심협약 비준 관련 제도개선안 논의를 했는데 경총은 △쟁의행위 시 직장점거 금지 △쟁의행위 기간 중 대체근로 허용 △쟁의행위 찬반투표 절차 엄격화 △단체협약 유효기간 연장 △부당노동행위 형사처벌 조항 삭제 등을 요구했다. 사실상 노동3권을 직접적으로 침해하고 무력화하는 안임이 명백했다.

2019년 2월 27일, 노노모를 비롯한 노동법률단체는 경사노위 앞에서 긴급하게 기자회견을 열고 천막농성과 단식농성을 시작했다. 경사노위를 대하는 조직노동의 입장이 분열돼 있는 상황에서 본위원회까지 남은 시간이 너무도 촉박했고, 해당 논의들이 의제에 오른다면 전체 노동에 끼칠 파장이 너무나도 컸기 때문이다.

그리고 2019년 3월 5일. 미세먼지가 너무 심해 코로나19도 없었던 시절에 사람들이 마스크를 쓰고 다녀야 했던 날, 청와대 분수대 앞에서 다시 한번 기자회견을 열었다. 그날 청와대 앞 기자회견은 이례적으로 많은 100여명의 노동법률가가 참여해서 문재인 정부의 노동법 개악 시도가 엄중하고 심각하다는 것을 방증했다.

탄력적 근로시간제 단위기간 확대, 포괄적이고 광범위한 쟁의행위 제한, 단체협약 유효기간 확대 등 개악 내용 자체가 상상 속에나 존재하던 내용들이었는데, 상상이 눈앞의 현실로 바뀌려 하고 있었다.

상황은 절박했다. 2019년 3월 7일 경사노위 본위원회 전에 1세대 노동변호사 출신이라는 대통령을 직접 만날 필요가 있었다. 그러나 기자회견 후 의견서를 전달하러 청와대로 가는 길은 경찰에 가로막혔고 기자회견에 참석한 법률가들은 차가운 길바닥에서 연좌농성을 할 수밖에 없었다. 결국 대표단 일부가 청와대에 법률가 278명이 연서명한 의견서를 전달하는 것으로 당일 기자회견은 마무리됐다. 경사노위는 이후에도 수차례 본위원회를 통해 탄력적 근로시간제 단위기간 확대 합의를 시도했으나 무산됐다.

결국 근로기준법은 2021년 1월이 돼서야 개정될 수 있었다. 경총의 노조법 개정 요구안 역시 같은 날 처리되며 단체협약 유효기간을 3년으로 늘리는 선에서 마무리됐다. 우리의 농성에서부터 법 개정까지, 노동은 약 2년의 시간을 벌었다.

2018년은 노동시간 단축 시행 후 1년도 안 된 시기로 그 효과가 확인도 되기 전인데 탄력적 근로시간제 단위기간 확대까지 시도했던 터라 막아야 할 당위성이 충분했다. 하지만 2021년은 노동시간 단축이 시행된 지 3년여가 지난 시점이었다. 노동시간 단축에 대한 사회적인 조사나 토론 등을 통해 실제 효과나 산업 전반에 미치는 영향 등을 조사해 새로운 대안을 찾을 수 있었던 소중한 시간이었음에도, 안타깝게 이 시기를 그냥 보내고 말았다. 아쉽다고 말할 수밖에 없는 대목이다.

그럼에도 노노모가 2018년 말부터 2019년 초반까지 한 노동개악 반대 활동은, 노노모가 단순히 법 기술자들의 모임이 아닌 신념과 소신을 일관되게 지켜 가는 전문가단체라는 정체성을 확인한 행위였기에 당당한 노노모의 역사로 선정될 수 있었다.

이 지면을 빌려 다시 한번 당시 고생했던 노노모 회원들을 비롯한 모든 분들에게 감사의 말씀을 드린다.

장면 20 2014~2022년

● REC

노노모 분과와 소모임
- 2014년 분과 재건과 소모임 신설

노노모 분과와 소모임의 탄생부터 현재까지. 공부와 친목을 도모하는 우리 일상의 소소한 행복, 분과와 소모임 활동을 살펴보자.

조영훈 공인노무사 | 노무법인 오늘

　강호는 혼란했다. 2002년 한일 월드컵이 그해 5월 개최됐고, 이후에 벌어진 일들은 우리 모두가 잘 알고 있는 일들이다. '붉은 악마', '오! 필승코리아', '4강 신화', '꿈★은 이루어진다'로 이어지는 뜨거운 구호가 반도를 집어삼켰고, 날마다 술과 노래와 사랑과 승리의 카니발이 펼쳐졌다. 태양도 티셔츠도 온통 붉게 물들었던 호시절이었다.

　바로 이때. 붉은색이라면 지지 않을 노무사들 몇몇이 세속의 혼란을 틈타 '노동인권 실현을 위한 노무사모임'이라는 단체를 도둑같이 창설했다. 그리고 이 단체가 창립 후 처음 했던 활동은 자그마치 '공부 모임'이었다고. 때는 2002년 7월. 석봉의 어미가 어두운 밤 떡을 썰고 석봉이 글을 썼듯, 세상은 밤마다 시끄러운 축제였고 노노모는 조용히 글을 읽었다.

　하지만 모든 종류의 공부 모임이 몇 번 하다 보면 흐지부지되기 일쑤인 것. 노노모의 정기 공부 모임도 세월이 흐르고 회원 수가 늘어나며 잘 이루어지지 않았다고 한다. 이에 2003년 12월 2대 집행부(당시 회장 고경섭)에서 '조직강화특위'를 설치해 공부 모임의 분과 승격 및 활성화를 요구했고, 네 개의 분과(비정규직분과, 노동위원회제도개선연구분과, 행정해석연구분과, 산재보험제도연구분과)가 신설됐다. 그렇지만 역시 공부만 하는 모임은 오래가기 어려운 법. 노노모의 노무사들도 노동자의 편에 서겠다는 붉은 마음 외에는, 그저 공부보다 노는 게 좋은 보통 사람들이었다. 당시의 분과 활동은 2007년을 맞아 다시 시들해졌고 암흑기는 2013년까지 이어졌다.

이에 분과 재건을 기치로 2013년 11월 출범함 8대 집행부(당시 회장 유상철)는 2014년 4월 회칙을 개정해 '분과 조항'을 '분과 및 소모임 조항'으로 확대해 분과보다 좀 더 가벼운 성격의 소모임을 공식 허용했다. 또한 분과와 소모임에 지원금을 정기적으로 지급해 가난한 노노모 노무사들이 뒤풀이 때 술과 고기를 먹을 수 있게 했다.

이런 조직 차원의 물심양면 지원에 힘입어 2014년 산재분과(당시 분과장 권동희), 행정해석분과(당시 분과장 구동훈)가 다시 모임을 시작했고 2013년부터 소모임으로 활동하던 경인질병판정위원회모임(약칭 경인질판위모임)과 일본노동법공부 모임이 분과로 승격해 현재에 이르고 있다.

현재 활동 중인 노노모 분과와 소모임을 소개하자면

2022년 현재 활동 중인 분과는 다음과 같다. 산재분과(분과장 정문식), 경인질판위대응분과(분과장 김은복), 일본노동법연구분과(분과장 최진수), 지난해 말 새로 분과로 승인된 노동자성연구분과(분과장 심준형), 그리고

2022년 3월 8일 여성의 날을 맞아 분과로 승인된 여성노동인권분과(분과장 김세정). 한편 산재분과와 함께 쌍벽을 이루던 전통의 행정해석분과(분과장 정윤희)는 코로나19를 핑계로 2년 이상 활동을 쉬다가 최근 다시 모여 부활을 선언해 향후가 주목된다.

산재분과는 사실 산재전문 노무사로 유명한 분과장 권동희 노무사가 분과를 탈퇴하고 잠시 위기를 맞았다고 한다. 하지만 정문식 노무사가 차기 분과장이 된 이후 다시 내실 있게 산재 판례와 판정서를 공부하고 있다고 한다. 코로나19 팬데믹 기간에도 'ZOOM'을 통해 공부를 이어갈 정도로 학구파들이다. 경인질판위대응분과는 순수 공부 모임인 산재분과와 달리 경인질병판정위원회 판정사례를 모니터링하며 부당한 판정에 대응하기 위한 활동을 하고 있다.

민주노총 인천본부와 지역 건강권단체에서 활동하는 인간공학과 교수, 직업환경의학과 전문의, 노동안전 전문가 등이 함께하고 있다. 실무형이라고 볼 수 있다.

일본노동법연구분과는 말 그대로 일본 노동법을 연구하는 분과다. 이 분과에 대해서는 '다들 일본어 엄청 잘하겠지?'라는 선입견이 있다. 하지만 분과원들 중 일본어가 수준급인 노무사는 드물다고. 처음 모였을 때 서로 '스미마센~', '사요나라~'라면서 수줍게 웃었다고 하니 수준이 짐작된다. 심지어 10년이면 강산도 변한다고 하는데, 2013년부터 일본 노동법을 공부한 이들 중 아직도 히라가나와 가타카나의 산을 넘지 못하는 이들도 있다고 한다.

그래도 번역 애플리케이션의 도움을 받아 현재까지 일본 노동법 팸

플릿들을 뚝딱뚝딱 번역하고 있다고 하니 좋은 세상은 좋은 세상!

지난해에 만들어진 노동자성연구분과는 '권리찾기유니온'이라는 단체에서 활동하며 주로 무늬만 프리랜서인 노동자들의 노동자성 사건을 수행하고 있는 하은성 노무사의 질문 세례를 이기지 못한 이 글의 글쓴이가 주도해 만들어졌다.

후배노무사가 쏟아 내는 질문 보따리를 좀 나눠 짊어지자고 동기인 심준형·조윤희 노무사 등에게 SOS를 요청했던 것. 지금은 권리찾기유니온에서 맡고 있는 최신 노동자성 사례들을 더 빠르게 접할 수 있어, 오히려 공부에 큰 도움을 받고 있다.

여성노동인권분과는 '여성노동인권의 실현이 진정한 노동인권의 실현'이라는 구호 아래 정식 분과로 신설됐다. 최근 노동위원회에 도입되는 고용상 성차별 시정제도에 발맞추어 이에 대한 세미나를 벌써 수차례 진행했다. 또 청년·여성의 문제이기도 한 SPC파리바게뜨 투쟁에 노노모 분과로는 처음으로 공식 성명서를 발표하고, 노동법률단체 공동문화제에서 연대발언을 하기도 하는 등 활발한 활동을 이어 가고 있다. 현재 노노모 분과들 중 회원 수가 가장 많은 인기분과이기도 하다.

2022년 현재 활동 중인 소모임은 다음과 같다. 부천지역 맛집 탐방을 주로 하는 '부노맛'(모임장 강선묵), 휴일에 모여서 오로지 뛰겠다는 소모임 '뛰놈'(모임장 권남표), 밤에 모여서 오로지 알코올을 섭취하겠다는 'NDAC'(모임장 김세정), 그리고 올해 초 정식 소모임으로 승인된 축구 소모임 'FC골골'(모임장 여수진). 부노맛은 부천뿐 아니라 인천시, 경기도 과천, 서울 양천구까지 영역을 확대 중이다.

그래서 부노맛이 아니라 '천노맛'으로의 개명을 고민하는 단계라고. 뛰놈은 요새 체력이 떨어졌는지 잘 안 뛰고 있단다. 추진력을 얻기 위한 웅크림인 듯.

NDAC의 원래 명칭은 오로지 소주만 먹겠다는 강한 의지가 담긴 NDSC(Nonomo Drinking Soju Club)였다. 그러나 맥주나 막걸리까지 문턱을 낮춰 달라는 회원들의 요구에 현재의 NDAC(여기서 A는 Alcohol)로 변경됐다고 한다.

현재 열린 자세로 다양한 주종의 알코올을 섭취 중이라고. 최근 가장 활발한 활동을 하는 소모임은 단연 FC골골이다. '골골'이란 중의적인 모임명처럼 책상 앞에서 골골거리던 노무사들이 축구경기장에 나가 골! 골!을 넣으며 헐크처럼 포효하는 한 편의 성장 드라마를 쓰는 중이라고.

공을 차며 한 회원은 다리가 부러졌고(김한울 노무사), 한 회원은 둘째를 임신했지만(이진아 노무사), 뼈가 붙고 출산을 마치면 다시 공을 찰 거라고 성난 의지를 불태우는 중이다. FC골골과 시합을 했던 상대팀 선수 한 명이 전반전이 끝나고 자기 팀 선수에게 정색하며 이렇게 하소연하기도 했단다. "저 사람들은 도대체 왜 저렇게 다들 화가 나 있는 거예요?"

한편 이 글을 쓰고 있는 지금, 당구 소모임 '노당큐'(모임장 하윤성 노무사)가 만들어져서 첫 모임을 준비 중이라는 소식이 막 들려왔다. 노당큐의 앞으로 활동이 기대된다. 개설돼 인기를 끌다 역사 속으로 사라진 안타까운 소모임도 있다. '안단테'라는 통기타 소모임인데, 강사 역할을 하던 황재인 노무사의 육아 문제로 해산의 수순을 밟았다고. 익명을 요구한 한 원로 노무사님은 "아름다운 추억이 있던 통기타 소모임 '안단테'가 '옛사랑'처럼 그립다"고 말씀하셨는데, 그의 눈가에서 "남들도 모르게 서성이다 울었"던 흔적이 반짝 스쳐 갔다.

부록

연혁

2002년 ◎ 7월 10일 창립총회(민주노총 서울본부 회의실)
초대 임원진 선출 : 회장 고경섭, 부회장 신현호, 사무국장 이오표, 사무차장 박성우
9월 5일 첫 회원명부 작성 : 11개 노조 및 법인 소속 27명(사무소별로 가입)
- 9월부터 격월 1회 전체모임(내부 세미나) 진행

2003년 ◎ 1월 17일 임시총회 : 회칙 제정
4월 29일 비정규직 차별철폐와 권리보장을 위한 제도개선을 촉구하는 법률가 선언 및 대회 참가,
국가인권위원회 공공부문 비정규직 인권실태조사 참여
7월 11일 정기총회
2대 임원진 선출 : 회장 고경섭, 부회장 이석진, 사무국장 장영석, 사무차장 박성우
- 12월 조직강화특별위원회 설치

2004년 ◎ 2월 17일 연두 초청강연회 개최
7월 14일 정기총회
3대 임원진 선출 : 회장 고경섭, 부회장 이석진, 사무국장 장영석, 사무차장 박성우
분과 설치(비정규직분과 노동위원회제도연구분과 행정해석연구분과 산재분과), 임원회의 체계에서 집행위원회 체계로 전환
- 조직강화특별위원회 운영
- 공동대리사건 진행 : 흥국생명 부해·부노 사건(대리인 15명), 한국소아마비협회-정립회관 부해·부노 사건(대리인 21명)

2005년 ◎ 7월 16일 정기총회
4대 임원진 및 집행위원 선출 : 회장 이병훈, 부회장 손경미, 사무국장 배동산, 사무차장 박성우(이후 구동훈으로 변경), 집행위원 이승진·김철희·이오표·박성우
- 단병호 민주노동당 의원실-노노모 법·제도개선 TF팀, 단병호 의원실 법률보좌단 사업(임금체계연구프로젝트·차별프로젝트 등) 진행
- 근로기준법 개정을 위한 공청회 공동주최, 단병호 의원실 국정감사 지원팀 활동
- '노동자의 눈으로 바라본 근로복지공단 행정의 실태와 문제점', '현장의 눈으로 바라본 노동위원회 행정의 실태와 문제점' 발간
- 공동대리사건 진행 : 현대자동차 불법파견 및 부당해고 대응 법률지원단(대리인 28명 부해·부노사건 공동대리)

2006년 ◎ 3월 8일 청소년 노동인권 사업
국가인권위 인권단체 협력사업 선정(예비노동자 노동인권 증진을 위한 학생 교육, '청소년이 꼭 알아야 할 노동인권' 발간, 시청각자료 공동교안 개발 및 CD 제작, 강사단 18명에 교안 및 소책자 제작 10명 참여, 25개 학교 6천696명 교육 참여)
- 공동대리사건 : 현대자동차 부해·부노 구제재심신청 사건, 포항건설노조 집단해고 사건

2007년 ◎ 3월 24-25일 정기워크숍(제·개정 노동법 현안 워크숍)
4월- 국가인권위 협력사업(예비노동자 노동인권교육을 위한 영상물 제작 및 학교교육사업) 선정, 32개 학교 교육 시행(영상교육자료 제작, 소책자 제작)
7월 21일 정기총회
5대 임원진 선출 : 회장 이병훈, 부회장 장혜진·이오표, 사무국장 김철희, 사무차장 구동훈(이후 이장우로 교체)
- 이랜드·뉴코아 투쟁을 지지하는 교수·법률가 선언 및 행동
- 10월 코스콤 불법파견 및 폭력사태 등에 대한 진상조사단 참가, 국가인권위 진정

2008년 ◎ 4월 26-27일 정기워크숍
- 법률·정책활동 : 민주노총 간접고용 연구모임 참가, 차별시정 신청사건 연구, 민주노총 노동위원회사업단 기획회의 결합

2009년 ◎ 4월 금호타이어 사내하청 노동자 사건 관련 이병훈 노무사 단식투쟁 지지활동
4월 27일-6월 30일 비정규직법·최저임금법 개악 대응 법률가단체 회의 결합, 80일간 국회 앞 릴레이 1인 시위 및 단식 진행
11월 7일 정기총회

6대 임원진 선출 : 회장 장혜진, 부회장 이석진·장영석, 사무국장 유상철, 사무차장 이장우(이후 임기 중 배현으로 교체)
- 대외활동 : 발전노조 파업 파괴 및 인권침해 실태 공동조사단 결합, 철도노조 법률지원단 및 공동조사단 활동

2010년 ◎ 4월 23일 특수고용 노동자의 노동자성 인정 및 노동3권 보장 해법 마련을 위한 노동법률단체 공동토론회 공동주최
5월 14~15일 정기워크숍
9월 3~4일 정기총회
- 노노모 홍보 리플릿 제작, 홈페이지 개설
- 노동법률가단체 간사회의 결합

2011년 ◎ 3월 16일 매일노동뉴스 '노노모의 노동에세이' 첫 연재 기고(현재까지 진행)
5월 20~21일 정기워크숍
- 법률·정책활동 : 복수노조 및 교섭창구 단일화 제도 연구사업 진행, 《노동조합을 위한 복수노조 제도 해설》(매일노동뉴스) 출간
- 철도노조 중앙노동위원회 공동대리인단 활동(2010년 8월~2011년 3월)
11월 정기총회
7대 임원진 선출 : 회장 이오표, 부회장 유상철·김승섭, 사무국장 박경수, 사무차장 최승현

2012년 ◎ 6월 정기워크숍

2013년 ◎ 11월 정기총회
8대 임원진 선출 : 회장 유상철, 부회장 박성우·최승현, 사무국장 최은실(이후 김혜선으로 교체), 사무차장 이정미
6월 불법파견 토론회 공동주최
12월 철도노조 파업의 정당성 등에 관한 긴급 토론회 공동주최

2014년 ◎ 4월 11~12일 임시총회 겸 정기워크숍
분과 재건(행정해석분과·산재분과·일본노동법연구분과·질판위대응분과) 및 소모임 운영
10월 회원특강 최초 시작(이후 연 2회 지속 개최)
11월 29일 정기총회
운영위원 선임 및 운영위 재건, 회원 연구공모사업 진행, 회원 설문조사 진행 및 회칙 정비 등 내부사업 집중

2015년 ◎ 1월 노동법률가단체간사회의 상시 참여 및 각종 공동 사업 진행, 노동법률가대회 공동개최
- 인권단체연석회의, 장그래살리기운동본부, 감정노동네트워크, 기업살인법제정연대, 서울대비정규직문제 해결을 위한 공대위 등 각종 공대위 참여
11월 27일 정기총회
9대 임원진 선출 : 회장 박성우, 부회장 엄진령·최기일·구동훈, 사무국장 김재민, 사무차장 김성호
12월 노동개악 반대 법률가 1인 시위 진행, 각종 기자회견 개최 등 정부의 노동개악 저지 활동 진행
12월 21일 노동관련 5개 법안에 대한 시민, 전문가 공청회 공동주최

2016년 ◎ - 민주노총 노동위원회사업단, 질병판정위원회사업단 결합, 서울노동권익센터 법률구조사업 참여, 학비노조연대회의와 업무협정 체결 및 서울시교육청(6개 지원청 포함) 교육공무직인사위원회 활동, 서울시 노동정책사업(노동옴부즈맨·노동권리보호관·마을노무사) 결합
- 법률·정책활동 : 강서구 아파트 경비노동자 노동실태와 대안모색 토론회 공동주최(3월 15일), 파견노동포럼 공동주최(7월 9일), 법률5단체 주관 유성기업 문화제 공동주최(7월 12일), 박근혜 즉각 하야 촉구 시국선언 발표(10월 31일), (가칭)과로사 예방센터 설립을 위한 기획 토론회 공동주최(11월 30일)
- 일본 삿포로지방변호사회 간담회, 일본 류고쿠대 노동법 교수 및 연구자 간담회 개최
- 공인노무사 보수교육기관 선정(서울대 산학협력단 – 고용복지법센터)

2017년 ◎ 1월 21일 정기총회

부 록 301

연혁

7월 7-8일 창립 15주년 기념행사
- 법률·정책활동 : 민주노총 '근골격계 질병 사례 분석 연구사업' 참여(2월 보고서 발간), 행정부 권한으로 가능한 노동 분야 적폐청산과 개혁과제 토론회 공동주최(4월 26일), 민주노총 '노동위원회 제도 및 운영개선 연구팀' 참여, 국가인권위 '직장 내 괴롭힘 실태조사 사업' 참여, 일본변호사연합회 노동위원회 간담회(노동법 교육 관련, 9월 21일), '헌법정신에 따른 노동기본권 복원을 위한 우선입법과제 정선사업' 참여(11월 7일 토론회 공동주최), 노조할 권리보장 노동법률단체 우선 입법요구 토론회 공동주최(12월 7일)

2018년 ◎ 1월 26-27일 정기총회
10대 임원진 선출 : 회장 박성우, 부회장 최기일·구동훈·강민주, 사무국장 김재민, 사무차장 김유경·이진아
12월 6-8일 제주 4·3 항쟁 70주년 제주도 역사기행
- 대외활동 : 태안화력발전소 사망사고 시민대책위, 민주노총 과로사OUT 공동대책위원회, 유성기업시민대책위원회, 감정노동네트워크, 세종호텔 투쟁 승리를 위한 공대위, 문송면 원진노동자 30주기 산재사망 추모조직위, 포스코지회 법률지원단, GM횡포 저지! 노동자 살리기 범국민 대책위 참여
- 한국간호조무사협회 회원 보수교육, 노숙인시설 종사자 의무교육 강사단 구성, 병원사업장 근로조건 자율개선 점검사업 진행
- 탄력적 근로시간제 확대 저지를 위한 노동법률가단체 국회 앞 릴레이 1인 시위

2019년 ◎ 1월 26일 정기총회
2월 11~22일 탄력적 근로시간제 단위기간 확대 저지를 위한 국회 앞 1인 시위
2월 27일~3월 7일 노동법개악저지! 탄력근로제 경사노위 합의철회! ILO핵심협약 비준촉구 노동법률가 천막 단식농성
- 법률·정책활동 : 노노모-한국노동안전보건연구소 공동주최 질병판정위원회 워크샵, ILO 결사의 자유 협약비준 촉구 노동법률단체 공동토론회, 산재보상정책과 간담회, 그 외 각종 토론회 및 공청회, 간담회, 성명서 발표, 기자회견 진행
- 조직문화 진단을 위한 회원 설문조사

2020년 ◎ 1월 10-11일 정기총회, '평등한 조직문화를 위한 노노모 선언'
- 코로나19로 1월 정기총회 이후 비대면 방식 활동으로 전환
1월 20~21일 11대 집행부 선거(온라인)
11대 임원진 선출 : 회장 구동훈, 부회장 김민·김재민·최진수, 사무국장 김미나, 사무차장 이진아·조은혜(이후 조영훈으로 변경)
- 비영리민간단체 등록
- 기존 2개 지역모임이 3개 지부(제주, 부산울산, 인천부천)와 2개 지역모임(대구경북, 충청)으로 전환

2021년 ◎ 2월 25-26일 정기총회(모바일)
- 분과, 소모임, 지역모임 추가신설
- 법률·정책활동 : 제대로 된 중대재해기업처벌법 제정이 필요하다! 노동법률단체 의견서, LGT윈타워 청소노동자 집단해고에 대한 노동법률단체 의견서, 아시아나케이오 노동자들의 조속한 복직을 촉구한다 노동법률단체 공동성명서, 중대재해처벌법 시행령 안에 대한 학자·전문가 기자회견, 일하는 사람 누구나 근로기준법 입법대안 토론회 등 각종 의견서, 성명서 발표 및 기자회견 진행. 2021년 근로감독관 신뢰도 설문조사 결과 보고(직장갑질119 공동 개최)
- 노동위원회 제도 개선을 위한 상시 모니터링 진행
- 노노모 자체 권리구제 지원사업 진행

2022년 ◎ 1월 15일 정기총회(온·오프 병행)
12대 임원진 선출 : 회장 김재민, 부회장 김성호·정윤희, 사무국장 김유경, 사무차장 조영훈·여수진(5월 임시총회에서 부회장 김혜선 추가 선출)
- 분과 1개 추가신설, 소모임 2개 추가신설
- 대외활동 : 원청 사용자 책임 인정과 손해배상 금지(노란봉투법)를 위한 노조법 개정 운동본부, 감정노동네트워크, 파리바게뜨 노동자 힘내라 공동행동, 중대재해기업처벌법 제정운동본부, 중대재해기업처벌법 학자·전문가네트워크, 5인 미만 차별폐지 공동행동, 세종호텔투쟁 승리를 위한 공대위, 위험의 외주화 금지 대책위원회, 아시아나케이오 해고노동자 원직복직을 위한 공대위 등 참여
- 법률·정책활동 : SPC 노조탄압 중단 법률단체 공동성명, SPC파리바게뜨 공동법률대응단, 하이트진로 화물운송노동자 파업에 관한 노동법률단체 의견서, 중대재해처벌법의 체계 특강(한국노동안전건연구소와 노노모 부울지부 공동주최)

노동인권 실현을 위한 노무사모임에 함께하는 사무소

〈서울지역〉

노동법률원 법률사무소 새날	서울 중구
노무법인 나무	서울 영등포구
노무법인 노동과 인권	서울 마포구
노무법인 노동을 잇다	서울 금천구
노무법인 비전	서울 구로구
노무법인 시선	서울 강서구
노무법인 오늘	서울 강서구
노무법인 의연	서울 동작구
노무법인 참터	서울 영등포구
노무법인 필	서울 마포구
노무법인 현장	서울 동대문구
노무사사무소 돌담	서울 구로구
노무사사무소 지담	서울 종로구
돌꽃 노동법률사무소	서울 서대문구
법률사무소 문율	서울 강서구
법률사무소 일과사람	서울 서초구
법률사무소 지담	서울 강서구
법무법인 도담	서울 서초구
법무법인 시민	서울 서초구
법무법인 오월	서울 마포구
삼현 공인노무사사무소	서울 중구
안심 노동상담소	서울 용산구
에이원 노무법인	서울 중구
여성노동법률지원센터	서울 영등포구
윤슬 노동법률사무소	서울 동대문구
이산 노동법률사무소	서울 금천구
이석진 공인노무사사무소	서울 성북구
이종란 노무사사무소	서울
이팝 노동법률사무소	서울시 마포구
한빛 노동법률사무소	서울 서초구
해담 노동법률사무소	서울 관악구
행복한 일 연구소	서울 종로구

〈인천·경기지역〉

노무법인 희연	인천 부평구
평등 노동법률사무소	인천 중구
현장 노무사사무소	인천 부평구
노무법인 승리	경기 수원시
노무사사무소 약속	경기 평택시
시화 노동정책연구소 (김수정 노무사사무소)	경기 시흥시
한맥 공인노무사사무소	경기 수원시

〈강원지역〉

노무법인 참터 강원지사	강원 원주시
노무법인 참터 영동지사	강원 강릉시

〈대전·충청지역〉

노무법인 화원 호암지사	충북 충주시
노무법인 참터 충청지사	충남 천안시

〈대구·경북지역〉

노무법인 참터 대구지사	대구 수성구
노무법인 함께	대구 수성구
노무법인 참터 구미지사	경북 구미시
노무법인 참터 포항지사	경북 포항시
영해 노동인권연구소	경북 포항시

〈부산·울산·경남지역〉

노동법률센터 도토리	부산 중구
노무법인 나래	부산 금정구
노무법인 해마루	부산 사상구
노무사사무소 루트	경남 창원시

〈광주·전라·제주지역〉

광주전남 노동법률상담소	광주 동구
광주전남 노동상담소	광주 북구
노무법인 참터 무등지사	광주 북구
똑똑 노무사사무소	광주 서구
공인노무사 한태현사무소	전남 강진군
샘물 공인노무사사무소	제주 제주시

그 밖에도 노동건강연대, 노동환경건강연구소, 반도체 노동자의 건강과인권지킴이 반올림, 전국불안정노동철폐연대, 직장갑질119, 청소년노동인권네트워크 등의 단체에서,

그리고 각 민주노총, 한국노총, 지역별·산업별·업종별 노동조합 같은 다양한 노동조합에서 노노모의 회원이 활동하고 있습니다.

어떤 노무사들

초판 1쇄 인쇄 2022년 10월 19일

엮은이 노노모 20주년 기념 출간위원회
펴낸이 부성현
편집인 한계희
펴낸곳 ㈜매일노동뉴스
디자인 김선영·김효정

등록 제2008-62호
주소 서울시 마포구 동교로16길 15, 3층(서교동, 동호빌딩)
전화 02-364-6900
팩스 02-364-6901
홈페이지 www.labortoday.co.kr
이메일 book@labortoday.co.kr

ISBN 978-89-97205-55-4
값 20,000원

이 책의 판권은 ㈜매일노동뉴스에 있습니다.
내용의 일부와 전부를 무단 게재하거나 복제하는 것을 금합니다.